地図と読む日本の歴史人物

帝国書院

まえがき

　歴史の本を読んでいて、その出来事なり、人物に精通している場合は別であるが、あまり詳しくないとき、出てくる地名の位置関係がわからず、本から離れ、地図帳で確認するようなことがある。そのような時、「文に出てくる地名がすぐわかる地図がそこにあるといいのに」と思った経験をもっている。

　しかも、地図を単なる補助材とするのではなく、地図に歴史を語らせることができないかという思いもあった。本書『地図と読む日本の歴史人物』はそのようなスタンスから始まった。「地図で読む」といった仕掛けはこれまでの歴史の本にもあった。その意味で、「地図と読む」は新しい試みではないかと考えている。

　本書は、古代から近現代にかけての歴史人物を、時代的にもあまり偏りがないよう満遍《まんべん》無く取り上げるよう配慮したつもりである。古代は聖徳太子に代表させた。中世は、源義経、武田信玄と上杉謙信、織田信長、豊臣秀吉、徳川家康、伊達政宗と文字通り多士済済である。

　近世は、個人名ではないが、忠臣蔵の登場人物と伊能忠敬を取り上げ、幕末・維新期から近現代にかけては新選組、西郷隆盛、坂本龍馬、渋沢栄一、津田梅子の順となっている。

　夥《おびただ》しい数の歴史人物が犇《ひし》めく中、取り上げるべき人物は他にもいることは承知しているが、ここでは、本書のタイトルにあるように「地図と読む」という視点を重視し、絞ったことをあらかじめお断りしておきたい。

　これまでの歴史の本では考えられない豊富な数の地図を用意している。「地図と読む」ことを実践してもらえるのではないかと考えている。

　できれば、本書に出てきた地図を手がかりに、歴史の舞台を実際に訪ねていただきたい。現場を実際に歩くことで歴史理解が深まることはもちろん、思いがけない発見もある。また、私が主として担当した中世の部分についていうと、川中島の戦い、桶狭間の戦いなど、戦国を代表する主な合戦の対陣図も用意した。対陣図だけでなく、たとえば、織田信長の天下統一過程を一枚の地図で表現するなど新しい試みもしている。地図から歴史を読み解いてもらえるよう工夫したつもりである。

　地図と文章の相乗効果について、最後に付言しておきたい。これは、私自身の経験であるが、地図を頭の中に入れておいて文章を読むと、文章がスッと腑に落ちる。地図の効用といってよいのではなかろうか。

執筆者を代表して　小和田哲男

目次

聖徳太子

——初めての摂政として政治を行う

仁藤敦史

橘寺《たちばなでら》付近に立つ聖徳太子御誕生所の石碑（奈良県明日香村）

biography and footprints

聖徳太子略年表

五七四年	大王・用明の長子として誕生
五八七	蘇我馬子らが物部守屋を滅ぼす戦いに従軍（十四歳）
五九三	推古天皇の摂政となる（二十歳）
五九四	仏教興隆の詔
五九六	伊予道後温泉に浴す
六〇一	斑鳩宮を建設する（二十八歳）
六〇三	冠位十二階を制定する（三十歳）
六〇四	憲法十七条を制定する（三十一歳）
六〇七	小野妹子を隋に派遣、法隆寺を建立する（三十四歳）
六二〇	蘇我馬子と天皇記・国記を録す（四十七歳）
六二二	薨《こう》じる、磯長陵に埋葬（四十九歳）

同時代の動き

五八九年	隋が中国を統一
五九二	馬子、崇峻天皇を暗殺 推古天皇即位
六一〇	ムハンマド、イスラームの教を説く
六一八	隋にかわって唐が建国

＊赤文字は海外の動き

聖徳太子の足跡を訪ねて

法隆寺〈奈良県斑鳩町〉 世界文化遺産

斑鳩宮跡〈奈良県斑鳩町〉
法隆寺東院付近に造営

中宮寺〈奈良県斑鳩町〉
太子が母・穴穂部間人皇后の菩提をとむらうために建立

法起寺（岡本寺）〈奈良県斑鳩町〉
太子の岡本宮を子の山背大兄王が寺にしたもの

橘寺〈奈良県明日香村〉 太子の誕生寺

飛寺仏（飛鳥寺）〈奈良県明日香村〉
太子の命でつくられた飛鳥寺の本尊

四天王寺〈大阪市天王寺区〉
太子が物部守屋との戦いで必勝を祈願

磯《し》長陵《ながのみささぎ》〈大阪府太子町〉 太子の墓

道後温泉〈愛媛県松山市〉
太子がけがの治療のため行幸

「唐本御影（聖徳太子と二王子像、模本）」（東京国立博物館蔵）

聖徳太子像をめぐって

一般に聖徳太子の顔のイメージは、旧一万円札に代表される。お札に最初に登場したのは一九三〇（昭和五）年の百円兌換《だかん》券からで、意外と古くない。その原画になったのは、法隆寺から皇室に献納された「聖徳太子三尊像」いわゆる「唐本御影《とうほんみえい》」である。この像のモデルが聖徳太子かどうかについては議論があるが、奈良時代に描かれたことは明らかで、少なくとも後世のイメージであることは否定できない。そのため今では教科書も「伝聖徳太子像」と表記するようになった。

聖徳太子の名前

聖徳太子には厩戸王《うまやとおう》、上宮王《じょうぐうおう》、豊聡耳《とよとみみ》など多くの別名がある。聖徳太子は、仏教を広めた聖者に対して奈良時代に与えられた名前である。「聖徳太子」の名前は意外なことに『日本書紀』には見えず、七五一（天平勝宝三）年に成立した奈良時代の漢詩集である『懐《かい》風藻《ふうそう》』の記載が初見とされている。厩戸王という名前は、母の穴穂部間人皇女《あなほべのはしひとのおうじょ》が禁中を巡行して諸司を監察し、馬官に至って悩むことなく太子を安産したことによると伝わる。この伝承は、キリストが馬屋で生まれたという『新約聖書』の説が、唐に伝来した景教（ネストリウス派キリスト教）の影響により日本にもたらされたという説もある。また上宮王は、父の用明天皇が寵愛《ちょうあい》したため宮の南の上殿に居住させた伝承にちなみ、奈良県桜井市には上宮の地名が江戸時代以降存在する。豊聡耳は、十人の訴えを一度に聞いて誤らなかったという聡明な人物像の伝承に由来する。

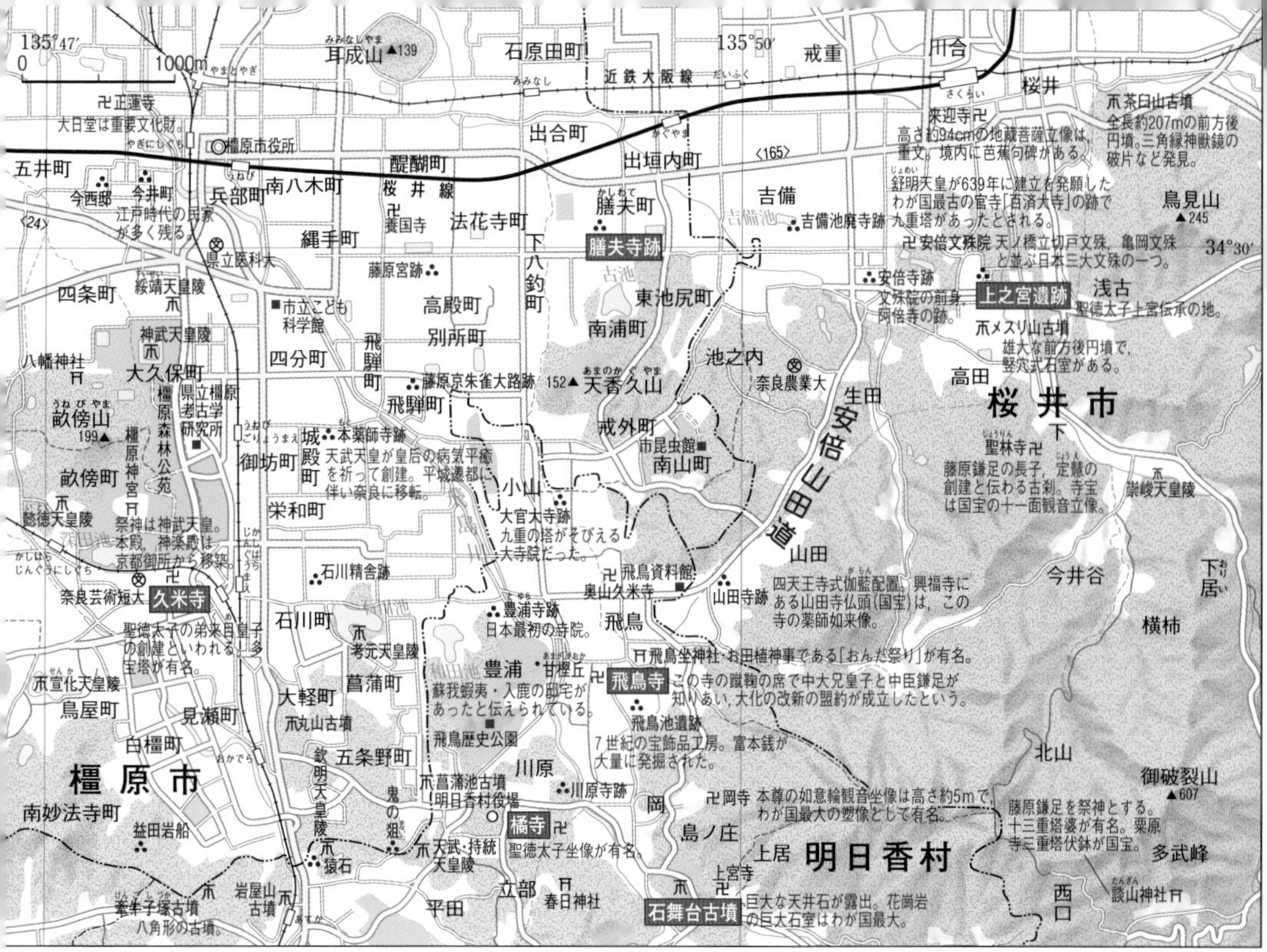

135°47′
0
1000m
耳成山 ▲139
石原田町
135°50′
戒重
川合
近鉄大阪線
桜井
卍正蓮寺
大日堂は重要文化財。
橿原市役所
卍来迎寺
高さ約94cmの地蔵菩薩立像は、重文。境内に芭蕉句碑がある。
茶臼山古墳
全長約207mの前方後円墳。三角縁神獣鏡の破片など発見。
出合町
五井町
今西郡
今井町
江戸時代の民家が多く残る。
兵部町
南八木町
醍醐町
桜井線
出垣内町
〈165〉
膳夫町
吉備
舒明天皇が639年に建立を発願したわが国最古の官寺「百済大寺」の跡で九重塔があったとされる。
鳥見山 ▲245
〈24〉
卍養国寺
法花寺町
下八釣町
膳夫寺跡
吉備池廃寺跡
卍安倍文殊院 天ノ橋立切戸文殊、亀岡文殊と並ぶ日本三大文殊の一つ。
34°30′
県立医科大
縄手町
藤原宮跡
安倍寺跡
文殊院の前身、阿倍寺の跡。
上之宮遺跡
浅古
聖徳太子上宮伝承の地。
四条町
綏靖天皇陵
市立こども科学館
高殿町
東池尻町
南浦町
メスリ山古墳
雄大な前方後円墳で、竪穴式石室がある。
神武天皇陵
別所町
八幡神社
大久保町
四分町
飛騨町
池之内
奈良農業大
高田
畝傍山 199▲
橿原森林公苑
県立橿原考古学研究所
藤原京朱雀大路跡
152▲ 天香久山
生田
桜井市
橿原神宮
飛騨町
城殿町
本薬師寺跡
天武天皇が皇后の病気平癒を祈って創建。平城遷都に伴い奈良に移転。
戒外町
安倍山田道
卍聖林寺
藤原鎌足の長子、定慧の創建と伝わる古刹。寺宝は国宝の十一面観音立像。
畝傍町
御坊町
市民会館
南山町
小山
崇峻天皇陵
懿徳天皇陵
祭神は神武天皇。本殿、神楽殿は京都御所から移築。
栄和町
大官大寺跡
九重の塔がそびえる大寺院だった。
山田
石川精舎跡
飛鳥資料館
奥山久米寺
山田寺跡
四天王寺式伽藍配置。興福寺にある山田寺仏頭(国宝)は、この寺の薬師如来像。
今井谷
下居
奈良芸術短大
久米寺
石川町
豊浦寺跡
日本最初の寺院。
飛鳥
横柿
聖徳太子の弟来目皇子の創建といわれる。多宝塔が有名。
孝元天皇陵
飛鳥坐神社・お田植神事である「おんだ祭り」が有名。
宣化天皇陵
菖蒲町
豊浦
甘樫丘
飛鳥寺
この寺の蹴鞠の席で中大兄皇子と中臣鎌足が知りあい、大化の改新の盟約が成立したという。
鳥屋町
大軽町
蘇我蝦夷・入鹿の邸宅があったと伝えられている。
見瀬町
丸山古墳
飛鳥池遺跡
白橿町
飛鳥歴史公園
7世紀の総合工房。富本銭が大量に発掘された。
北山
五条野町
川原
橿原市
欽明天皇陵
菖蒲池古墳
川原寺跡
御破裂山 ▲607
南妙法寺町
明日香村役場
卍岡寺 本尊の如意輪観音坐像は高さ約5m で、わが国最大の塑像として有名。
岡
藤原鎌足を祭神とする。十三重塔婆が有名。栗原寺三重塔伏鉢が国宝。
益田岩船
鬼の俎
橘寺
島ノ庄
猿石
天武・持統天皇陵
聖徳太子坐像が有名。
上居
明日香村
多武峰
牽牛子塚古墳
八角形の古墳。
岩屋山古墳
立部
上宮寺
春日神社
平田
石舞台古墳
巨大な天井石が露出。花崗岩の巨大石室はわが国最大。
西口
談山神社

△飛鳥の聖徳太子ゆかりの地

聖徳太子像の変遷

近世以前の「聖徳太子」像は、平安期に成立した『聖徳太子伝暦』に集約された日本仏教開創の偉人として位置付ける「太子信仰」を前提としていた。そこには、奇蹟や予言を行った神秘的な超人としての位置付けが強調されていた。「聖徳太子」の「虚像」と「実像」を区別する動きは明治時代から存在したが、戦前には「確実な史料」としての『日本書紀』の記載に基づき、明治維新とともに評価された「大化改新」を準備し、中国と「対等外交」を成しとげた偉大な政治家としての位置付けが強調された。この点は基本的に戦後の教科書叙述にも継承され、推古《すいこ》朝の政治は「聖徳太子の政治」として総括される。戦後には、『日本書紀』に対しての信頼性がゆらぎ、金石文や法隆寺系の史料が重視されるようになった。その結果、推古女帝のもとでの蘇我馬子《そがのうまこ》を中心とする共同統治との理解が通説化した。一方では、十七条憲法にみえる「和の精神」が平和国家・文化国家建設のスローガンとして評価され、一万円札の図柄としても長く存続した。

10000
VQ389310E
日本銀行券
壱万円
見本
日本銀行

一万円券　肖像聖徳太子　発行開始　昭和33年12月1日
(写真提供 日本銀行)　支払停止　昭和61年　1月4日

聖徳太子の事績

『日本書紀』には推古《すいこ》天皇の即位とともに立太子し、摂政になったとするが、唯一の皇位継承予定者としての皇太子や官職としての摂政と位置付けることには、疑問が提起されている。後世の聖徳太子信仰のベールに厚く包まれ実像が見えにくいため、さまざまな評価がなされているが、少なくとも有能な推古女帝のもとで、大臣《おおおみ》蘇我馬子《そがのうまこ》とともに共同執政した有力な皇子との評価は可能である。

太子が生まれたと伝わる橘寺(奈良県明日香村)

上之宮遺跡(奈良県桜井市)

蘇我氏との関係

かつて「聖徳太子はいなかった」という論説が発表され、マスコミの注目を浴びた。これは聖徳太子に関する史実が明瞭でないことによる。同時代的な名前は厩戸王がふさわしく、五七四年の「甲午」という午年に生まれたことから命名されたとも考えられる。厩戸王は二十八歳で斑鳩宮《いかるがのみや》に移る六〇五（推古十三）年まで上宮で過ごした。上宮は、大王《おおきみ》・用明《ようめい》の居宮である池辺双槻宮《いけべのなみつきのみや》（桜井市池之内に比定）の南に存在した大殿《おおとの》の名前である。父の用明は大王・欽明《きんめい》と蘇我稲目《そがのいなめ》の娘堅塩媛《きたしひめ》との間に生まれた長子である。一方、母の穴穂部間人皇女《あなほべのはしひとのおうじょ》は、同じく堅塩媛の同母妹小姉君《おあねぎみ》の娘として生まれた。父母は、いずれも蘇我稲目と大王・欽明を直接の祖とする近親婚の系譜のもとにある。とりわけ蘇我氏とは密接な関係が指摘できる。

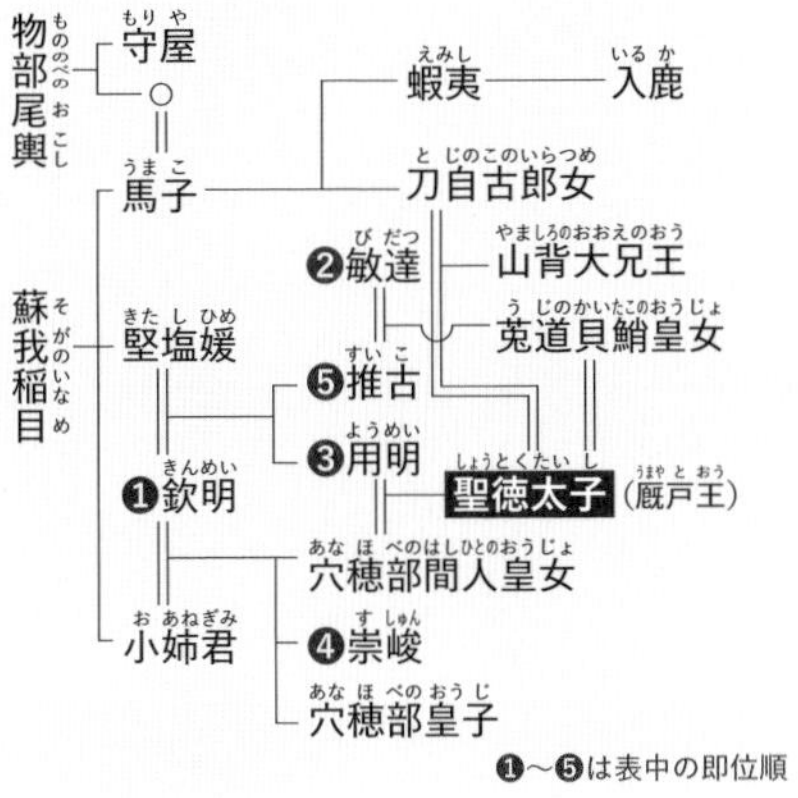

物部尾輿《もののべおこし》
守屋《もりや》
○
馬子《うまこ》
蘇我稲目《そがのいなめ》
堅塩媛《きたしひめ》
小姉君《おあねぎみ》
蝦夷《えみし》
入鹿《いるか》
刀自古郎女《とじのこのいらつめ》
❷敏達《びだつ》
山背大兄王《やましろのおおえのおう》
莵道貝鮹皇女《うじのかいたこのおうじょ》
❺推古《すいこ》
❸用明《ようめい》
聖徳太子《しょうとくたいし》
（厩戸王《うまやとおう》）
❶欽明《きんめい》
穴穂部間人皇女《あなほべのはしひとのおうじょ》
❹崇峻《すしゅん》
穴穂部皇子《あなほべのおうじ》
❶〜❺は表中の即位順

蘇我氏と皇室の関係

物部戦争

百済《くだら》の聖明王《せいめいおう》から仏像と経論が大王・欽明に献上されたとき、開明派の蘇我稲目は崇仏を、保守派の物部《もののべ》尾輿《おこし》は排仏を主張して互いに争った。仏教を導入するにあたっては、内蔵・大蔵・斎蔵の三蔵管理などを通じて渡来人と結び付き、開明的であった崇仏派の蘇我氏と、伝統的信仰を主張した排仏派の物部・中臣《なかとみ》氏とが対立した。この対立は、やがて蘇我氏が物部氏を倒す事件にまで発展する。蘇我馬子は大王・用明の後継者問題を利用して物部守屋を討とうとする。馬子は諸皇子や群臣たちとともに物部守屋の倒滅を謀るが、守屋の軍勢は手強く、三度も退却を余儀なくされた。年

聖徳太子をめぐる人々—蘇我馬子

蘇我馬子（？〜626）

石舞台古墳　馬子を埋葬したといわれる（奈良県明日香村）

蘇我稲目の子として生まれ、敏達《びだつ》・用明・崇峻・推古の4代にわたり豪族会議の議長役たる大臣《おおおみ》の役職を務めた。587（用明2）年、大王・用明の後継者争いを利用して、次の大王位をねらう大王・欽明の子穴穂部皇子《あなほべのおうじ》と彼を支持する反蘇我派の大連《おおむらじ》物部守屋を倒した。その報恩として法興寺（飛鳥寺）を建立した。592（崇峻5）年、大王となった穴穂部皇女の弟（のちの崇峻《すしゅん》天皇）を配下の渡来人である東《やまとの》漢直駒《あやのあたいこま》に暗殺させ、権力を握った。その後、蘇我系の推古天皇を擁立し、政治を主導した。奈良県高市郡明日香村島の庄に所在する巨大な横穴式石室である石舞台《いしぶたい》古墳は馬子の墓といわれる。早くから上部の封土を失い、巨石を用いた石室が露出するところから、石舞台または石太屋《いしふとや》と呼ばれた。南にある最大の天井石は重さ75トンと推定される。

少のため軍勢の後方にいた厩戸王は、状況が不利なことから、すばやく四天王像をつくり勝利を祈願し、蘇我馬子も諸天王・大神王らに祈願したので、勝利を得たとの四天王寺建立の伝承が残されている。両派の争いは、単に崇仏の可否を論ずるものではなく、磐井《いわい》の乱の鎮圧に功があった物部氏と、朝廷の財政管理を担当して力をつけた新興の蘇我氏との朝廷内における主導権争いでもあった。この戦いに勝利した蘇我氏は、物部氏の廃虚の上に寺院建立をはじめ自己の政策を実現していくことになる。

大王・崇峻の暗殺と推古女帝の即位

五八七（用明二）年、物部氏を滅ぼした蘇我氏は、大王の外戚として勢いをもち、五九二（崇峻五）年、ついに大臣・馬子は大王・崇峻《すしゅん》を暗殺するにいたった。翌年、蘇我氏の血を引く敏達《びだつ》の皇后（大后）豊御《とよみ》食炊屋姫《けかしきやひめ》が馬子に擁立されて即位し、最初の女帝となった（推古天皇）。これに伴い、大王・用明の子でやはり蘇我氏の血を引く厩戸王（聖徳太子）が、有力な皇位継承予定者の資格で政治を担当することになり、多様な政策を実施した。

大陸との交渉

この時期の課題は、半島での失地回復および蘇我氏の勢力を抑え君主権を強化することであり、厩戸王は蘇我氏と妥協しながらも国力を最大限に発揮できる中央集権的国家体制を理想とした。まず、隋《ずい》の南北朝統一、新羅《しらぎ》の強大化に対処するため、遣隋使を送り、同時に新羅征討の計画を立てた。四回の派遣が記録されており、初回の六〇〇（推古八）年には、『隋書』にのみ記載があり、倭王《わおう》は姓は阿毎《あめ》、名は多利思比《たりしひ》孤《こ》と称し、天を兄、日を弟としていると述べたた

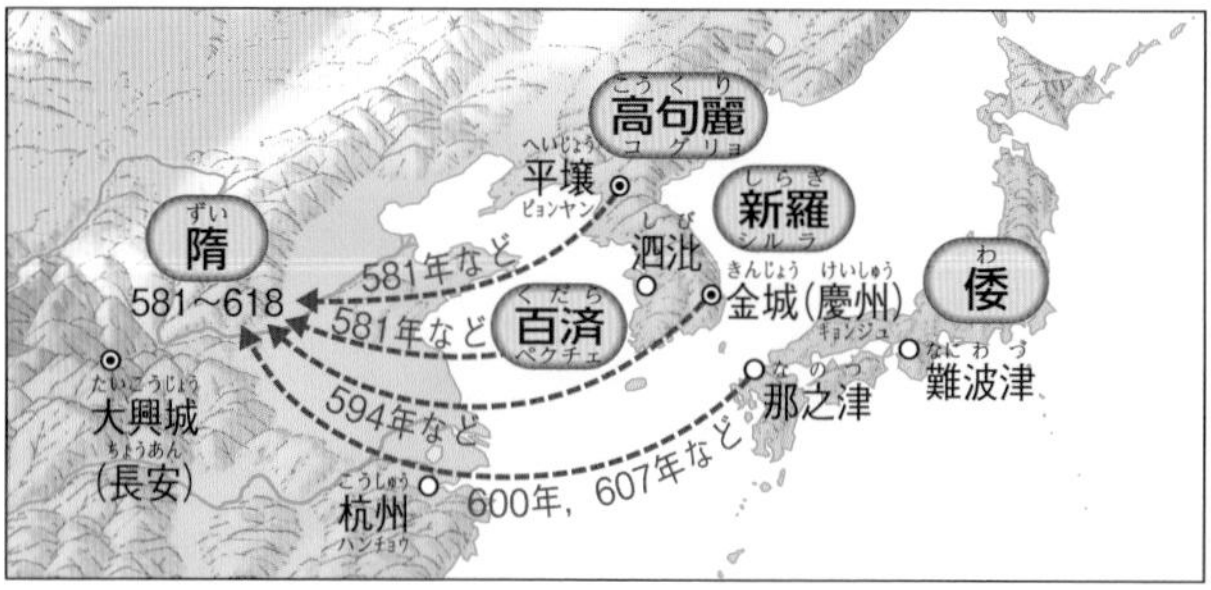

▲東アジア諸国から隋への使者の派遣

め、文帝から未開な政治体制を改めるように教諭された。これを受けて内政の整備に努め、六〇七（推古十五）年には小野妹子が大使となって、「日出づる処の天子、書を日没する処の天子に致す、恙《つつが》なきや」という国書を提出したため、「蛮夷《ばんい》の書」「無礼」との評価を煬帝《ようだい》から与えられた。前近代において対等な外交関係などあり得ないにもかかわらず、しばしばこれを「聖徳太子の対等外交」と評価するのは、近代における不平等条約撤廃という国民的課題と無関係ではない。

冠位十二階と十七条憲法

内政では六〇三（推古十一）年、人材登用をはかるため冠位十二階を制定し、翌年には十七条憲法を制定して官僚の心得を示した。冠位十二階は、冠の種類で、個人の朝廷内での地位を示した最初の冠位制度である。徳・仁・礼・信・義・智という儒教の徳目からとった六種類の冠を大小に分け、計十二階とした。徳の順位は中国とは異なり、礼と信を強調しており、十七条憲法との思想的連関が指摘できる。各冠には紫・青・赤・黄・白・黒を配し、大小は色の濃淡で示した。従来の姓による世襲制の弊害を改めるため、氏ではなく個人に対して冠を与え、本人の能力により昇進が可能となった。しかし、施行範囲は畿内近国に限られ、王族や蘇我氏はその対象外であった。倭国独自の制度ではなく、百済や高句麗の制度を参考として制定されたとされる。六四七（大化三）年に冠位十三階が制定されるまで施行された。

一方、十七条憲法は、日本最初の成文法で、内容は豪族・官吏の守るべき道徳的訓戒を十七か条に及ぶ漢文で示したものである。命令への絶対服従・衆議尊重・仏教崇拝などを内容としている。仏法・儒教・法家の影響が強く、「論語」「孝経《こうきょう》」「尚書《しょうしょ》」「礼記《らいき》」などの儒教教典、「法華経」などの仏典、「管子《かんし》」「韓非子《かんぴし》」などの法家典籍などからの引用がちりばめられている。十七という条数は陰の極数八と陽の極数九の和で、陰陽を合わせ天地を統《す》べるという意味をもつ。憲法の条数は中世の御成敗式目、建武式目などに影響を与えたとされる。ただし、江戸時代以来の偽作説も根強い。

さらに、馬子とともに国史の編纂《へんさん》・仏教の奨励を行っている。法隆寺は、世界最古の木造建築群とされ、

斑鳩の聖徳太子ゆかりの地　斑鳩の里は、法隆寺を中心に北東の三井・岡本、西の龍田一帯を指す。斑鳩とは、イカル（鳥名）の古名。

六〇七（推古十五）年に建立されたといわれる。しかし、これら改革の目的は内外の情勢から十分果たされたとはいえず、最終的には「大化の改新」以降半世紀にわたる律令化の過程で徐々に実現されていくことになる。

天寿国曼荼羅繍帳　聖徳太子妃が太子をしのんでつくらせた日本最古の刺繍。
（中宮寺蔵）

法隆寺論争

上空から見た法隆寺全景　法隆寺の正式名称は、法隆学問寺。飛鳥時代の様式を伝える木造建築として有名で、国宝、重文を多数蔵し、世界遺産にも登録されている。また東院は、聖徳太子が造営した斑鳩宮の跡といわれている。

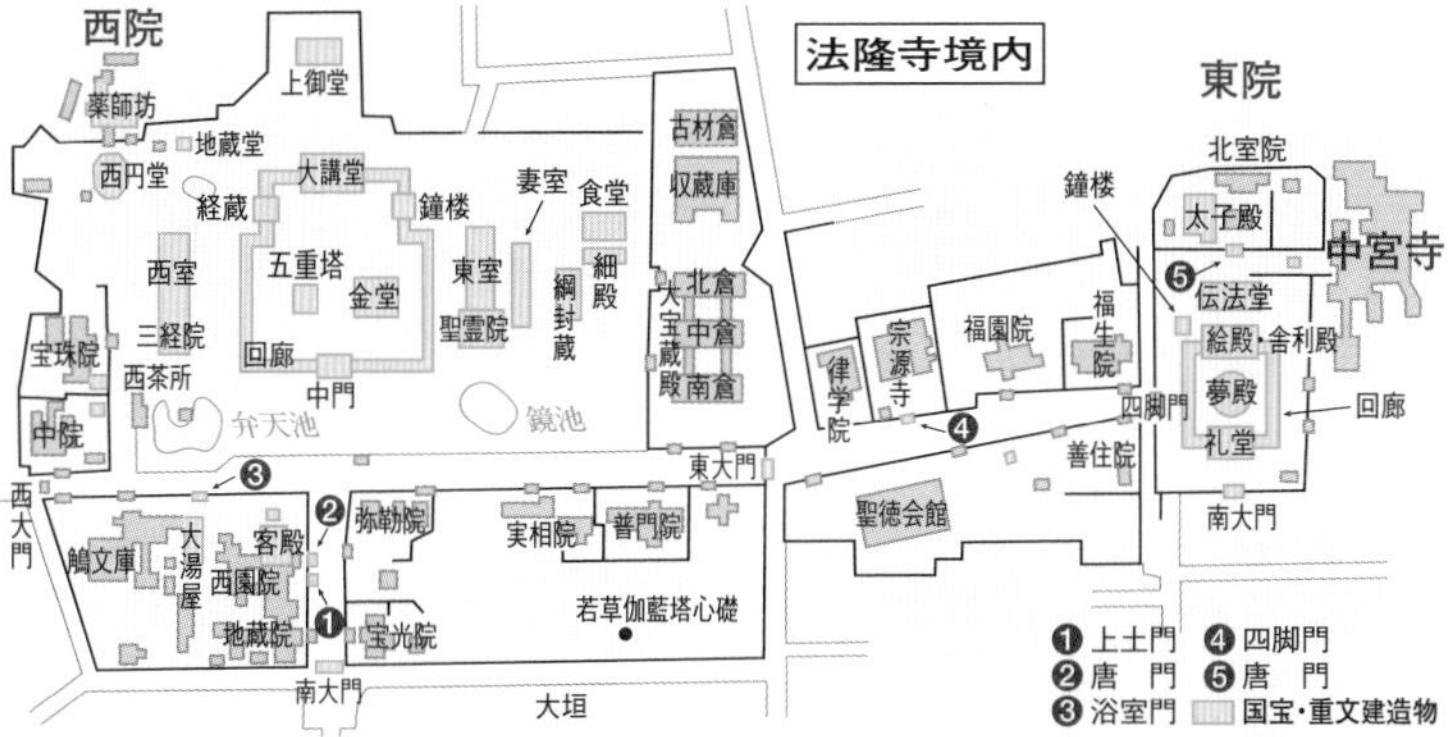

『日本書紀』には天智《てんち》朝に法隆寺が火災により焼失したとの記載があるが、法隆寺側の史料にはまったく触れられていない。そのため西院伽藍《さいいんがらん》は寺の創立時から存続したとする非再建説と、天智朝に旧法隆寺（若草《わかくさ》伽藍）が焼失したのちに再建されたとする再建説が、明治20年代から対立し、論争がなされてきた。主に文献史家は『日本書紀』の記載を信用し再建説を、建築学者や美術史家は建築・仏像様式から西院伽藍の建物や仏像が推古朝にさかのぼるとして非再建説を主張した。その後、若草伽藍の考古学的発掘により、若草伽藍の焼失後に西院伽藍が造営されたことが明らかとなった。

column
女性たちの生き様 ❶

聖徳太子の愛した「膳妃《かしわでのきさき》」

聖徳太子には、４人の妃がいた。推古天皇の娘「菟道貝蛸皇女《うじのかいたこのおうじょ》」、蘇我馬子の娘「刀自古郎女《とじこのいらつめ》」、推古天皇の孫「橘大郎女《たちばなのおおいらつめ》」そして、斑鳩周辺の豪族の膳氏の娘「膳部菩岐々美郎女《かしわでのほききみのいらつめ》（膳妃）」だ。

前述の３人は蘇我氏に皇族と、高貴な家系の出身だが、膳氏は朝廷の食膳を担当する家系でやや身分が劣る。しかし、太子は膳妃を最も愛したという。おそらく３人は政略結婚の要素が強く、心から恋をしたのが膳妃だったのだろう。

室町時代の説話集『三國傳記』膳手后妃事によると、２人の出会いは太子が27歳の春のことだった。太子が行啓をしていると３人の娘がおり、２人は行啓を拝みに来たが、もう１人は無心に芹《せり》を摘み続けていた。不審に思い声をかけると「老いた養母が病気で看病のために芹を摘んでいて、太子の行啓を見送ることができません。お許しください」と答えたという。太子はこの娘の親孝行の気持ちに感心し、妃として迎えたそうだ。

その後、膳妃は４人の妃のうち最も多い４男４女を産んだ。多くの子どもに囲まれ、仲睦まじく暮らす姿が目に浮かぶようだ。晩年太子が飛鳥を離れ斑鳩に移り住んだのも、そこが愛する膳妃の故郷だったからかもしれない。

２人は、この世を去る時も一緒だった。法隆寺金堂「釈迦三尊像」光背銘文には、“推古29（621）年12月に太子の母崩御し、翌年正月太子が病になり、膳妃も病に伏した。王后、王子、諸臣らが深く愁い、造像を発願し病気平癒を祈った。２月21日膳妃が亡くなり、翌日太子が亡くなった”とある。膳妃の後を追うように、太子もあの世へ向かったのである。

太子は膳妃とともに埋葬されることを願っていたことから、大阪府太子町の墓には太子、膳妃、太子の母・穴穂部間人皇女《あなほべのはしひとのおうじょ》の３人が一緒に眠っていると伝えられている。

同穴《どうけつ》を契《ちぎ》った２人は、生前も死後もずっとともにいる。

保寿院（膳夫寺跡）膳妃がその養母の菩提寺として建てた「膳夫寺跡」とされている（➡p.7図）。

源義経
――源平合戦の名将 流転の人生

小和田哲男

鞍馬寺《くらまでら》（京都市左京区）

biography and footprints

源義経略年表

一一五九年	義経生まれる
一一六九	鞍馬寺に預けられる
一一七四	藤原秀衡を頼って鞍馬寺を脱出し、奥州平泉へ渡る（十六歳）
一一八〇	黄瀬川で頼朝と対面する（二十二歳）
一一八四	木曽義仲を討つ 一の谷の戦いで平家を破る
一一八五	屋島の戦い、壇の浦の戦いで平家を滅亡させる（二十七歳）
一一八七	藤原秀衡を頼って奥州へ渡る
一一八九	秀衡の子泰衡、義経を急襲、義経衣川館で自害（三十一歳）

同時代の動き

一一五六年	保元の乱
一一五九	平治の乱
一一六七	平清盛、太政大臣に
一一八〇	頼朝、伊豆で挙兵 木曽義仲挙兵
一一八一	平清盛病死
一一八五	頼朝、義経追討のため守護・地頭を設置
一一九二	頼朝、征夷大将軍となる

源義経の足跡を訪ねて

鞍馬寺〈京都市左京区〉

一の谷古戦場跡の碑〈神戸市須磨区〉
古戦場の跡は須磨浦公園として整備されている

壇の浦古戦場跡〈山口県下関市〉
関門海峡を見渡すみもすそ川公園内に源氏と平氏が対峙する像がある

満福寺〈鎌倉市腰越〉
ここで義経が頼朝への「腰越状」を書く

衣川館跡《ころもがわのたて》〈岩手県平泉町〉

中尊寺〈岩手県平泉町〉
世界文化遺産「平泉」の構成資産の一つ

安宅の関〈小松市安宅町〉

対面石〈静岡県清水町〉
頼朝と義経が対面したとき腰をかけた石。八幡神社内にある

源義経　義経の現存する唯一の肖像画。
（中尊寺蔵）

義経の容貌に二つの説

一般的に、源義経《みなもとのよしつね》は美男子だったと思われている。映画やテレビドラマの義経は、そのような俳優が選ばれているから美男子だったとして受け取られることになるが、例えば、『義経記《ぎけいき》』に「眉目容貌、たぐひなし」とか、『源平盛衰記』にも、「色白くして、長《たけ》短かし。容貌優美にして、進退優なり」などと出てくるので、身長は低かったとしても、美男子だったことがうかがわれる。

　ところが、『義経記』も『源平盛衰記』も義経を主人公とした軍記物で、義経の容貌については、ことさら美化して描いた可能性がある。『義経記』の成立とあまり年代的な隔たりがないとされている幸若舞《こうわかまい》の『富樫《とがし》』には、「向かふ歯そつて、猿まなこ、小鬢《こびん》の髪のちぢんで、色の白きをば、鎌倉殿の御舎弟」と出てくる。色白だったことは共通しているが、反《そ》っ歯で猿まなことというのでは美男子とはいえないようである。

　ただ、唯一伝わる肖像画を見るかぎりでは、美男子であるとも、そうでないとも、どちらともいえない。

鞍馬の牛若丸

源義経は、一一五九（平治元）年、源義朝《みなもとのよしとも》の九男として京都で誕生している。母は九条院（近衛《このえ》天皇の皇后藤原呈子《ふじわらのていし》）の雑仕《ぞうし》・常盤《ときわ》で、絶世の美女だったといわれている。幼名を牛若丸といい、また、遮那王丸《しゃなおうまる》とも称した。

　平治の乱で父義朝が平清盛に敗れ、逃亡途中殺されてしまったため、母常盤は、今若・乙若・牛若の三人の子を連れて逃亡生活を余儀なくされている。このとき、牛若はまだ数え二歳であった。

　しかし逃げおおせられないと判断した常盤は六波羅

に出頭し捕らえられることになり、三人の子はそれぞれ寺に入れられている。牛若丸が入ったのが京都の鞍《くら》馬寺《までら》である。

当時、大きな寺には僧兵がいた。彼らは「悪僧《あくそう》」などと呼ばれることもあるが、兵法を身につけ、武芸に秀でていた。牛若丸がこうした「悪僧」に兵法や武芸の手ほどきを受けたことは考えられる。ゲリラ的な奇襲戦法を得意とする義経兵法の基本はこうして培われたのであろう。夜ごと、天狗に武芸を習ったという伝説はこの頃のことである。

ただ、入っていたのは鞍馬寺だけではなく、京都周辺の寺を転々としていたようである。

一路平泉へ

義経の鞍馬寺入りは『吾妻鏡』にも記されているので事実であるが、その後の経歴については不明な部分が少なくない。

通説では、一一七四（承安四）年頃、十六歳になった義経は、ついに鞍馬寺を脱出し、金売吉次《かねうりきちじ》の手引きによって奥州平泉（岩手県平泉町）に下向し、藤原秀《ふじわらのひで》衡《ひら》の世話になったといわれている。このことは、『義経記』などにもみられ、金売吉次は、奥州産の金を京都で売って長者になった人物として知られているが、今日の研究では、架空の人物とするのが有力であり、この時点での奥州下りを否定する人も少なくない。

ただ、当時、奥州の金・馬などを京都に運んでそれを商売にしていた人がいたことは確かで、義経の下向にそうした商人たちが介在したことは十分考えられるところである。

その頃の平泉は三代目の秀衡のときで、奥州藤原氏の全盛期にあたっていた。金色堂《こんじきどう》で有名な中尊寺《ちゅうそんじ》や毛越寺《もうつうじ》をはじめとする寺院のほか、北上川沿いの柳《やなぎ》之《の》御《ご》

中尊寺金色堂内陣(国宝)(岩手県平泉町)
金色堂は、藤原清衡が1124年に建立したもので、藤原三代(清衡・基衡・秀衡)の遺体が祀られている。写真は、清衡を祀った須弥壇《しゅみだん》で、中央に見られるのが阿弥陀如来。

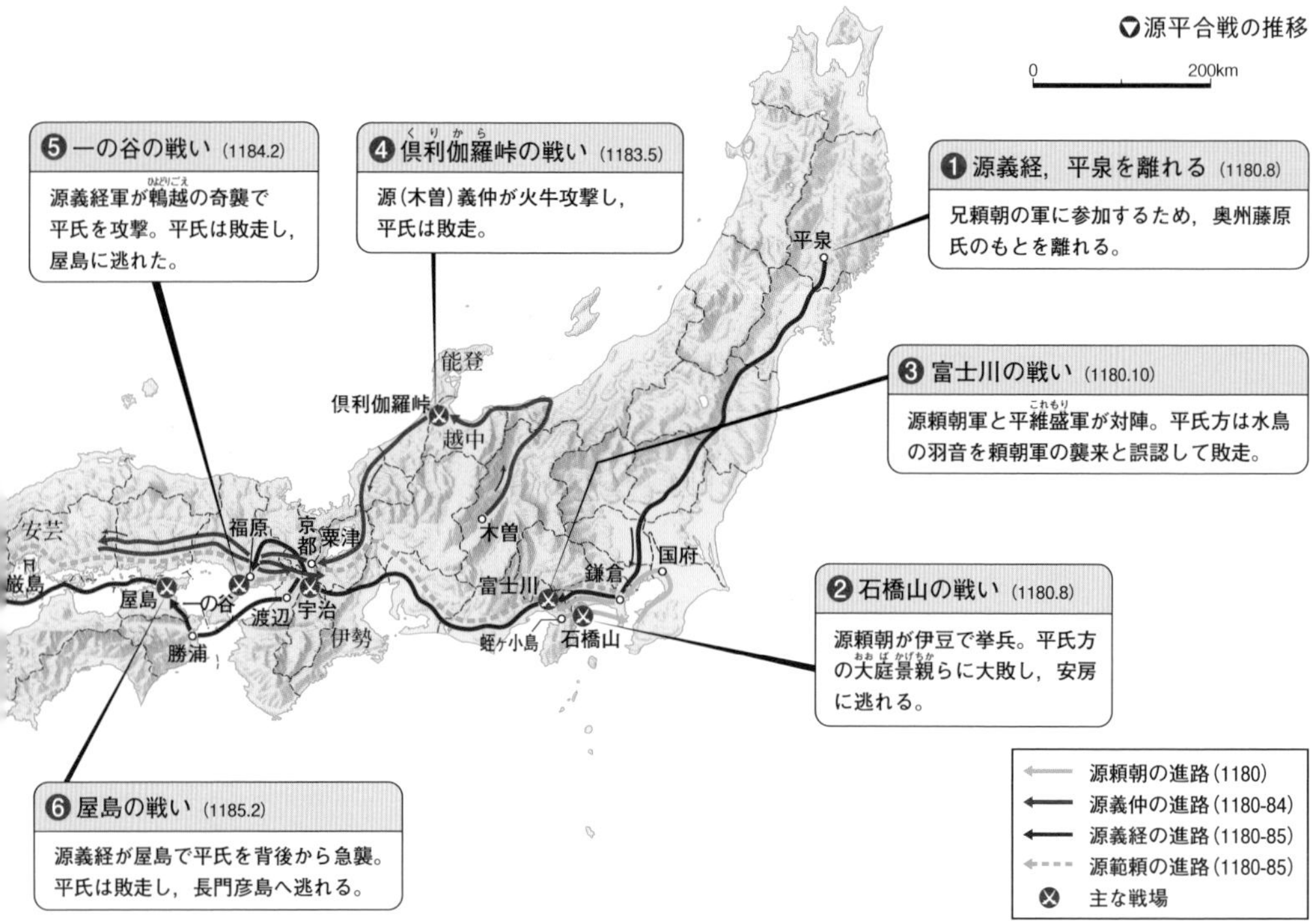
源平合戦の推移
0
200km
❺一の谷の戦い (1184.2)
源義経軍が鵯越《ひよどりごえ》の奇襲で平氏を攻撃。平氏は敗走し，屋島に逃れた。
❹倶利伽羅《くりから》峠の戦い (1183.5)
源（木曽）義仲が火牛攻撃し，平氏は敗走。
❶源義経，平泉を離れる (1180.8)
兄頼朝の軍に参加するため，奥州藤原氏のもとを離れる。
❸富士川の戦い (1180.10)
源頼朝軍と平維盛《これもり》軍が対陣。平氏方は水鳥の羽音を頼朝軍の襲来と誤認して敗走。
❷石橋山の戦い (1180.8)
源頼朝が伊豆で挙兵。平氏方の大庭景親《おおばかげちか》らに大敗し，安房に逃れる。
❻屋島の戦い (1185.2)
源義経が屋島で平氏を背後から急襲。平氏は敗走し，長門彦島へ逃れる。
平泉
能登
倶利伽羅峠
越中
木曽
安芸
厳島
福原
京都
粟津
屋島
一の谷
渡辺
宇治
伊勢
勝浦
富士川
鎌倉
国府
蛭ヶ小島
石橋山
源頼朝の進路(1180)
源義仲の進路(1180-84)
源義経の進路(1180-85)
源範頼の進路(1180-85)
主な戦場

所《しょ》を本拠として平泉文化が花開き、義経の生涯のなかでは一番心安まるときだったかもしれない。

ところが、一一八〇（治承四）年の兄頼朝《よりとも》の伊豆《いず》旗揚げで義経の運命も大きく変わるのである。

兄頼朝との再会

一一八〇（治承四）年八月十七日、伊豆の蛭ヶ小島《ひるがこじま》に流されていた兄頼朝が伊豆目代山木兼隆《もくだいやまきかねたか》を襲撃した。いわゆる「頼朝の伊豆旗揚げ」である。その後、敗れた頼朝はいったん房総半島に脱出し、その地の千葉介《ちばのすけ》常胤《つねたね》・上総介広常《かずさのすけひろつね》らの援助を得て武蔵からさらに進んで十月六日には鎌倉入りを果たしている。この頼朝の動きに対し、平清盛は平維盛《これもり》を総大将とする頼朝追討の兵を送ってきたが、十月二十日、有名な富士川の戦いで平家軍を打ち破った。このとき、平家軍は水鳥の羽音を敵の夜襲と勘違いして敗走したといわれている。

兄頼朝の挙兵を知った義経は、頼朝に合流すべく平泉を出発し、富士川の戦い直後の十月二十二日、駿河《するが》の黄瀬川宿《きせかわじゅく》で対面をしている。兄弟とはいっても、父親が同じというだけで、母は違うし、育ってきた環境も全く違った二人ではあったが、以後、義経は兄を補佐し、頼朝軍の一員として活躍することになる。

木曽義仲討伐

頼朝の「伊豆旗揚げ」から一か月後の一一八〇（治承四）年九月、以仁王《もちひとおう》の令旨を受け取った源義仲《みなもとのよしなか》も木曽で挙兵した。

一一八三（寿永二）年五月十一日、戦史に有名な倶《く》利伽羅《りから》峠の戦いで平家の大軍を打ち破った義仲は、またたく間に北陸を支配下に置き、七月二十八日には京都まで攻めのぼっている。すでに平家を見限っていた後白河法皇は義仲の軍事力に期待し、平家追討と京都の治安維持を命じ、八月十四日の除目《じもく》で、義仲は従五《じゅご》位下《いのげ》・左馬頭《さまのかみ》兼越後守《えちごのかみ》の官位を与えられている。

❼ 壇の浦の戦い (1185.3)
壇の浦の海上で衝突したが，源氏が勝利し，平氏は滅亡。
壇の浦
大宰府
国府

その後、義仲は、逃げる平家軍を追って備中《びっちゅう》水島（p.22 ❹）まで進み、閏《うるう》十月一日、そこで戦いとなり、義仲軍が敗れるという予想外の展開となった。京都に逃げ帰った義仲は、後白河法皇が自分を見限り始めている様子をみて、にわかに法皇の御所、法住寺殿《ほうじゅうじ》を焼き払い、法皇を幽閉するという挙に出た。そしてその圧力に押される形で、翌一一八四（寿永三）年正月十一日、義仲は征夷大将軍に任命されているのである。

しかし、その頃、頼朝は義仲追討のため、範頼《のりより》・義経を京都に攻めのぼらせていた。このとき、義仲は、西国に落ちていた平家と手を結ぶことを考えていた。

現在の瀬田の唐橋（滋賀県大津市）　義仲は今井兼平に守らせようとしたが、範頼に攻められ敗走した。

ところが、範頼・義経軍の行動がすばやかったため、義仲は平家との連携をはかる暇もなく、正月二十日、宇治・瀬田で戦いが繰り広げられている（p.22 ❺）。

この戦いで防衛線を突破し京都に入った範頼・義経軍によって義仲は琵

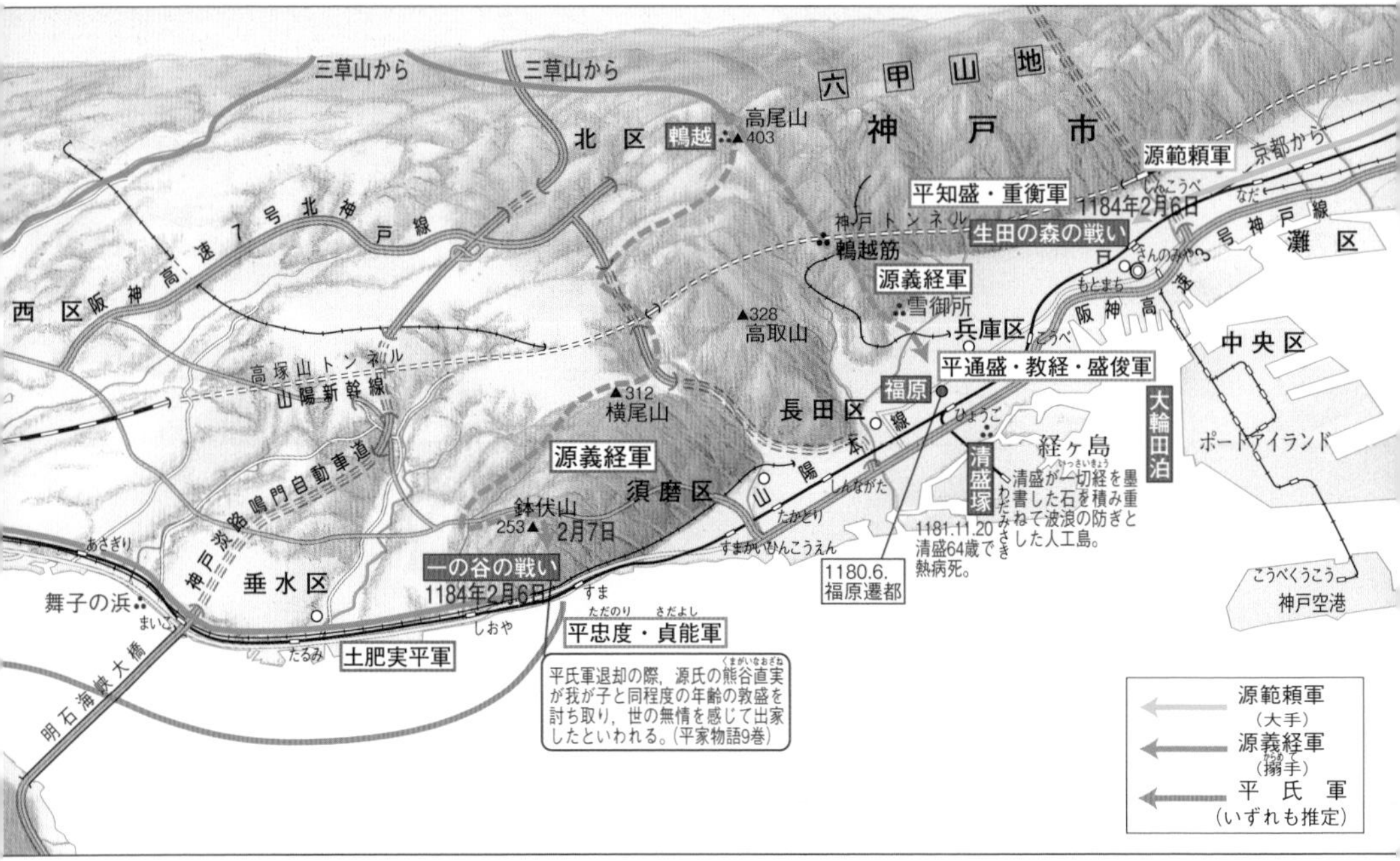

△一の谷の戦い　平氏は東は生田の森、西は一の谷、北は鵯越のふもとに陣をはり、鉄壁の守りを固めた。鵯越から義経が攻略したルートは２説あるが、この奇襲により、平氏は敗北、四国へ落ちのびた。

琵琶湖畔の粟津《あわづ》で首を取られてしまったのである。

一の谷の戦い

頼朝・義仲の源氏同士の戦いの間隙《かんげき》をぬって、平氏は勢力を回復し、かつての福原京まで進出し、一の谷（神戸市須磨区）に陣をしいていた。そこは、鉄拐山《てっかいざん》・鉢伏山《はちぶせやま》の急斜面が海岸線に迫り、前は海という天然の要害だった。

義経は、義仲を破って休む間もなく今度は平氏追討のためにこの一の谷に向けて進発した（➡p.22 ❼）。一一八四（元暦元）年二月七日、義経は、一の谷の背後の天嶮《てんけん》から精鋭七十騎とともに急斜面を下り、奇襲をかけた。これが「鵯《ひよどり》越《ごえ》の逆落《さかお》とし」である。裏山からの攻撃を予期していなかった平氏方は総崩れとなり、平忠度《たいらのただのり》以下、経正《つねまさ》・経俊《つねとし》・敦盛《あつもり》・通盛《みちもり》・業盛《なりもり》・師盛《もろもり》・知章《ともあきら》ら一門の多くが討死し、平氏側の死者は何と千余人にも及び、重衡《しげひら》は捕らえられ、初めから沖合の兵船に乗っていた総大将宗盛《むねもり》らがかろうじて難をまぬかれることができたという状態であった。

このように、一の谷の戦いの義経側の勝因は、難攻不落と思われていた一の谷背後の地形を巧みに使って奇襲をかけたことが最大の要因だったわけであるが、もう一つ、前

鵯越の逆落とし　険しい山の急崖を、義経軍が駆け降りて奇襲し、平氏軍を混乱させたといわれる。
（土佐左助「平家物語」より、林原美術館蔵）

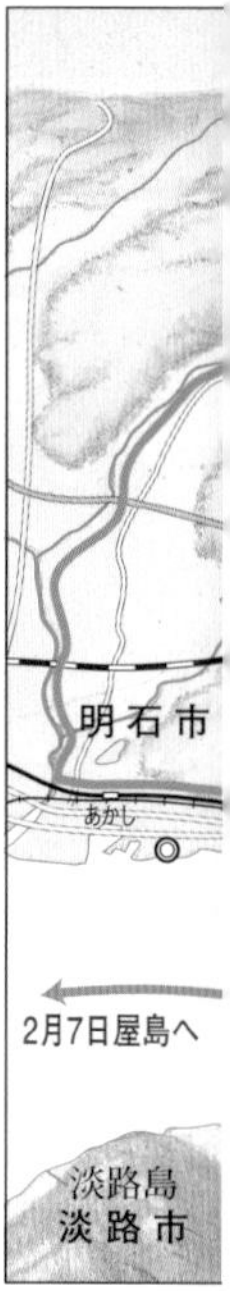

日、後白河法皇が平氏側に停戦命令を出しており、平氏側が油断していたこともあげられている。

京都凱旋

一の谷の戦いで平氏を破った義経は勇躍京都に凱旋した。父義朝の無念を晴らした義経の得意は想像に余りある。ともに義仲や平氏と戦ってきた範頼は鎌倉に戻り、義経が京都の治安維持にあたった。このとき、頼朝は範頼を三河守に、源三位頼政《げんざんみよりまさ》の孫広綱を駿河守に、そして平賀義信《ひらがよしのぶ》を武蔵守に推挙したが、一の谷の戦功第一と目された義経には何の沙汰もなかったのである。

当時、武士の任官は頼朝の推挙があって初めて可能であったが、頼朝・義経兄弟の分断を策す後白河法皇は、このときの義経の不満を見透かすかのように、義経に対し、頼朝の推挙なしに検非違使《けびいし》・左衛門少尉に任じてしまったのである。検非違使の尉《じょう》を「判官《ほうがん》」といっているので、以後、義経は九郎判官の名で呼ばれることになる。義経のことを讃美する「判官贔屓《びいき》」という言葉があるのもそのためである。

戦《いくさ》の駆け引きは得意でも、政治の駆け引きに疎《うと》かった義

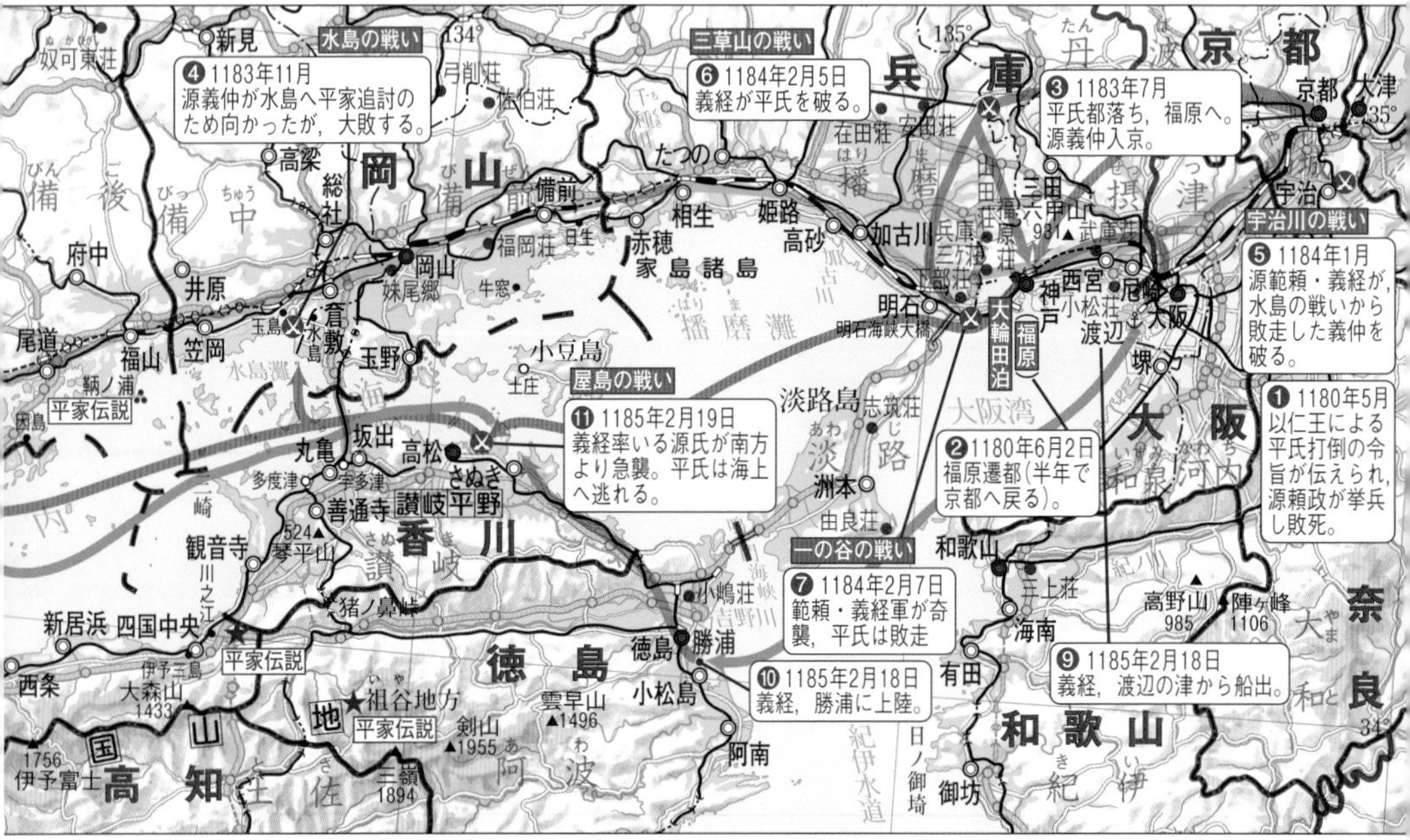
水島の戦い
❹1183年11月
源義仲が水島へ平家追討のため向かったが，大敗する。
三草山の戦い
❻1184年2月5日
義経が平氏を破る。
❸1183年7月
平氏都落ち，福原へ。
源義仲入京。
宇治川の戦い
❺1184年1月
源範頼・義経が，水島の戦いから敗走した義仲を破る。
❶1180年5月
以仁王による平氏打倒の令旨が伝えられ，源頼政が挙兵し敗死。
屋島の戦い
⓫1185年2月19日
義経率いる源氏が南方より急襲。平氏は海上へ逃れる。
❷1180年6月2日
福原遷都（半年で京都へ戻る）。
一の谷の戦い
❼1184年2月7日
範頼・義経軍が奇襲，平氏は敗走
❾1185年2月18日
義経，渡辺の津から船出。
❿1185年2月18日
義経，勝浦に上陸。
平家伝説
京都
兵庫
岡山
香川
徳島
大阪
和歌山
奈良
高知
大輪田泊
福原
屋島
小豆島
淡路島
播磨灘
大阪湾
渡辺
勝浦
高松
神戸
明石
宇治
京都
大津

1179年、後白河院政を停止した清盛は、政権を完全に掌握、平氏一門は全盛の極に達した。源平合戦は、西国一帯に勢力を張る平氏一門と、源氏の棟梁頼朝を中心とする東国武士団との衝突であった。1185年 3月、幼帝安徳天皇と三種の神器もろとも水中に没した平氏の悲劇は、『平家物語』によって現在まで語り継がれている。

経は、その後もずるずると後白河法皇のしかけた罠《わな》にはまってしまい、兄弟間の亀裂は次第に大きくなっていった。

屋島の戦い

頼朝は、自分の承諾なしに義経が任官したことを怒り、それ以後の平氏追討の指揮官から彼を外している。義経を京都に残留させた頼朝は、いったん鎌倉に帰した範頼を平氏追討の指揮官とし、作戦を展開させている。しかし、何か月経ってもはかばかしい戦果を得ることができず、とうとう一一八五（文治元）年一月十日、義経を復帰させているのである。

二月十八日夜、折からの暴風雨をついて、義経率いる源氏の軍勢が摂津の渡辺津（❾）から出陣していくことになるが、そのとき梶原景時《かじわらかげとき》と義経との間に決定的な対立が起こっている。『平家物語』にも描写されていて有名な「逆《さか》櫓《ろ》の争い」である。このとき軍目付《いくさめつけ》といった立場で頼朝から送りこまれていた梶原景時が「舟の舳先《へさき》と艫《とも》の両方に櫓《ろ》を用意すべし」と主張したのに対し、義経が「あらかじめ逆櫓を用意するのは逃げ仕度《じたく》で、士気にかかわる」と拒絶した。以後、二人の対立はエスカレートしていくのである。

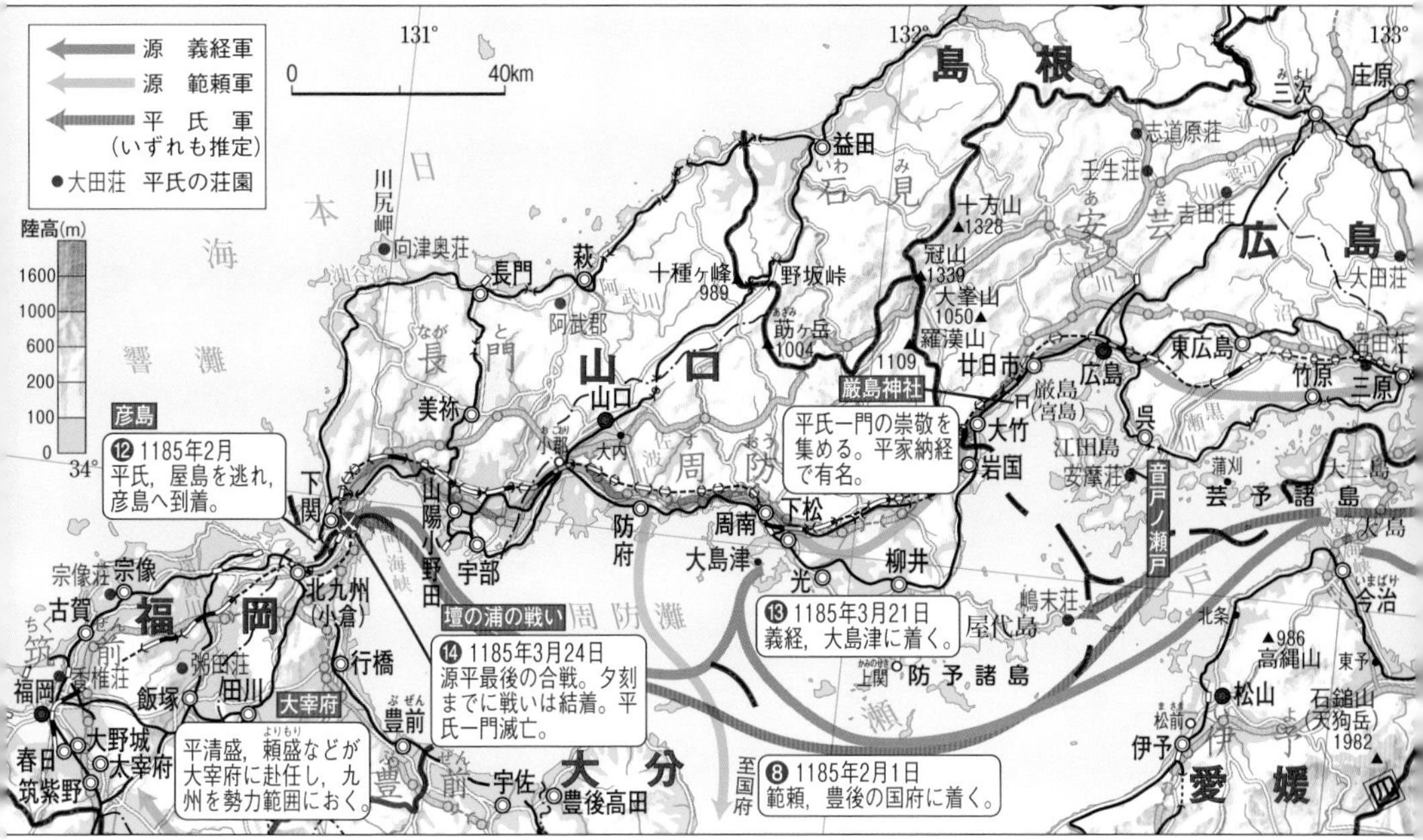

△源平合戦と瀬戸内海

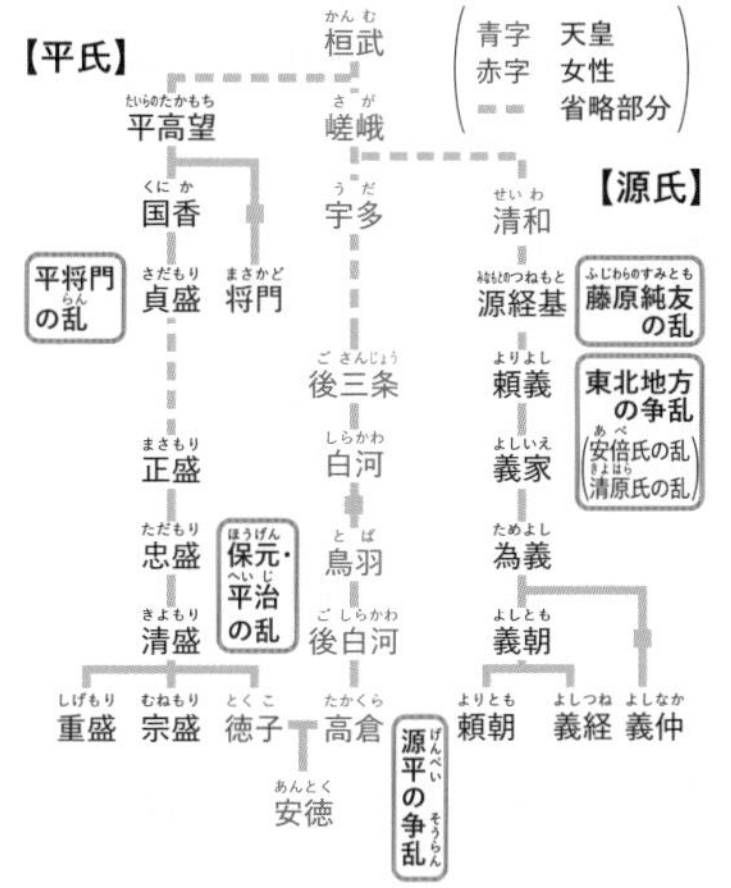

平氏と源氏の系図

義経軍は、渡辺津からわずか五艘《そう》に百五十人が分乗し、阿波《あわ》の勝浦に上陸することに成功し（⑩）、そこから陸路をとって、その頃の平氏の本拠地であった屋島《やしま》を目指した（⑪）。屋島の拠点は海に突き出した地形を巧みに利用し、海からの攻撃に備える城郭の構《かまえ》をしていた。平氏は、源氏が攻めてくるとすれば瀬戸内からであると考え、海上を警戒していたが、義経はその虚をついて、背後の陸地から攻めたてたため、押し出される形で海上に逃れている。このとき、海上に浮かぶ平氏の兵船の船縁《ふなべり》から、一人の女房が扇を立てかけ、さし招くということがあった。義経はその意味に気が付き、家臣の那須与一《なすのよいち》にその扇を射るように命じている。与一が、海中の馬上からこれを一矢で射とめ両軍の喝采を浴びたことが『平家物語』にみえる。二月二十一日、平氏の軍勢は、東方の志度浦《しどうら》に迂《う》回《かい》し、背後から義経軍への攻撃を企てたが、

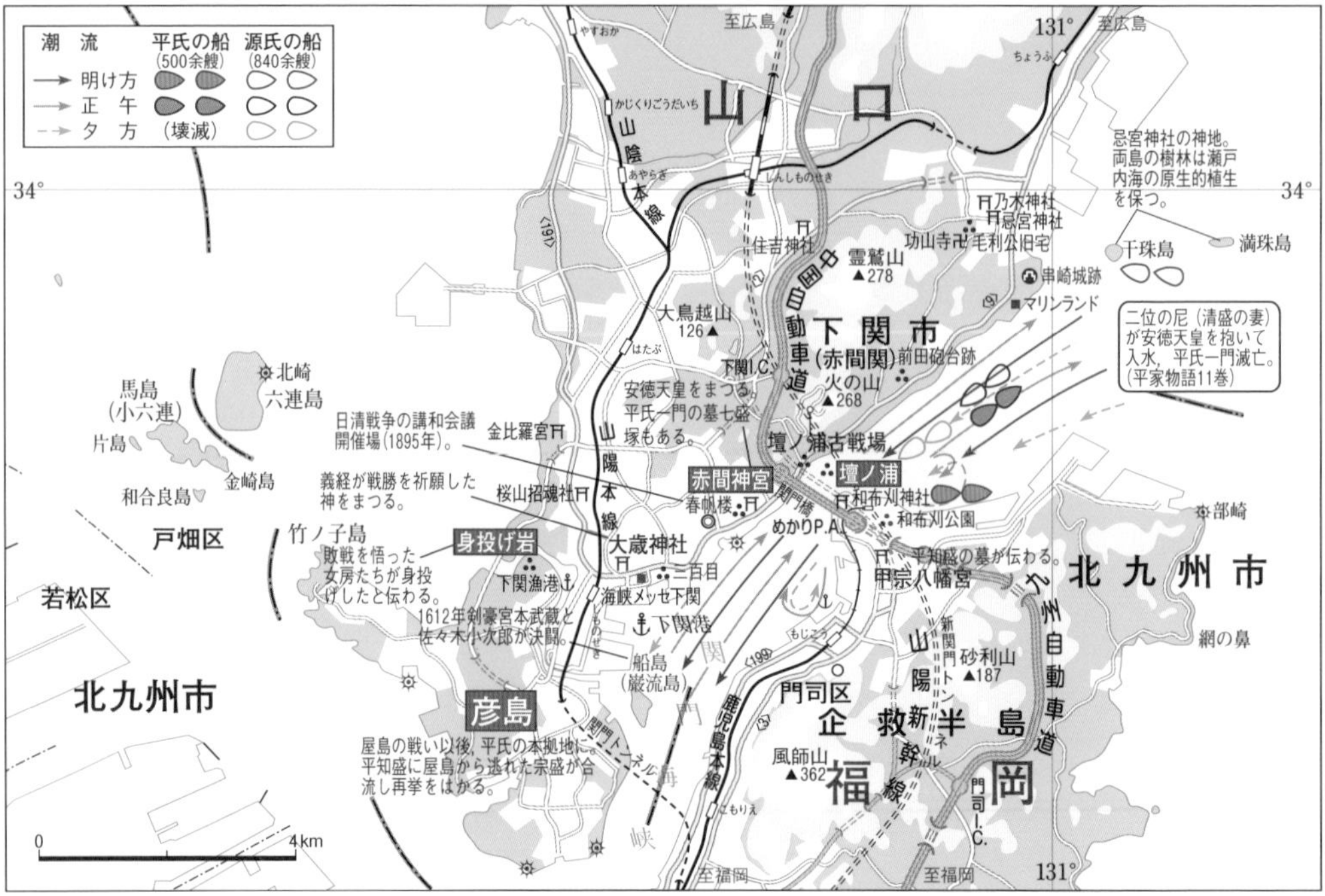

△壇の浦の戦い　海からは、伊予・熊野の水軍を率いた源義経、陸からは範頼の軍に追いついめられ、平氏は1185年3月に全滅した。

義経がすぐ反撃したため、敗れた平氏軍は瀬戸内海を西へ落ちていったのである。

壇の浦、平氏滅亡

屋島を失った平氏は長門《ながと》の彦島《ひこしま》に集結した（➡p.23 ⑫）。陸路九州に渡っていた範頼軍は大宰府《だざいふ》から門司《もじ》を占拠し、対岸の彦島をにらんでいた。一一八五（文治元）年三月二十三日、義経率いる源氏の船団は関門海峡の壇の浦に迫った。『吾妻鏡』によると、源氏は八百四十艘、平氏は五百艘余りという。戦いは翌二十四日の朝から始まった。源平最後の戦いは船戦《ふないくさ》だったのである。船戦はむしろ西国を地盤とする平氏のお家芸で、初め、平氏方が有利であったが、やがて潮流が変わり、源氏が態勢を立て直している。

このとき、義経はそれまでの戦いの常識を破る戦法に出た。非戦闘員である舵取《かじとり》・水夫《かこ》をねらうよう命じており、船を操る者が次々に倒され、平氏方の船足が乱れ始めたのである。一の谷の戦いの逆落とし、屋島の戦いのときの嵐をついての渡海とともに、義経による意表をつく戦法であった。平氏の軍兵は船を捨てて

関門海峡

上陸しようとしたが、陸には源氏の軍兵が待ち構えており、船戦を継続するしかなかったのである。

敗色濃厚となった平氏は、一門の主だった武将を兵船に乗せ、軍兵を御座船《ござぶね》である唐船に乗せ、大将首を取ろうと唐船に接近したところで源氏の船を取り囲んで討ち取る作戦に出た。ところが、そのとき、四国の田口成良《たぐちしげよし》の率いる三百艘が平氏を裏切り源氏につき、この寝返り組から、大将クラスの武将が兵船に乗り、脱出をはかろうとしているという作戦もばれてしまったのである。

ところで、この壇の浦の戦いは、源氏と平氏の兵船の数、義経の意表をつく戦法、それに作戦の漏洩ということが勝敗を分けるポイントになるが、決定的だったのは、やはり潮流の変化であった。午前中は西から東に向かう潮の流れが平氏側に有利に働いたが、逆に午後になると東から西に変わり、東に位置していた源氏側に有利となったのである。

戦いの最中のエピソードとして義経の「八艘飛《はっそうと》び」というのが知られている。平教経《たいらののりつね》が義経を捕まえようとしたところ、義経が小長刀《なぎなた》を小脇にかきこんだまま二丈（約六m）ほど飛んで違う船に飛び移ったというものである。こうしたエピソードを残しながら、戦いは平氏側の完敗となり、平氏一門の多くが戦死、ないし入水《じゅすい》している。安徳《あんとく》天皇も二位の尼（平清盛の妻）に抱かれ、三種の神器とともに入水し、ここに平氏は滅亡したのである。

「腰越状」

平氏を滅亡に追い込み、京都に凱旋した義経を待っていたのは厳しい現実であった。一一八五（文治元）年四月、無断任官の東国武士二十四名が処罰され、義経も勘当《かんどう》された。平氏追討の戦いのなかで、軍目付の梶原景時との対立にみられるような東国武士たちとの確執も影響したかもしれない。五月には義経は弁明のため鎌倉に向かったが、鎌倉入りを許されず、腰越《こしごえ》（神奈川県鎌倉市）にとどめおかれ、そこで書いたとされるのが腰越状である。そこには少年時代の苦難、命を惜しまず戦った日々のことが切々と綴《つづ》られていたが、頼朝の手には届かなかったという。

　一方、頼朝は、八月に義経が伊予守に任官したのを妨害すべく、伊予国に地頭を派遣している。二人の関係はすでに決裂していた。

義経追討

　兄弟の対立はさらにヒートアップする。十月に、頼朝は刺客《しかく》の土佐坊昌俊《とさのぼうしょうしゅん》を送り京都六条堀川の義経居館を襲撃させている。これを辛《から》くも撃退した義経であったが、ここに至って頼朝との対決を決意し、朝廷に迫って頼朝追討の宣旨を獲得した。しかし、頼朝の権威は盤石《ばんじゃく》で義経に味方する武士はほとんどいなかったのである。結局、頼朝に抗することの不可能を悟った義経は、京都から摂津の大物浦《だいもつうら》（兵庫県尼崎市）に出、そこから舟に乗って九州を目指したが、大風によって船が転覆してしまったため上陸し、それからしばらく逃避行が続けられている。その後に捕らえられた従者らの証言から、大和の吉野山（奈良県吉野町）・多《とう》武《の》峰《みね》（奈良県桜井市）・大峯山《おおみねさん》（奈良県天川村）、さらに伊勢神宮や比叡山のほか、京都の仁和寺・鞍馬寺、大和の興福寺（奈良市）などの寺社を転々としたことが知られている。そのほか、たとえば京都の公家藤原基《ふじわらのもと》通《みち》の屋敷にかくまわれたことも知られ、義経を支援する勢力があったことがわかる。

　しかし、頼朝が義経探索をさらに強化していったため、畿内の寺社・公家もしだいに義経をかくまうことに躊躇《ちゅうちょ》し始め、ついに義経主従は畿内からの脱出を試みるに至る。ちなみに、義経と行動をともにしていた静御前《しずかごぜん》（➡p.28）が鎌倉方に捕らえられたのは一一八六（文治二）年四月のことであった。

　畿内を脱出した義経一行が目指したのは奥州の平泉であった。このとき通過したとされる北陸の安宅《あたか》の関（石川県小松市）における出来事が歌舞伎『勧進帳』として広く知られる訳であるが、実際のことだったのかどうかは不明である。平泉へのルートもわかっていない。

平泉での最期

　義経が最後に頼ったのが平泉の藤原氏であった。いつ義経主従が平泉に入ったかは明確ではないが、頼朝は一一八七（文治三）年二月にはつかんでおり、四月十三日には、義経追討の宣旨を出すよう後白河法皇に要請している。実際、藤原氏に義経追討の宣旨が出されたのはその年の九月のことであった。藤原秀衡は義経を喜んで迎え入れ、頼朝との直接対決も辞さずとの構えをみせていた。ところが、義経にとっての一番の理解者だったその秀衡がその年の十月、病死してしまったのである。これは義経のその後に大きな影を落とすことになる。頼朝は、あとを継いだ泰衡《やすひら》に再三にわたって義経の引き渡しを要求した。ただ、義経にとって幸いだったのは、翌一一八八（文治四）年の一年間、頼朝が亡き母の供養と、自身の厄年のため、殺生を避け、強引な義経引き渡しの戦いを仕掛けてこなかったことである。しかし、明けて翌一一八九（文治五）年、頼朝の圧力に抗しかねた泰衡が数百の兵で衣《ころも》川館《がわのたて》（岩手県平泉町）を襲撃し、ずっと付き従ってきた武蔵坊弁慶が敵をひきつけて防戦するなか、自害して果てている。

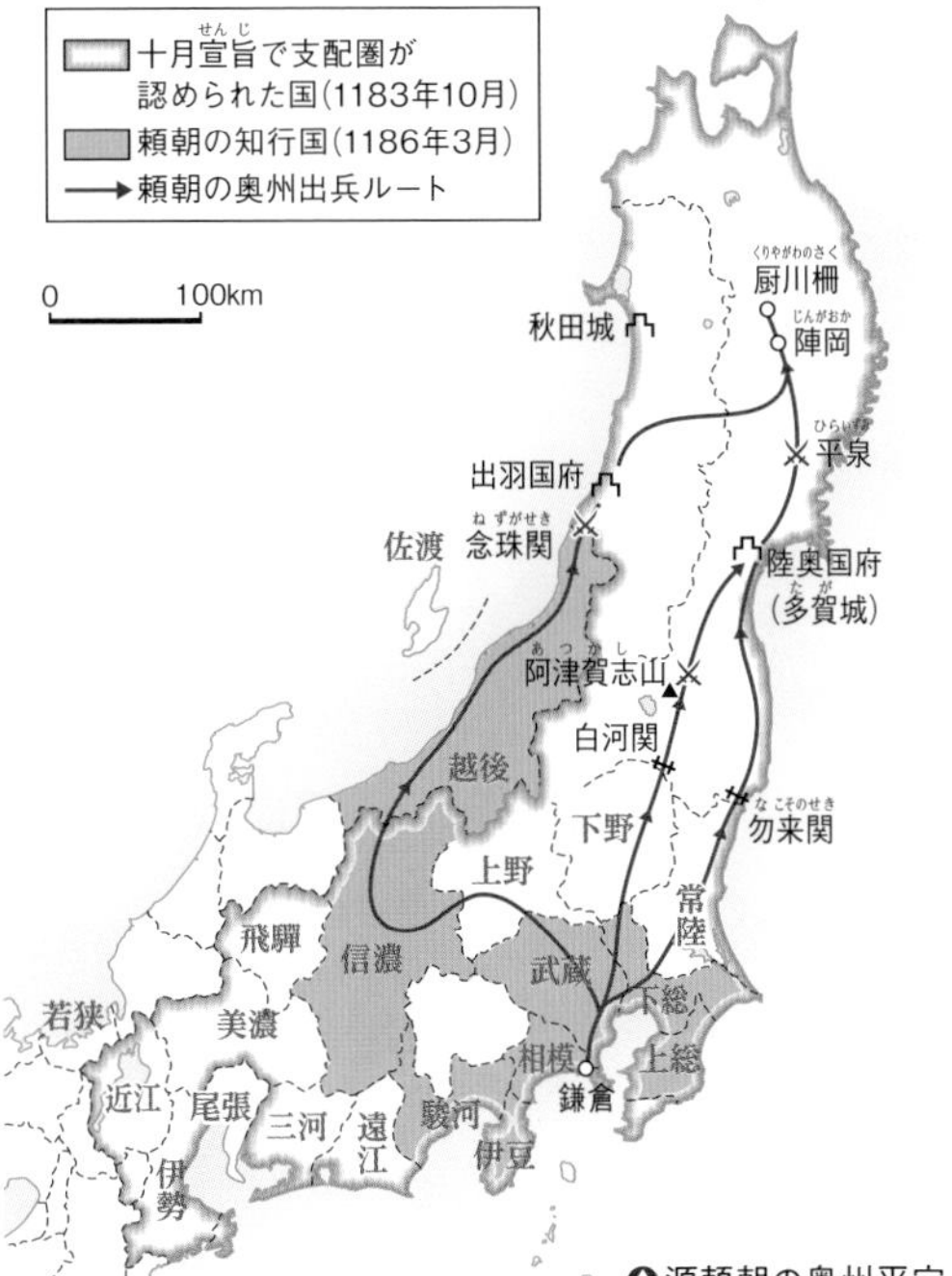
十月宣旨《せんじ》で支配圏が認められた国(1183年10月)
頼朝の知行国(1186年3月)
頼朝の奥州出兵ルート
0　100km
厨川柵《くりやがわのさく》
陣岡《じんがおか》
秋田城
平泉《ひらいずみ》
出羽国府
念珠関《ねずがせき》
佐渡
陸奥国府
(多賀城《たが》)
阿津賀志山《あつかし》
白河関
越後
下野
勿来関《なこそのせき》
上野
常陸
飛騨
信濃
武蔵
若狭
美濃
下総
相模
上総
近江
尾張
三河
遠江
駿河
鎌倉
伊豆
伊勢
源頼朝の奥州平定

　二か月後、義経の首は鎌倉に届けられた。泰衡としてみれば、義経の首さえ届ければ、頼朝は矛《ほこ》をおさめると思っていた。しかし、頼朝は、義経をかくまった罪は消えないとし、奥州討伐に動きだしたのである。

　七月十九日、頼朝は総勢二十万という大軍で鎌倉を出発し、八月八日から戦いとなったが、圧倒的な軍勢の前になすすべもなく、泰衡は平泉からさらに北へ逃げようとするところを討たれ、ここに栄華を誇った奥州藤原氏は滅亡したのである。

column
女性たちの生き様 ❷

義経とともに散った「郷御前」と「静御前」

「白拍子」（葛飾北斎筆）（北斎館蔵）
白拍子とは、男装をして歌い舞う遊女のこと。静御前をイメージして北斎が描いたとされる。

壇の浦の戦い後、義経を愛した女性は、悲劇に見舞われた。

義経といえば、一番に思い浮かべるのが静御前《しずかごぜん》だろう。当代随一の白拍子《しらびょうし》で、義経の寵愛を受けた妾《めかけ》の一人だ。義経が追われる身になると、静も西下に付き従ったが、奈良吉野山で突如、別れを告げられる。義経の子どもを身籠もっていた静は、冬空の下一人山中をさまよっていたところを山僧に捕らえられ、鎌倉に送られた。そして、頼朝夫妻の前で白拍子の舞を披露することに。この時「吉野山　峰の白雪　踏分けて　入りにし人の跡ぞ恋しき」などと義経を慕う歌で舞ったことから、頼朝を激怒させた。同情した北条政子《ほうじょうまさこ》に命を救われたものの、男児が生まれると頼朝の命で由比ヶ浜に沈められ、たいそう打ちひしがれたという。静は母と京に返され、それからは消息不明だ。

一方、義経と死ぬ間際までともにいたのが正室の郷御前《さとごぜん》だった。郷は、武蔵国で勢力をもつ河越重頼《かわごえしげより》の娘で、16歳の時に義経に嫁いだ。頼朝による政略結婚だった。しかし、兄弟仲にひびが入ると、郷の父・重頼は「義経の外戚である」として領地を没収される。挙句の果てには、息子の重房《しげふさ》（郷の兄）とともに誅殺《ちゅうさつ》された。

この頃、義経は京都の近辺に潜伏し、郷は娘を出産。その後、義経は奥州藤原氏を頼り、郷御前と娘を逃避行に連れていく。郷は離縁をするタイミングがあったにもかかわらず、平泉まで義経に連れ添ったのだ。

義経らは無事、奥州藤原秀衡のもとにたどり着き、つかの間の安息を得た。しかし、秀衡死後、息子泰衡が跡を継ぐと状況は一変し、頼朝の圧力に屈した泰衡から襲撃を受ける。死期を悟った義経は、持仏堂で郷と幼い娘を殺害し、自害した。政略結婚から始まり、大切な人を次々と奪われ22歳という短い生涯を終えた郷。義経を愛した２人の女性は、こうして、悲しく散ったのだ。

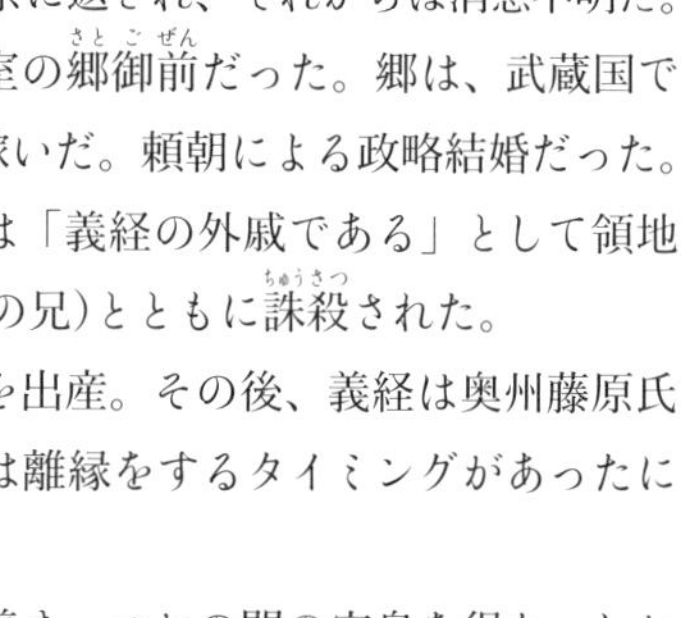

源義経公妻子の墓（岩手県平泉町）

武田信玄と上杉謙信

―戦国を代表する好敵手

小和田哲男

信玄・謙信一騎討ちの像（長野市小島田町）

biography

武田信玄略年表

一五二一年	武田信虎の嫡子として甲斐要害山城で生まれる
一五三六	元服して晴信と名乗る
一五四一	父信虎を駿河に追放し、家督の座につく（二十一歳）
一五四七	『甲州法度之次第』（信玄家法）を定める
一五五三	信濃の村上義清を攻め、義清が頼った謙信と信濃、布施で戦う（第一回川中島の戦い）（三十三歳）
一五五四	武田・北条・今川三氏の甲相駿三国同盟が成立
一五五九	信玄と号する（三十九歳）
一五六七	嫡男義信自刃。甲相駿三国同盟が破綻
一五六八	駿河の今川氏真と戦い、氏真を遠江に追い出す
一五六九	北条氏政と戦い、小田原城を攻める（四十九歳）
一五七〇	徳川家康、信玄と絶ち謙信と結ぶ
一五七二	遠江の三方ヶ原で徳川家康を破る
一五七三	三万の大軍を率いて上洛の途中信濃駒場で没（五十三歳）

上杉謙信略年表

一五三〇年	長尾為景の末子として越後春日山城で生まれる
一五三六	仏門に入る。父為景が死亡
一五四三	還俗して景虎を名乗る
一五四八	兄晴景から家督を譲り受け、春日山城主となる（十九歳）
一五五〇	越後の守護となる
一五五三	第一回川中島の戦い後上洛し足利義輝に謁見（二十四歳）
一五五九	五千の兵を率《ひき》いて再度上洛。正親町天皇に拝謁
一五六一	小田原城を攻める。関東管領に就任し上杉政虎と名乗る
一五六七	信玄の侵攻に対し、今川氏真より救援を求められる
一五七一	謙信と号する（四十一歳）
一五七三	越中・加賀に侵攻し支配地を広げる
一五七五	信長と争う大坂本願寺から救援を求められる（四十六歳）
一五七七	加賀手取川の戦いで織田信長軍を破る
一五七八	春日山城で急病死（四十九歳）

＊青文字は川中島の戦い

同時代の動き

1543年	ポルトガル人、種子島に漂着（鉄砲の伝来）
1549	フランシスコ・ザビエル、鹿児島に上陸（キリスト教の伝来）
1555	第2回川中島の戦い
1557	第3回川中島の戦い
1560	桶狭間の戦い
1561	第4回川中島の戦い
1564	第5回川中島の戦い
1568	織田信長、足利義昭を奉じて上洛
1573	信長、義昭を追放。室町幕府滅亡
1575	長篠・設楽原の戦い
1582	天目山麓田野の戦い（武田氏滅亡）

武田信玄

武田《たけだ》信虎《のぶとら》の長男として一五二一（大永元）年に生まれる。幼名は太郎。『甲陽軍鑑《こうようぐんかん》』は幼名として勝千代《かつちよ》の名を使っているが、ほかの史料からは確認できない。父信虎は弟信繁《のぶしげ》の方をかわいがっていたらしく、家督が弟の方にまわる可能性もあった。

一五三六（天文五）年に元服して晴信《はるのぶ》を名乗り、翌年、今川義元《いまがわよしもと》の斡旋《あっせん》によって京都の公家三条公頼《さんじょうきんより》の娘と結婚した。信玄の生涯の大きな出来事として特筆されるのは、一五四一（天文十）年六月の〝無血クーデター〟であろう。今川義元に会うため駿河《するが》に行った父信虎の帰路を封鎖し、駿河へ追放し、自ら家督の座についているのである。

武田信玄（高野山持明院蔵、提供：高野山霊宝館）

このあと、信濃《しなの》へ侵攻し、信濃のほとんどを手中にするが、越後の上杉謙信《うえすぎけんしん》との戦いとなり、それ以上の領土拡大が難しくなってきた。ちょうどその頃、同盟を結んでいた今川義元が桶狭間の戦いで織田信長に討たれ（➡p.46図）、今川氏の衰退がはっきりしてきたのである。嫡男義信《ちゃくなんよしのぶ》に義元の娘が嫁いでおり、義信は信玄の今川攻め計画に反対していたが、信玄はその義信を廃嫡《はいちゃく》し、寺に幽閉し、さらに自刃に追い込み、一五六八（永禄十一）年、駿河に侵攻している。

領国経営では、「信玄堤《しんげんづつみ》」に代表される治水事業、分国法『甲州法度之次第《こうしゅうはっとのしだい》』の制定や検地の施行、さらには伝馬制度の整備など、みるべき成果を多く残している。一五七三（天正元）年四月十二日、信濃の駒場《こまんば》で病死。

武田信玄の足跡を訪ねて

武田信玄公誕生之地碑〈甲府市上積翠寺町〉要害山城跡に建っている

武田神社〈甲府市古府中町〉
武田三代の館、躑躅ヶ崎《つつじがさき》館の跡地

信玄堤〈甲斐市竜王〉

武田信玄公火葬塚
〈長野県阿智村〉

武田信玄公墓所〈甲州市岩窪町〉墓は塩山の恵林寺のほか県内各地にある

八幡原古戦場跡〈長野市小島田町〉第４回川中島の戦いの主戦場

犀ヶ崖古戦場史跡〈浜松市中区鹿谷町〉三方ヶ原の戦いで一番の激戦地

上杉謙信

一五三〇（享禄三）年、越後《えちご》守護代長尾為景《ながおためかげ》の子として生まれる。幼名は虎千代《とらちよ》。家督はすでに長男の晴《はる》景《かげ》が継ぐことが決まっており、虎千代は春日山《かすがやま》城下の林泉寺《りんせんじ》に入れられ、天室光育《てんしつこういく》の薫陶《くんとう》を受けている。普通ならば、そのまま高僧になる道を歩むところであったが、兄晴景が病弱だったことから思わぬ展開となった。

元服して平三景虎《へいざかげとら》と名乗っていたが、父の死後、越後が乱れるようになり、家中から景虎待望論がもちあがる形となり、そうした空気に押され、一五四三（天文十二）年には、兄晴景の命により支城の栃尾《とちお》城（⬇p.32図）に入り、敵対する黒田秀《くろだひで》忠《ただ》らを討ち、混乱を鎮めることに成功したのである。

上杉謙信（米沢市上杉博物館蔵）

家臣たちの景虎待望の声はさらに強くなり、晴景の補佐のために春日山城に迎えられることになり、結局、一五四八（天文十七）年、二人の間をとりもつ形で守護の上杉定実《うえすぎさだざね》が調停し、景虎が兄晴景の譲りを受けて家督を継ぐことになった。やがて越後の統一を果たし、信濃出兵および関東出兵を繰り返すことになる。

一五六一（永禄四）年の関東出兵のとき、上杉憲政《のりまさ》から上杉氏の家督と関東管領の職を譲られ、上杉政虎《まさとら》と名乗り、さらに、将軍足利義輝《あしかがよしてる》から一字を拝領し、輝虎《てるとら》と名乗り、一五七一（元亀二）年に謙信と称した。武田信玄との間では五回にわたって川中島を舞台に戦い、一五七七（天正五）年には手取川の戦いで織田軍を破ったが、翌年病死した。

上杉謙信の足跡を訪ねて

春日山城跡〈上越市中屋敷〉
謙信生誕地、謙信の像も建っている

林泉寺〈上越市中門前〉
謙信が7歳から14歳まで過ごした。謙信をはじめ川中島の戦いの死者の墓がある

上杉神社〈米沢市丸の内〉
米沢城跡にあり謙信を祭神とする

妻女山〈長野市松代町〉
第4回川中島の戦いの上杉軍本陣

雨宮の渡し〈千曲市雨宮〉
川中島の戦いで夜間に上杉軍が千曲川を渡河した所。頼山陽《らいさんよう》の詩碑がある

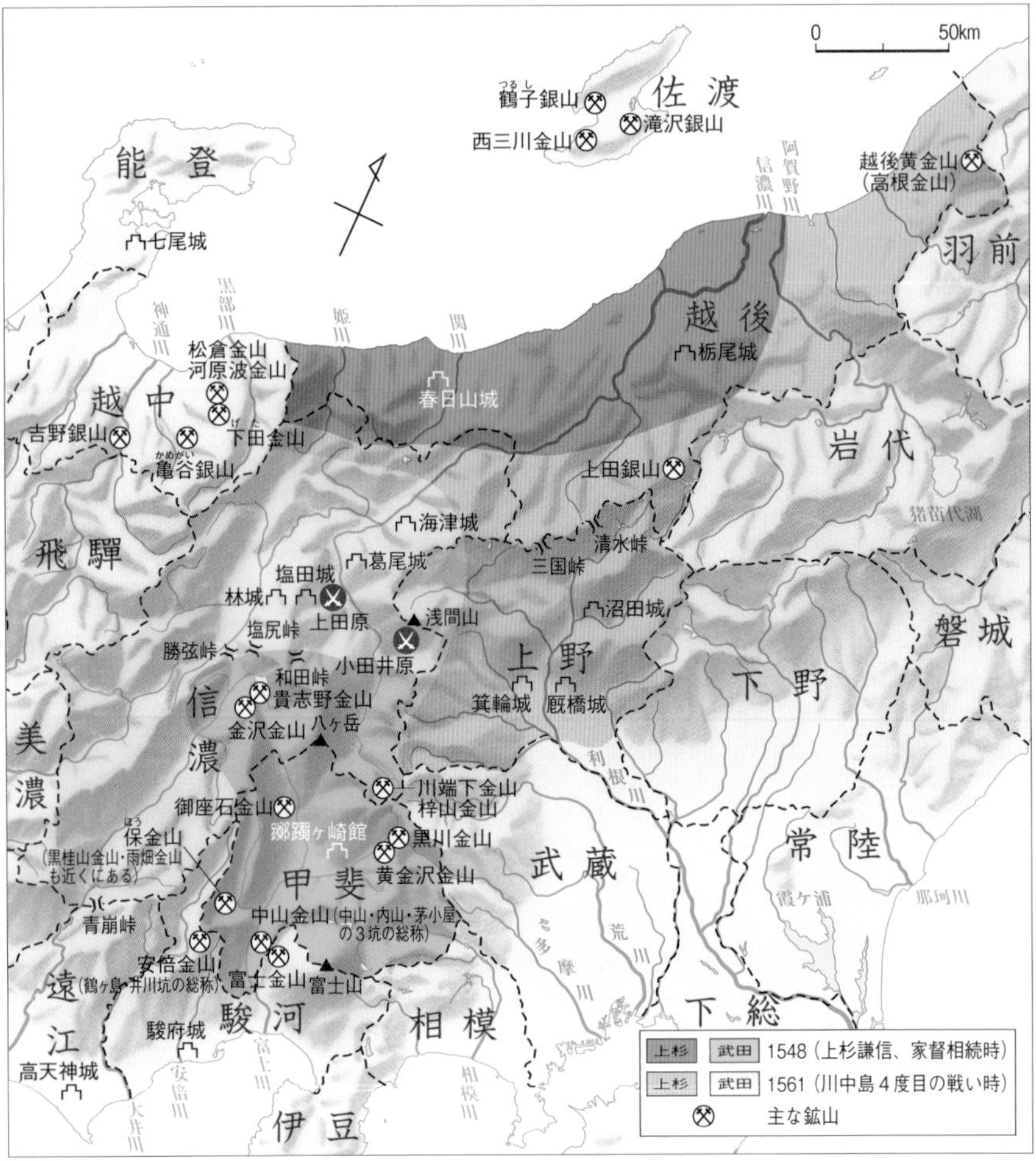

△武田と上杉の支配地域

二人の領国経営手腕

信玄と謙信の二人は、領国規模からいってもほぼ互角だった。信玄は最盛期には本国甲斐《かい》のほか信濃のほとんどと、西上野《こうずけ》、駿河《するが》、さらに武蔵《むさし》・遠江《とおとうみ》の一部が領国に組み込まれ、秀吉が行った太閤検地のデータ「慶長三年検地目録」でみるとおよそ九十万石に及び、これは、本国越後のほか北信濃の一部、北上野、越中《えっちゅう》、それに出羽庄内や能登《のと》の一部を加算した九十万石と同じになる。

ただ、遺された史料からすると、信玄が『甲州法度之次第』という分国法を制定し、検地を積極的に行っているのに対し、謙信にはそれがなく、それぞれの地域支配を家臣たちに委《ゆだ》ねる形だったものと思われる。しかし、そうした状況だったにもかかわらず、謙信が信玄と同程度の力を保つことができたのは、ほかの部分で信玄を凌駕《りょうが》する領国経営手腕を持っていたからである。

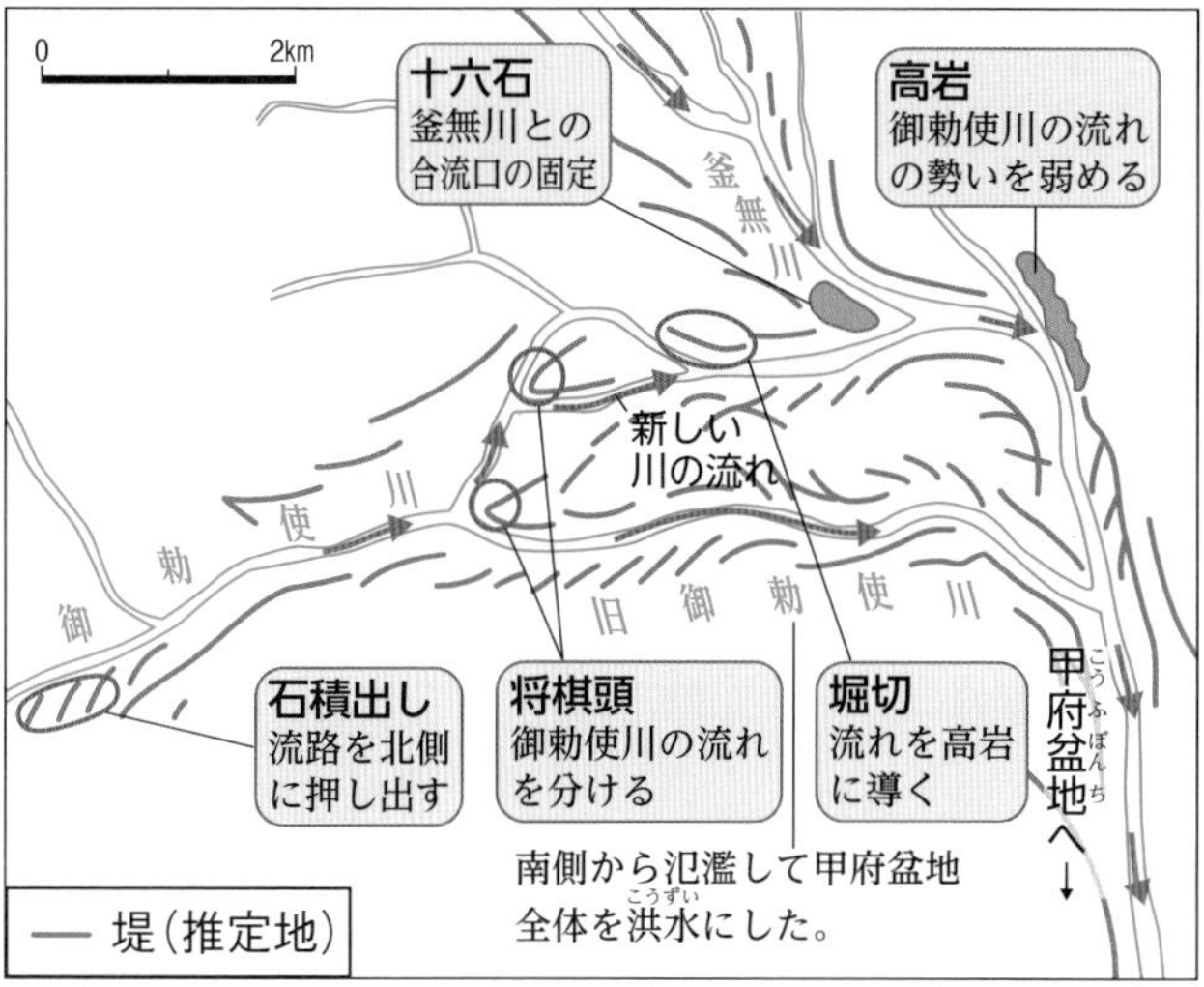
0　2km
十六石
釜無川との合流口の固定
高岩
御勅使川の流れの勢いを弱める
釜無川
新しい川の流れ
御勅使川
旧御勅使川
石積出し
流路を北側に押し出す
将棋頭
御勅使川の流れを分ける
堀切
流れを高岩に導く
甲府盆地《こうふぼんち》へ↓
南側から氾濫して甲府盆地全体を洪水《こうずい》にした。
— 堤（推定地）

△信玄堤　甲府盆地西部で頻繁に起きていた水害を防ぐために信玄が構築した。

越後は、現在では魚沼産コシヒカリに代表される米どころとなっているが、謙信の時代はむしろ衣料の原材料である青苧《あおそ》の生産が盛んであった。謙信はこの越後特産の青苧の栽培を奨励し、専売に近い形で掌握していたのである。原料である青苧はもちろん、製品となった越後上布を移出する際、船道前《ふなどうまえ》という関税を課していた。農民たちからの年貢だけではなく、こうした収入が大きかったのである。信玄には残念ながらそれに該当するものはないが、漆《うるし》はかなりの収益になったといわれている。そして、二人に共通するのは、何といっても金山からの収入であった。また、信玄は、信玄堤に代表される治水事業においても手腕を発揮していたのである。

川中島の戦いに至る二人

川中島の戦いといえば、一般的に一五六一（永禄四）年九月十日の戦いをいう。しかし、これは、略年表（➡p.29）からも明らかな通り、前後五回衝突したうちの第四回の戦いであった。同じ武将が、ほぼ同じ場所でなぜ五回も戦い合わなければならなかったのだろうか。この問題を解くカギは、信濃の武将小笠原長時《おがさわらながとき》や

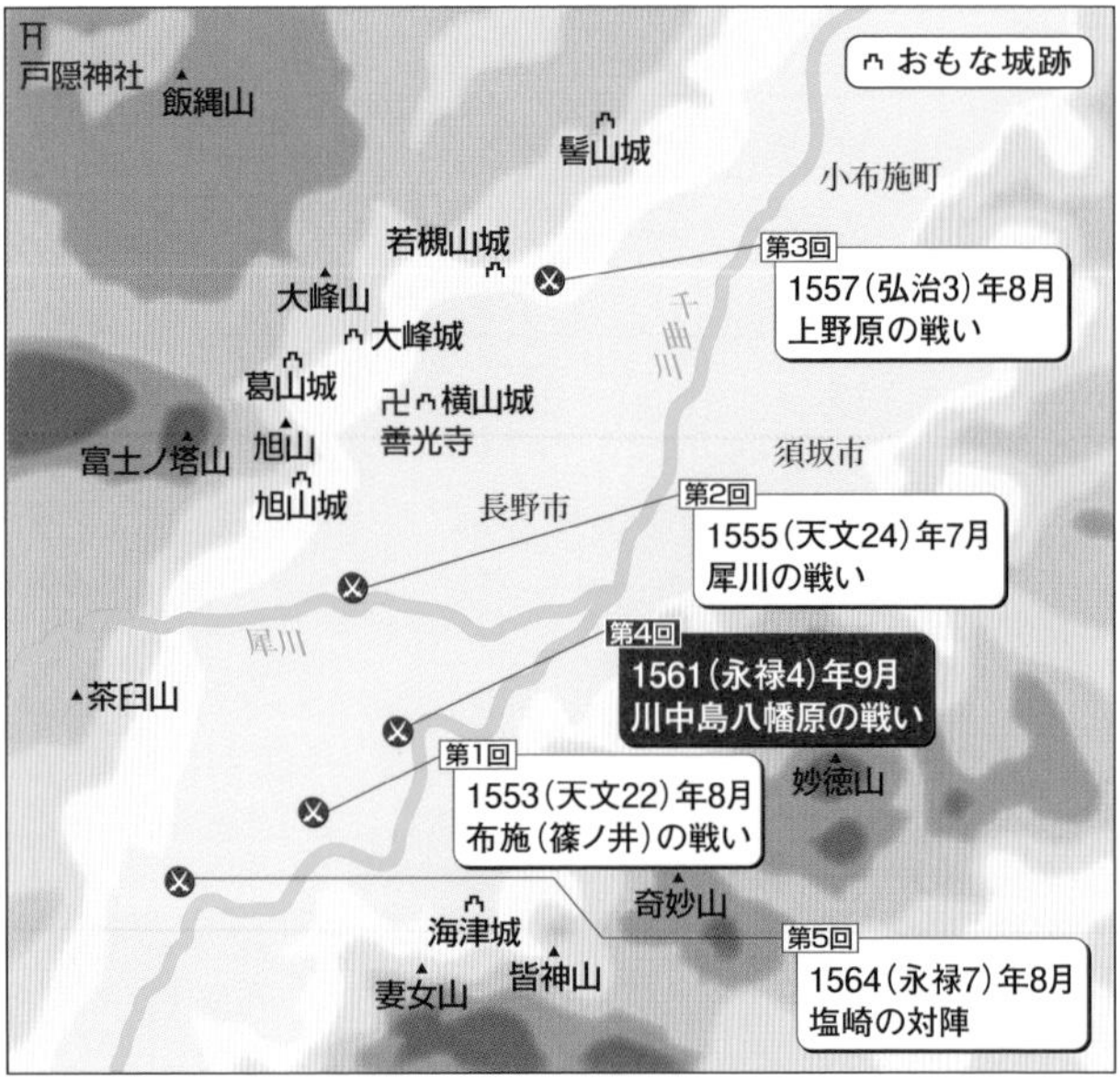
おもな城跡
戸隠神社
飯縄山
髻山城
小布施町
若槻山城
第3回
1557(弘治3)年8月
上野原の戦い
大峰山
大峰城
千曲川
葛山城
横山城
善光寺
富士ノ塔山
旭山
旭山城
須坂市
長野市
第2回
1555(天文24)年7月
犀川の戦い
犀川
第4回
1561(永禄4)年9月
川中島八幡原の戦い
茶臼山
第1回
1553(天文22)年8月
布施(篠ノ井)の戦い
妙徳山
奇妙山
海津城
第5回
1564(永禄7)年8月
塩崎の対陣
皆神山
妻女山
△川中島の戦い

村上義清《むらかみよしきよ》らにあったといえる。信玄が信濃に侵攻していったのは、信玄の領土欲にあった。もっとも、単なる領土拡張欲という個人のレベルのことではなく、領土を拡大することが戦国大名として生き残るうえで不可欠だったからである。越後の統一をほぼ成しとげた謙信と、甲斐から信濃へ領国を拡大していった信玄が接触するようになるのは天文末年のことであった。そこから五回にわたる川中島の戦いが始まるのである。

　具体的にみると、一五五三（天文二十二）年八月、信濃国小県《ちいさがた》郡の塩田《しおだ》城（➡p.32図）でかろうじて領国を守っていた村上義清が信玄の軍勢に攻められ、越後春日山城の上杉謙信を頼ったのが皮切りであった。その頃、義清だけでなく、高梨政頼《たかなしまさより》・井上清政《いのうえきよまさ》・須田満親《すだみつちか》・島《しま》津《づ》規久《のりひさ》・栗田寛明《くりたひろあき》ら、北信濃の領主たちが信玄に逐《お》われ、謙信のもとに逃げ込んでおり、謙信は彼らの旧領回復を助けるという名目で川中島に出陣したのである。

　このことは、やや後のことになるが、謙信自身が、恩師である天室光育宛の一五五六（弘治二）年六月二十八日付の書状の中で、「村上・井上・須田・島津・栗田などが信玄の侵入に苦しみ、私に援助を求めてきた。とくに高梨政頼と私は親戚なので、よけい見殺しにすることはできない。これでは、信州の大半が信玄の支配下に入ってしまったといってよい。そのため、私は二度にわたって川中島に出陣した。」といった趣旨のことを述べているので間違いないものと思われる。

四度目の決戦の経緯

一五六一（永禄四）年八月十四日、上杉謙信は突如一万八千の大軍を率いて春日山城を出陣し、川中島方向に向けて南下した。その動きを察知した海津《かいづ》城将校高坂昌信《こうさかまさのぶ》が、すぐさま烽火《のろし》を使って謙信の出馬を甲斐躑躅ヶ埼《つつじがさき》館の信玄のもとに知らせている。

信玄は直ちに動員令を発し、八月十八日、自ら一万六千の兵を率いて甲府を出発した。その間、謙信の方は高倉峠を越えて飯山に至り、十五日はもう善光寺に到着し（→p.36 ❶）、そこを兵站《へいたん》基地として五千の兵を残し、自らは一万三千の主力部隊を率いて十六日に妻《さい》女《じょ》山に登り、そこを本陣とした（❷）。

二十四日、上田を経た信玄は茶臼山に入った（❸）。その頃には兵の数は一万七千になり、海津城の三千と合わせ、武田軍は二万に膨れ上がっていた。二十九日、信玄は妻女山の上杉軍を牽制《けんせい》しながら茶臼山を出て海津城に全軍を集結させ（❹）、妻女山の上杉軍、海津城の武田軍の睨《にら》み合いが九月九日まで続いている（❺）。

先に動いたのは信玄の方だった。夜のうちに密かに一万二千の別動隊を妻女山の背後に向かわせ、信玄は八千の本陣を率いて八幡原《はちまんばら》に布陣し、別動隊に押し出される形で出てくるはずの謙信を討つという作戦だった（❼）。世にこれを「啄木鳥《きつつき》の兵法」などといっている。啄木鳥が木の中の虫をとるとき、穴の反対側をくちばしでつついて、驚いた虫が穴から出てきたところを取って食べるという習性を兵法に見立てたものという。

ただ、この作戦は謙信側に見破られていた。謙信は夜のうちに、千《ち》曲《くま》川の雨宮《あめみや》の渡し付近で川を渡り、八幡原《はちまんばら》近くに布陣していたのである（❻）。

九月十日、夜明けとともに妻女山背後の武田軍が妻女山に攻め込んだときには、そこはもぬ

甲斐善光寺（甲府市善光寺）　川中島の戦いの際、信濃善光寺の焼失を恐れた信玄が自領に本尊などを移した。

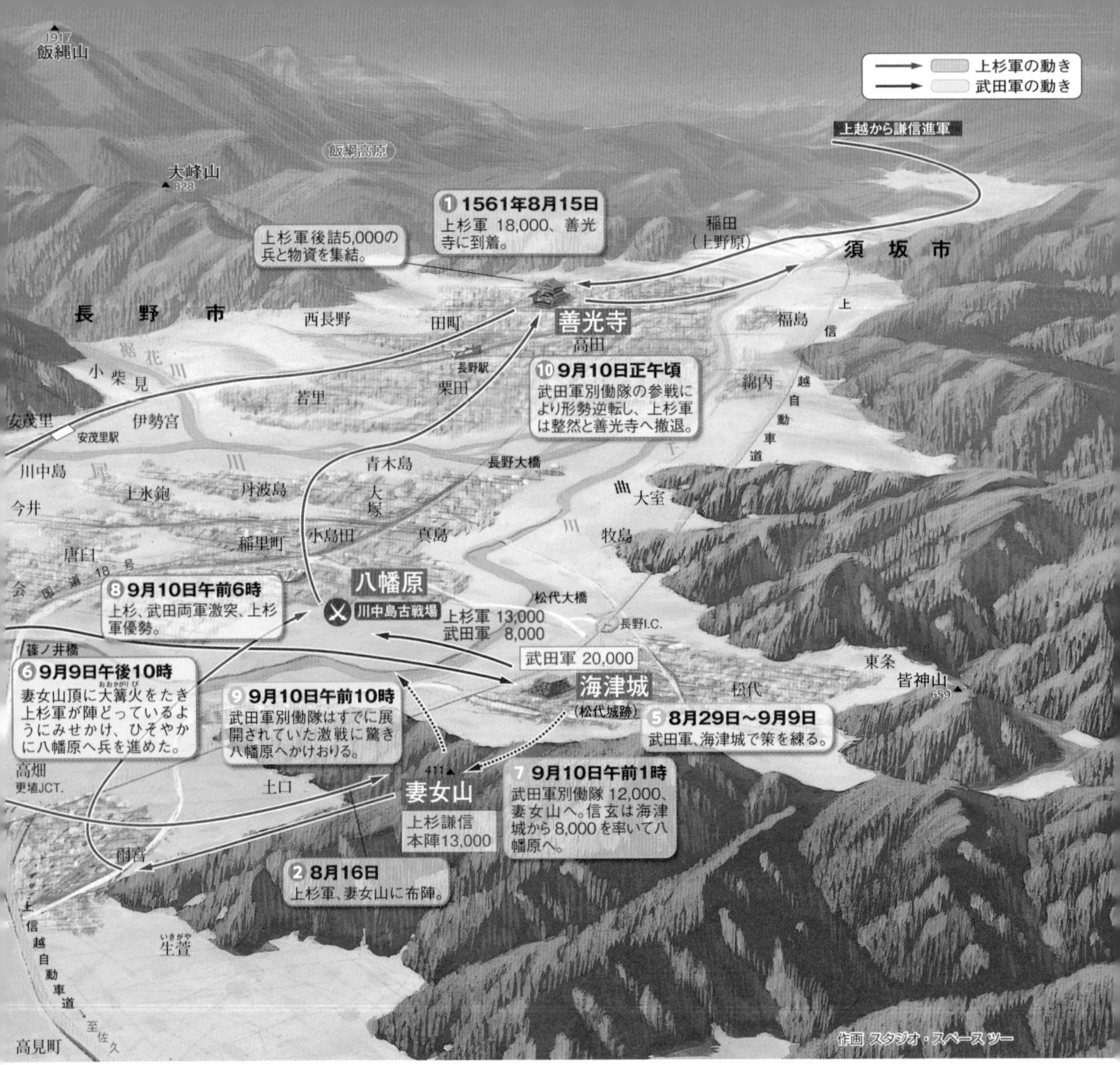

1917
飯縄山
上杉軍の動き
武田軍の動き
上越から謙信進軍
飯綱高原
大峰山
828
❶1561年8月15日
上杉軍 18,000、善光寺に到着。
上杉軍後詰5,000の兵と物資を集結。
稲田
(上野原)
須坂市
長野市
西長野
田町
善光寺
福島
高田
上信越自動車道
長野駅
栗田
❿9月10日正午頃
武田軍別働隊の参戦により形勢逆転し、上杉軍は整然と善光寺へ撤退。
綿内
小柴見
若里
裾花川
安茂里
伊勢宮
安茂里駅
川中島
青木島
長野大橋
上氷鉋
丹波島
大塚
大室
今井
稲里町
小島田
真島
牧島
唐臼
国道18号
❽9月10日午前6時
上杉、武田両軍激突、上杉軍優勢。
八幡原
川中島古戦場
松代大橋
上杉軍 13,000
武田軍 8,000
長野I.C.
篠ノ井橋
武田軍 20,000
東条
❻9月9日午後10時
妻女山頂に大篝火《おおかがりび》をたき上杉軍が陣どっているようにみせかけ、ひそやかに八幡原へ兵を進めた。
❾9月10日午前10時
武田軍別働隊はすでに展開されていた激戦に驚き八幡原へかけおりる。
海津城
(松代城跡)
松代
皆神山
659
❺8月29日～9月9日
武田軍、海津城で策を練る。
高畑
更埴JCT.
土口
411
妻女山
❼9月10日午前1時
武田軍別働隊 12,000、妻女山へ。信玄は海津城から8,000を率いて八幡原へ。
上杉謙信
本陣13,000
雨宮
❷8月16日
上杉軍、妻女山に布陣。
上信越自動車道
生萱《いきがや》
至佐久
高見町
作画 スタジオ・スペース ツー

けのからで、逆に、八幡原で待機していた信玄本陣の前面に、上杉軍一万三千が待ち構える形となった。両軍、そこで激しくぶつかり合い、有名な信玄・謙信の一騎討ちがあったとされるのもこのときのことである（❽）。

緒戦は軍勢の数で圧倒する上杉軍が有利であったが、やがて、別動隊も八幡原に駆け付け（❾）、後半は武田軍が盛り返し、上杉軍は追い崩される結果となり、ついに犀《さい》川方面に撤退してゆき（❿）、結局、一番激しい戦いとなったこの九月十日の第四回戦も、引き分けという形で終止符が打たれている。この戦いで、信玄の弟信繁をはじめ、山本勘助《やまもとかんすけ》らが戦死しており、武田方の犠牲は大きかった。

戸隠連峰
戸隠高原
陣馬平山
1257
富士ノ塔山
992
旭山
765
武田信玄
本陣17,000
茶臼山
730
3 8月24日
武田軍、茶臼山に布陣
4 8月29日
妻女山の謙信を牽制《けんせい》しながら海津城へ。
国道19号
長野南バイパス
川中島駅
今井駅
小松原
岡田
JR信越本線
篠ノ井
篠ノ井駅
御幣川《おんべ》
信更
有旅
二ツ柳
旧北国街道
篠ノ井宿
石川
弥生町
塩崎
千曲川
北陸新幹線
しなの鉄道
長野自動車道
国道18号
更埴I.C.
下横町
屋代高校前駅
甲府から信玄進軍
JR篠ノ井線
←松本
聖川
角間
山崎
稲荷山駅
千曲市
至東京

△第４回川中島の戦いの推移

信玄・謙信一騎討ちは本当か？

現在、公園となって整備されている八幡原の古戦場には、「三太《みた》刀《ち》七太刀《なたち》之跡」という石碑がある。これは馬上の上杉謙信が、床几《しょうぎ》に腰かけていた武田信玄に三の太刀まで斬りつけたという話をもとにしてつくられたもので、近くには、両雄の一騎討ちのようすが銅像にもなっている（➡p.29）。信玄・謙信一騎討ちは史実として広く人口に膾炙《かいしゃ》されているとの印象がある。

この、信玄・謙信一騎討ちは武田側の史料『甲陽軍鑑』に出てくる。萌黄《もえぎ》の銅肩衣《どうかたぎぬ》を着た武者が白手拭で頭を包み、月毛の馬に乗り、三尺ばかりの刀を抜いて床几に腰かけている信玄に一文字に乗りよせ、三太刀打ったが、信玄は軍配《ぐんばい》でこれを防いだ。あとで聞けば、それは謙信だったという内容である。ところが、この出来事が、上杉側の史料ではかなり違っているのである。例えば、江戸時代の上杉家が正史として編纂した『上杉家御年譜』には、信玄がわずかな兵を率いて雨宮の渡しを渡り、別動隊と合流しようとしたとき、謙信の家臣荒川伊豆守《あらかわいずのかみ》という者が追いつき一騎討ちになったとしている。床几に腰かけている場面ではなく川の中、しかも、一騎討ちの相手は謙信本人ではなく、謙信の家臣だったというのである。実際はどちらが正しかったのだろうか。武田側で、謙信の家臣に斬り付けられたとするより、謙信に斬り付けられたという方をとった可能性が大きいように思われる。

信玄と信長の戦い

信玄と信長は初めから対立していたわけではなく、ある段階までは同盟関係にあった。信玄を強敵と考えていた信長は、自分の力が信玄より下であると意識していた段階では下手《したて》に出て、信玄の子勝頼《かつより》に自分の養女を送り込むなどしていた。それればかりではなく、信玄に対し、小袖などを贈り信玄の歓心をかうことに汲々《きゅうきゅう》としていた。

ところが、その同盟が保たれている間に信長は畿内に勢力を伸ばし、信玄と戦っても大丈夫という領国規模になったところで敵対に踏み切っている。具体的にみると、二人の手切れは、一五七二（元亀三）年十二月の三方ヶ原《みかたがはら》の戦い（➡p.41図）のときであった。このとき、信玄が信長の同盟者である家康を攻めたが、信長はその浜松城に三千の援軍を送り込んでいる。信玄はその頃越前の朝倉義景《あさくらよしかげ》に書状を出し、「来年五月に信長と雌雄を決する戦いをしよう」と呼びかけていた。信玄が大坂本願寺、前将軍足利義昭《あしかがよしあき》らを糾合《きゅうごう》し、〝反信長統一戦線〟を築きあげ、その盟主のようになっていたからである。しかし、決戦の日を待たず、一五七三（天正元）年四月十二日、信濃の駒場（➡p.41図）で病死してしまった。意外なことに、信長・信玄の直接対決は一度もなかった。

謙信と信長の戦い

謙信と信長は、それぞれの領国が離れていることもあってこれといった関係はなかったが、一五七二（元亀三）年末に、信長が信玄と手を切ったとき、その背後を牽制させるねらいもあって謙信と結んでいる。その後、一五七四（天正二）年に信長から「洛中洛外図屏風」が贈られるなど、二人の関係は良好であった。しかし、早くも翌年には雲行きがおかしくなってきた。信長に本拠地である大坂本願寺を攻められた顕如《けんにょ》が、信玄亡きあと、謙信に援助を求めてきたからである。

信玄が駆け抜けた道“棒道”

▼信玄の棒道

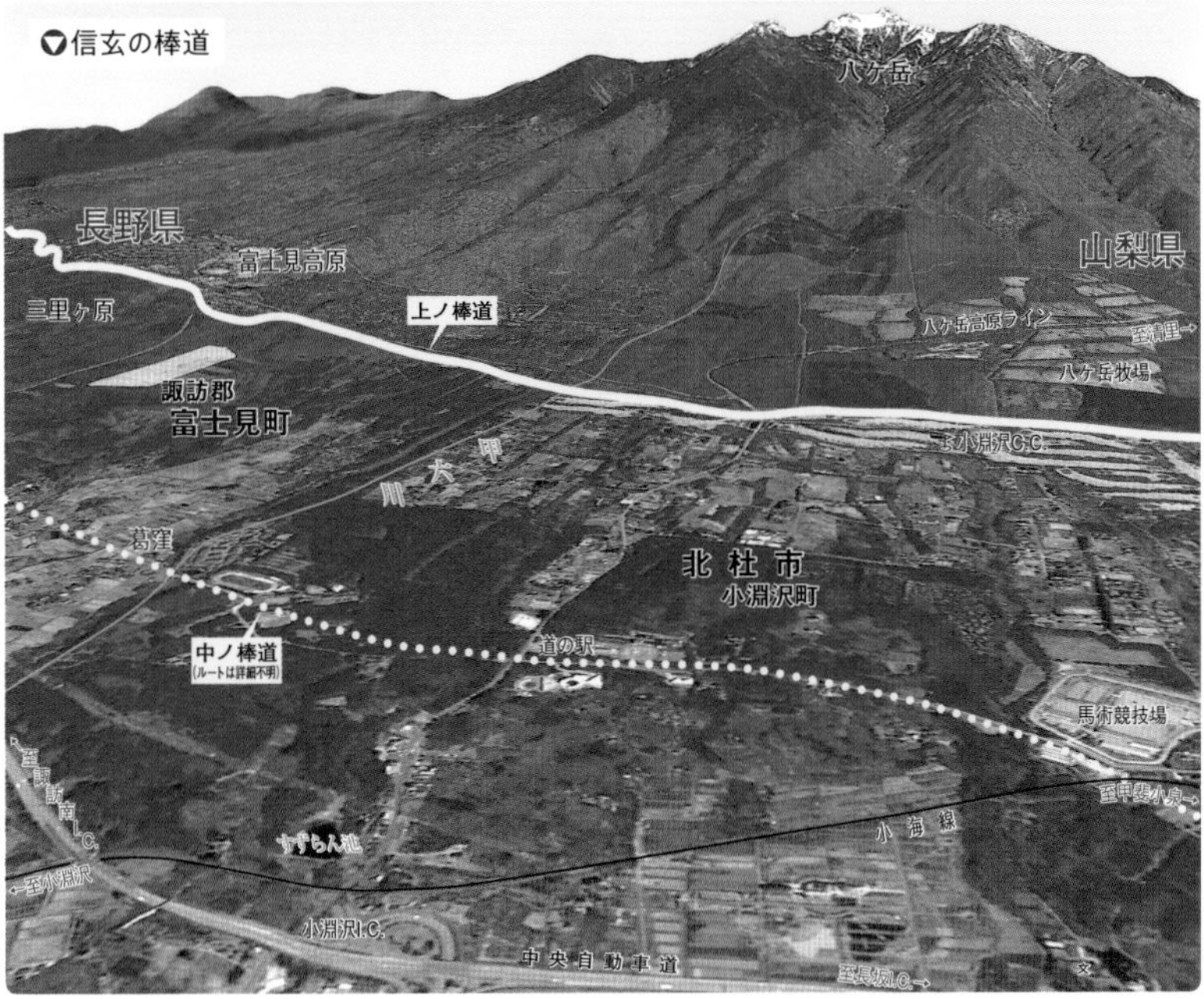

八ケ岳
長野県
富士見高原
山梨県
三里ヶ原
上ノ棒道
八ケ岳高原ライン
至清里→
八ケ岳牧場
諏訪郡
富士見町
葛窪
北杜市
小淵沢町
道の駅
中ノ棒道
(ルートは詳細不明)
馬術競技場
至甲斐小泉→
小海線
すずらん池
←至小淵沢
小淵沢I.C.
中央自動車道
至長坂I.C.→

信玄が甲斐から信濃での戦いに出て行く場合、佐久を経由して行くこともあるが、上杉謙信との川中島の戦いでは八ケ岳の南麓、西麓を通って大門峠を越えるのが普通だった。その際、八ケ岳山麓を切り開いて軍用道路としたのが“棒道”である。現在、北杜《ほくと》市須玉町若神子《わかみこ》から北杜市長坂町小荒間に至る道(上ノ棒道)、韮崎《にらさき》市中田町小田川から北杜市小淵沢町に至る道(中ノ棒道)、北杜市長坂町渋沢から北杜市小淵沢町(下ノ棒道)に至る3本の道が確認されている。戦国時代を代表するバイパスである。

棒道(北杜市小淵沢町)

さらに、その頃になると、信長の領国が加賀まで伸びてきた（➡p.48図）。能登を平定しようとし、さらに越中に勢力を伸ばそうとする謙信と境を接する形になってきたのである。そして、ついに一五七七（天正五）年、両軍は手取川付近で激突する。発端はその年閏《うるう》七月から始まった謙信による能登七尾《ななお》城攻めであった。このとき、城主長綱連《ちょうつなつら》の弟連龍《つらたつ》が変装して城を出、信長に援軍を要請してきた。信長は「北陸方面軍司令官」の柴田勝家に出陣を命じ、その救援に向かわせ、手取川を越えている。ところが、そこに「七尾城陥落」の報が入り、織田軍は退却することになったがそこを攻められ、織田軍は大敗を喫しているのである。

それぞれの最期

二人の最期は対照的である。信玄は一五七三（天正元）年二月に三河野田《のだ》城を落としたところで病状が悪化し、一度本国の甲斐に戻って本格的に療養しようと伊那《いな》街道（現在の国道二五七号）を通り、田口・津具《つぐ》・根羽《ねば》を経て、根羽からは三州街道（国道一五三号）で北上を続け、平谷《ひらや》・浪合《なみあい》を通って駒場で息を引き取っている。四月十二日のことであった。死因は、古くは労咳《ろうがい》、すなわち肺結核とされてきたが、近年は胃《い》癌《がん》ではないかといわれている。このとき、「三年間は喪を秘せ」と言ったことは有名である。

『甲陽軍鑑』によると、遺言として三年秘喪のほか、「遺骸を諏訪湖に沈めろ」、「勝頼は子の信勝が成人するまでの陣代である」といったというが、三年秘喪以外は守られていない。ちなみに跡を継いだ勝頼は父信玄の時より領土を広げている。

一方の謙信は、病死でも、突然死といってよい状況であった。謙信は酒豪として知られていた。現在、米沢市の上杉神社が所蔵する春日杯・馬上杯といった謙信愛用の杯からも、その酒豪ぶりが察せられる。異変が起きたのは一五七八（天正六）年三月九日午刻《うしのこく》（十二時）、にわかに脳出血で倒れ、そのまま十三日未《ひつじの》刻《こく》（午後二時）に息を引き取っている。謙信自身はもしかしたら死期を悟っていたのかもしれない。死の一か月前に、「四十九年一睡夢　一期栄華一盃酒」という辞世を遺していた。死後、二人の養子景勝と景虎が家督争いを演じた。

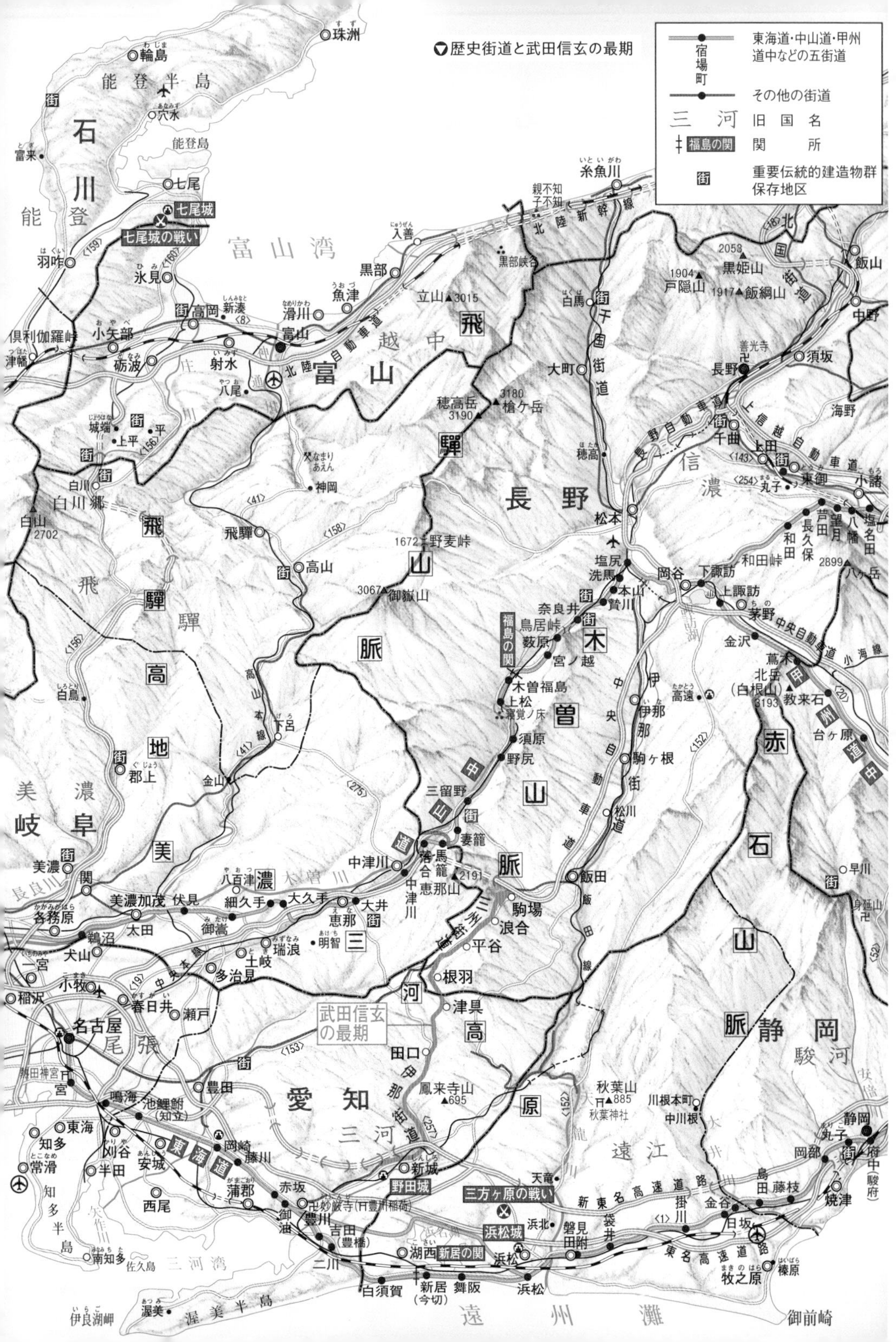

歴史街道と武田信玄の最期

column
女性たちの生き様❸

甲斐国・武田信玄を支えた「三条の方」

武田晴信（信玄）公夫人（三条の方）（円光院蔵）

三条の方は公家の名門・三条家、左大臣三条公頼の次女として生まれた。甲斐国武田信玄のもとに嫁いだのは16歳の時のこと。姉は室町幕府官僚・細川晴元《ほそかわはるもと》の正室、妹は本願寺顕如の妻であり、姉妹を通じて軍事連携を結び、武田家を支えていた。

一方で、母としては苦渋に満ちた人生を歩んだ。信玄との間には、義信、信親《のぶちか》、黄梅院《おうばいいん》、信之《のぶゆき》、見性院《けんしょういん》の５人の子どもに恵まれたが、子どもたちに不幸が相次いだのだ。

長男の義信は、今川義元の娘と結婚し、嫡男として将来を期待されていたものの、信玄が今川攻めを企てたことに反対し、廃嫡される。さらに、東光寺《とうこうじ》（山梨県甲府市）に幽閉され、２年後には自刃に追い込まれた。次男の信親は盲目で武士として活躍できず、三男の信之は若くして亡くなった。また、長女の黄梅院は北条氏政《ほうじょううじまさ》のもとへ嫁いだが、信玄の駿河侵攻のため同盟は崩壊、翌年に病死した。

次々と実子に不幸が重なり、三条の方は常に愁い悲しんでいたようだ。それでも、苦しみに立ち止まることなく、信玄を支え、武田家の存立に尽力し、50歳まで粛々と戦国の世を生き抜いた。その人柄は、三条の方の菩提寺円光院《えんこういん》（山梨県甲府市）の葬儀記録に、こう残されている。

「春の陽ざしのように周りの者をやわらかく温かく包む御気性」「この世に桃源の境を作ろうと民衆を撫育《ぶいく》しておられました」。

名門出身だったが高飛車に振る舞うこともなく、悲しみのなかでも気丈に振る舞い、明るく優しく周囲を包み、甲斐国を民衆にとって良い国にしようと尽力していた姿を想像させる。信玄との仲も睦まじかったという。

信玄はその後、正妻を持たなかった。三条の方は、荒波の人生を気丈に生き抜き、甲斐国「武田信玄」を後世にも名を残す武将となるよう支え、「武田家」の妻としての役を果たしたのだ。

織田信長
――野望と挫折

小和田哲男

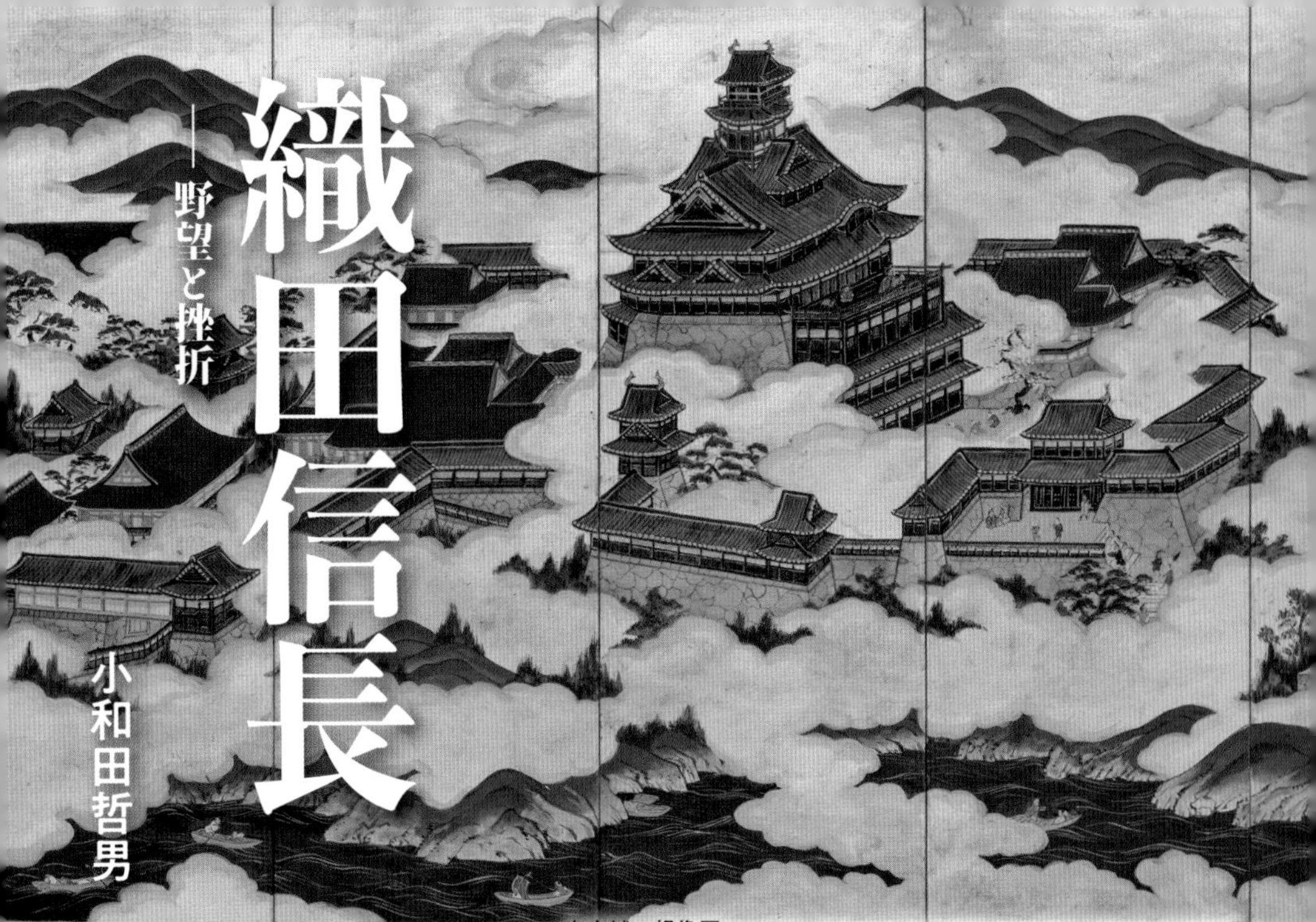

安土城の想像図（画：『挑戦・安土山図屏風!』木村了子（千田嘉博氏の説に基づく復元画））

biography and footprints

織田信長略年表

一五三四年　織田信秀の子として尾張に生まれる（幼名吉法師）
一五四六　元服し、上総介（信長）と称す
一五五一　父信秀が没し家督を継ぐ
一五六〇　桶狭間の戦いで今川義元を討つ
一五六七　斎藤龍興を攻め、稲葉山城を落とすことで、美濃を平定（三十四歳）
一五六八　足利義昭を奉じて上洛
一五六九　キリスト教の布教を許可する
一五七〇　大坂本願寺との戦いが始まる
近江の浅井・越前の朝倉連合軍を姉川の戦いで破る（三十八歳）
一五七一　比叡山延暦寺を焼き討ちする
一五七三　将軍義昭を追放（室町幕府滅亡）
一五七六～七九　安土城を建築
一五八二　甲州攻めを始める
本能寺の変で自刃（四十九歳）

戦国大名の動向

一五五三年　武田信玄・上杉謙信の第一回川中島の戦い
一五五五　毛利元就、陶晴賢を破る
一五六〇　今川義元、駿河・遠江・三河を支配
一五六六　信長の命により美濃攻略のため木下藤吉郎が墨俣城を築く
一五六八　足利義昭、信長の助力により室町幕府第十五代将軍となる
一五七二　徳川家康、三方ヶ原の戦いで武田信玄に敗れる
一五七五　家康、信長の援軍を受け武田勝頼を長篠・設楽原の戦いで破る
一五七七　信長の命による羽柴秀吉の中国（毛利氏）攻めが始まる
一五八二　天目山麓田野の戦いで武田氏滅亡
一五八三　賤ヶ岳の戦いで秀吉が柴田勝家を破り信長の後継者となる

織田信長の足跡を訪ねて

桶狭間古戦場跡〈名古屋市緑区〉〈豊明市栄町〉

岐阜城〈岐阜市〉

姉川古戦場跡〈長浜市野村町〉

延暦寺〈大津市坂本本町〉
焼き討ちをまぬかれた瑠璃堂が残る

長篠城跡〈新城市長篠市場〉
長篠城址史跡保存館がある

安土城跡〈近江八幡市安土町〉
二の丸跡に秀吉が建てた信長廟がある

清洲（清須）城跡〈清須市清洲古城〉

本能寺跡〈京都市中京区小川通蛸薬師元本能寺〉

崇福寺〈岐阜市長良福光〉
信長の菩提寺、信長、信忠父子の廟がある

勝幡城跡〈稲沢市平和町〉
信長が誕生したとの説がある

織田氏のルーツと信長

織田信長の先祖は、越前国丹生郡《にゅうぐん》織田荘《おたのしょう》（福井県越前町）を苗字の地とする武士で、越前守護として入ってきた斯波《しば》氏に仕えている。やがて、その斯波氏が尾張守護を兼ねた際、一四〇〇（応永七）年に守護代として尾張に入国した。尾張国は郡が八つあり、北の方、すなわち上四郡（丹羽《にわ》・葉栗《はぐり》・中島・春日井）の守護代と、南の方、すなわち下四郡（海東・海西・愛知・知多）の守護代の二人守護代の体制となり、上四郡守護代が岩倉城に拠《よ》る岩倉織田氏、下四郡守護代が清須《きよす》城に拠る清須織田氏となった。

織田信長（狩野元秀筆）（長興寺蔵／豊田市提供）

信長の父信秀《のぶひで》の代までは、信長の家系はこの清須織田氏の「三家老」の一人にすぎなかった。ところが、信秀は、居城だった勝幡《しょばた》城の近くに位置する木曽川舟運・伊勢湾舟運の拠点の湊である津島湊《つしまみなと》を押さえ、商品流通経済をバックに急速に台頭し、主家である清須織田氏を凌駕《りょうが》し、ついに尾張平定に乗り出していったのである。

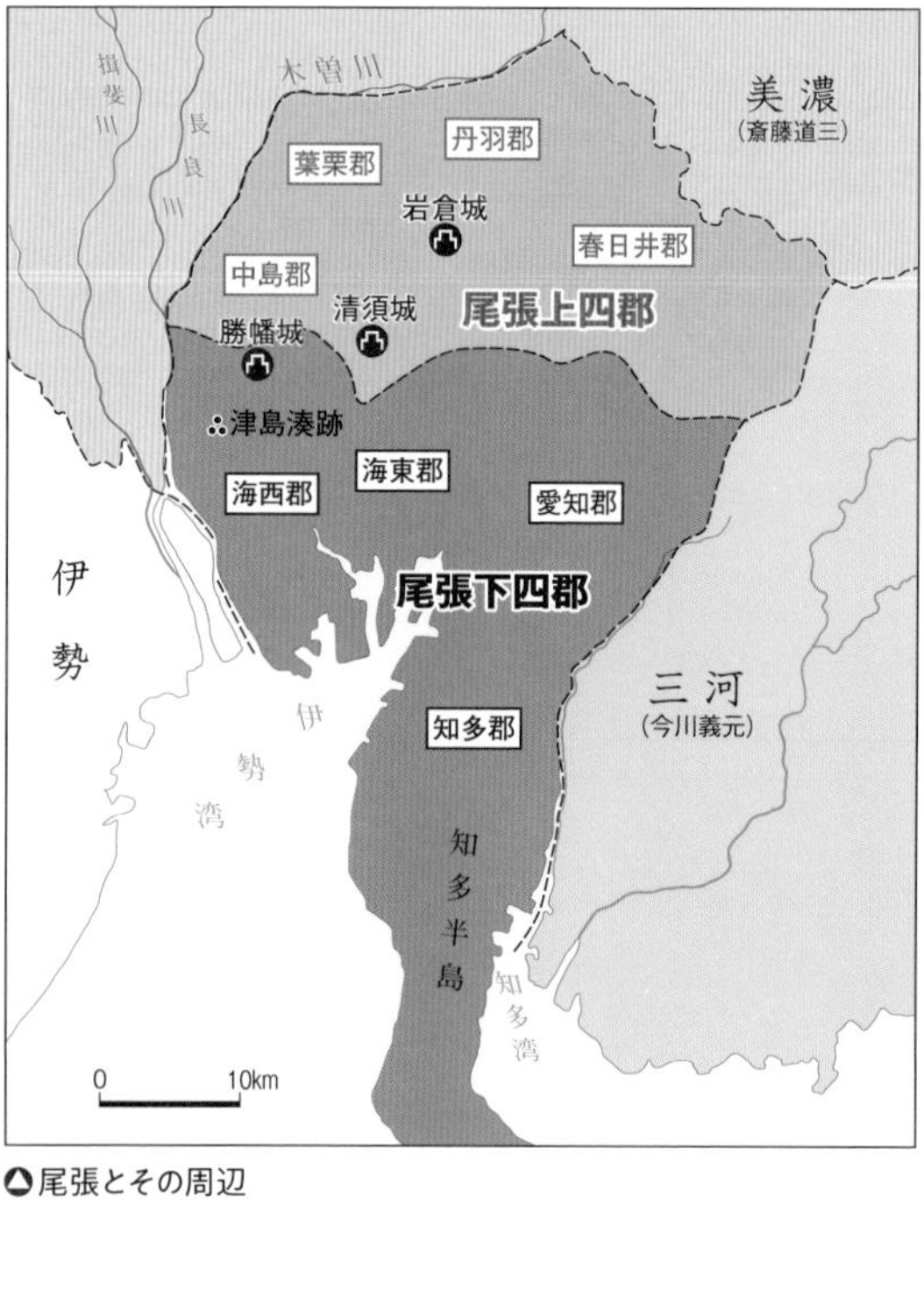

尾張とその周辺

北の敵、美濃《みの》の斎藤道三《さいとうどうさん》、東の敵、三河《みかわ》まで力を伸ばしてきた駿河《するが》の今川義元《いまがわよしもと》の二人と同時に戦う不利を考え、信秀は道三とは同盟を結んでいる。そのとき、信長に嫁いできたのが道三の娘の帰蝶《きちょう》であった。

信秀の段階では尾張統一はできなかったが、その遺業を継いだのが信長である。一五五四（天文二十三）年、守護斯波義統《よしむね》が下四郡守護代織田信友《のぶとも》に殺されるという事件が起こった。信長はすかさず翌一五五五（弘治元）年、守護を弑逆《しいぎゃく》した信友を討つという名目で清須城に信友を攻め、清須城への入城を果たしている。

この結果、残る敵は岩倉織田氏だけになった。そして、ついに一五五九（永禄二）年、信長は岩倉城を攻め、上四郡守護代織田信安《のぶやす》をも追放し、尾張を代表する勢力にのし上がっていくのである。今川義元と戦う桶狭間の戦いの一年前のことであった。

桶狭間の戦い

駿河・遠江・三河を領する今川義元が二万五千の大軍で尾張に侵入してきたのは、一五六〇（永禄三）年のことである。政情不安に乗じて尾張を奪取しようとしたものであろうが、急速に台頭する信長を叩いておこうという意図もあったかもしれない。

この時点において、信長はまだ尾張全土を完全に掌握してはいなかった。最大動員をかけても三千から四千ほどの兵力しかなかったとされている。これではまともに戦っても到底勝ち目がない。清須城に籠城したところで、援軍がなければ落城は必至であった。そこで信長は、桶狭間で休息している大将義元のみに攻撃の対象を絞り、見事討ち果たしたのである。

その逆転勝利の経緯を地図（➡p.46）で振り返ってみる。早朝午前四時頃、清須城から出陣した信長は（❷）、途中、熱田《あつた》神宮で戦勝祈願を行い（❸）、前線基地となる善照寺砦に午前十時頃に入った（❺）。その後、正午頃になり善照寺砦を出た精鋭二千の兵は（❼）、激しい雨の降るなか、一路桶狭間山の今川義元本陣を目指し急襲をかけた（❿）。不意をつかれた義元は、午後二時頃討たれた（⓫）。早朝に清須城を出てから半日ほどで決着をつけたのであった。

桶狭間の戦いでの今川軍の死者の数は、二千五百な

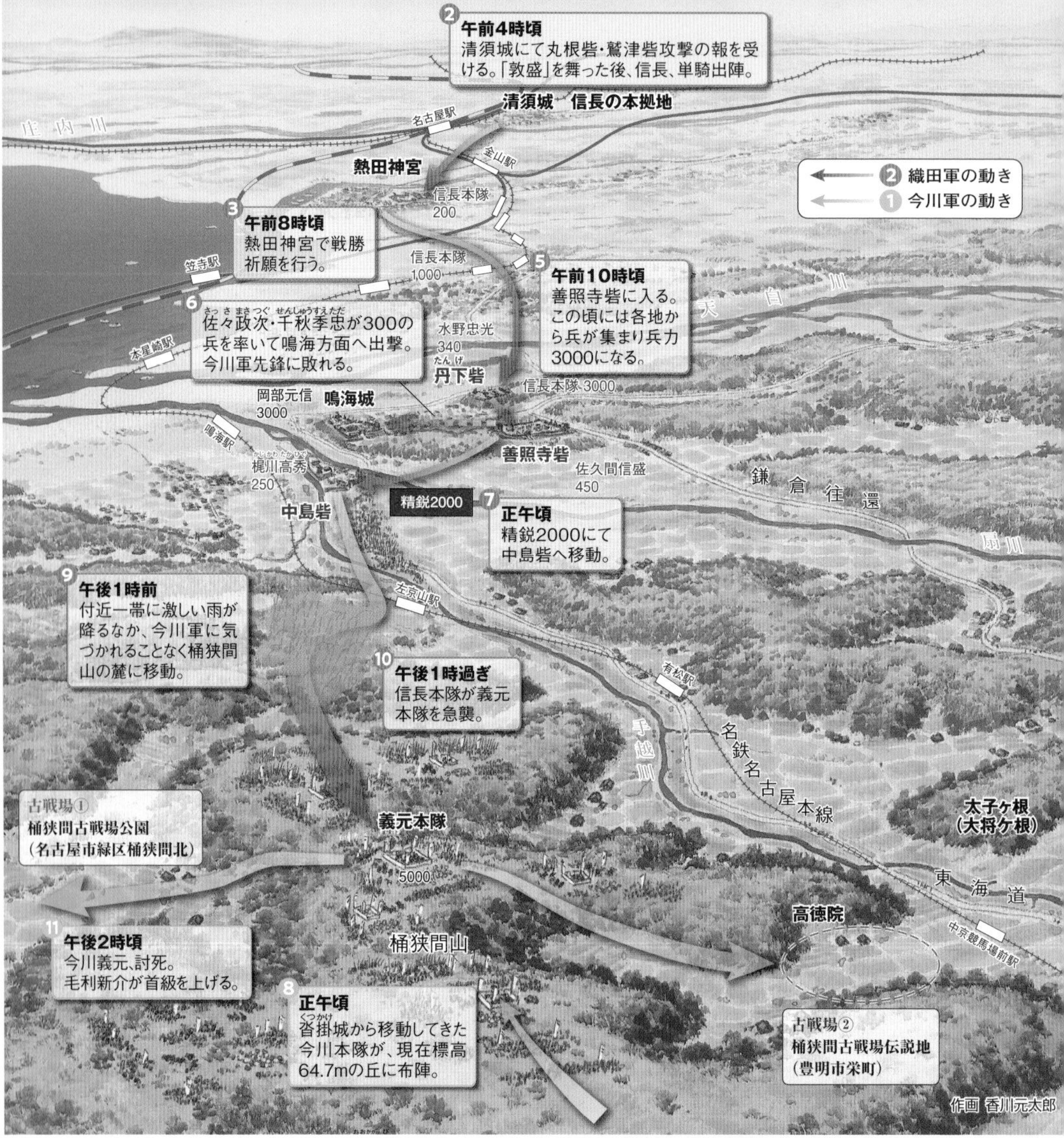

いし三千という。壊滅的な打撃とは言い難かったが、大将を失った今川軍は総崩れとなり、はからずも織田軍の圧勝となった。

天下統一への布石

一五六〇（永禄三）年の桶狭間の戦いの勝利により、東方からの脅威が消えた信長は、美濃へと駒を進め、一五六七（永禄十）年、斎藤龍興《たつおき》を稲葉山城（のちの岐阜城）から追い落として美濃を平定した（➡p.48❷）。この頃から信長は「天下布武」の四文字を印文《いんぶん》とする印判状を発給し、天下統一

▶桶狭間の戦い（1560（永禄3）年5月19日）
従来の説では信長は東へ迂回して攻撃したとされたが、近年の研究では義元本陣へ正面から攻撃したとされる。

養老山地
伊勢湾
現在の海岸線
1 午前3時 前哨戦
朝比奈《あさひな》泰朝《やすとも》・井伊直盛が鷲津砦を攻撃。
1 午前3時 前哨戦
松平元康（徳川家康）が丸根砦を攻撃。
JR東海道本線
大高駅
鷲津砦《わしづ》
大高城《おおだか》
松平元康 1000
丸根砦《まるね》
朝比奈泰朝 井伊直盛 2000
織田信平 飯尾定宗《いのおさだむね》 520
鵜殿長照《うどのながてる》 2000
佐久間盛重 400
東海道新幹線
4 午前9～10時頃
丸根砦・鷲津砦が陥落する。
大高道
長福寺

の意志を明確にしている。

このあと信長は、北伊勢の神戸《かんべ》具盛《とももり》を攻めて、三男三七丸《さんしちまる》（のちの織田信孝《のぶたか》）を養子に送り込むことで和睦したのち、北近江の浅井長政《あざいながまさ》とは同盟を結んで妹のお市《いち》を長政に嫁《か》した（➡p.56）。こうして、上洛までの経路で敵対する勢力は南近江の六《ろっ》角《かく》氏だけとなった。

一五六八（永禄十一）年九月七日、信長は自ら尾張・美濃・伊勢の大軍を率いて岐阜を出発した。その総勢は四万とも六万ともいう。近江で浅井長政の軍勢と合流し、観音寺《かんのんじ》城の六角承禎《じょうてい》・義治《よしはる》父子を敗走させると、二十六日には足利義昭《あしかがよしあき》を奉じて入京を果たした。

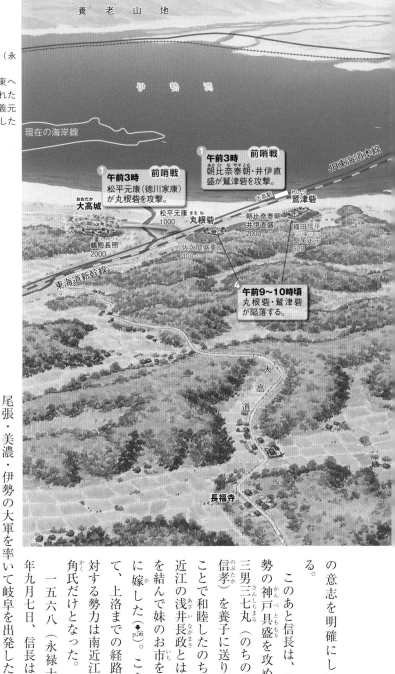

将軍義昭の抵抗

義昭は、松永久秀《まつながひさひで》らによって暗殺された十三代将軍義輝《よしてる》の弟である。入京した信長は、久秀らが擁立した十四代将軍義栄《よしひで》を追放した。こうして悲願の将軍宣下《せんげ》を受けた義昭は、わずか三歳年長の信長を父と呼ぶほどの喜びようであったという。

ただ、信長は義昭を十五代将軍に就けたからといって、室町幕府の再興を望んでいたわけではない。「天下布武」を目指す信長は、自らが武家の頂点に君臨す

▼織田信長の天下統一

能登半島
珠洲《すず》岬
七尾
富山湾
越中
富山
魚津
佐々成政
立山 3015
白馬岳 2932
糸魚川
1578謙信病死
上杉謙信
春日山城
越後
岩代
信長の勢力圏
鳥帽子岳
善光寺
浅間山 2568
上野
滝川一益
信濃
松本
塩尻
諏訪
霧ヶ峰 1925
黒部五郎岳 2840
三俣蓮華岳 2841
槍ヶ岳 3180
乗鞍岳 3026
飛騨
高山
郡上八幡城
高遠城
北岳 3193
仁科盛信
新府城
⑭甲州攻め 1582.3〜4
武田勝頼を破る。
岩殿山城
武田勝頼
1573武田信玄病死
甲府
甲斐
天目山
富士山 3776
武蔵
⑮天目山麓田野の戦い 1582
天目山山麓で勝頼自刃。
飯田
相模
小牧山城
名古屋（那古野）
桶狭間古戦場
三河
岡崎城
安祥城
藤川
赤坂
吉田城
吉田
長篠城
長篠古戦場
野田城
遠江
高天神城
浜松城
徳川家康
駿河
富士宮
田中城
江尻城
穴山信君
駿府
今川義元
依田信蕃
伊豆
遠州灘
❽三方ヶ原の戦い 1572
信長・家康の連合軍、武田信玄に敗れる。
北条氏政
北条早雲の後、小田原を本拠とし、関東南半分を支配。
❶桶狭間の戦い 1560
今川義元を破る。
（信長27歳のとき）
❾長篠・設楽原の戦い 1575
武田勝頼の騎馬軍団を破る。
❻長島一向一揆 1571〜74
石山本願寺の命に応じ蜂起、根切り（皆殺し）で鎮圧。
志摩
「信長公記」にみる信長とその武将の動き
徳川家康 信長と同時代の有力な戦国武将
山名祐豊 信長に滅ぼされた武将
前田利家 信長の家臣
は一向一揆を平定した信長の戦い

ることを考えていたのである。信長は、将軍としての権限を定めた九か条の「殿中掟《でんちゅうおきて》」をつくり、これを義昭に認めさせた。

しだいに傀儡《かいらい》化していくことを悟《さと》った義昭は、信長の排除を企み、本願寺・武田信玄《たけだしんげん》・毛利元就《もうりもとなり》・朝倉義景《あさくらよしかげ》らを糾合《きゅうごう》して信長包囲網を形成する。信長は一五七〇（元亀元）年、朝倉義景と結んだ義弟の浅井長政を姉川《あねがわ》の戦い（❹）で破るが、一五七二（元亀三）年、西上を開始した信玄と信長の盟友徳川家康が争った三方ケ原《みかたがはら》の戦い（❽、➡p.38）に援軍を送るも完敗している。

信長に追放された将軍義昭

信長と不和になった義昭は、一五七三（天正元）年三月、ついに反旗を翻す。このときは朝廷の働きかけで和議がなったが、六月、槇島城《まきしま》（京都府宇治

長篠合戦図屏風(一部) Ⓐ本多忠勝 Ⓑ織田信長 Ⓒ羽柴秀吉 Ⓓ徳川家康 Ⓔ武田勝頼本陣 Ⓕ山県昌景
(徳川美術館蔵)

市槇島町）に拠《よ》って再び挙兵したときには信長に攻略され、嫡男の義尋《ぎじん》を人質に差し出して城を出た。

将軍職を解任されたわけではなかったが、事実上、このときに室町幕府は滅亡したとされている。義昭は毛利領の備後鞆《とも》（広島県福山市）に逃れて幕府再興の機会をうかがうも、毛利輝元が豊臣秀吉に臣従するに及び、その夢はついえたのである。

長篠・設楽原の戦い

西上の途上で信玄が病死した（↓p.41図）ことにより、直接信玄と対決することは避けられたが、これで武田氏の脅威が消えたわけではなかった。跡を継いだ武田勝《かつ》頼《より》が、家康の属城高天神城《たかてんじん》（↓p.48図）を攻略するなど、攻勢を強めてきたからである。

一五七五（天正三）年五月十一日、勝頼は三河に侵入してやはり家康の属城長篠城を包囲した（❶）。この地は信濃と三河を結ぶ交通・戦略上の要衝に位置しており、もしこの長篠城が落とされると、三河全体が危険に晒《さら》されることになる。自軍だけで勝ち目がないと判断した家康は、信長に援軍を要請した。

長篠・設楽原鉄砲隊（愛知県新城市）　火縄銃演武。

復元された馬防柵（愛知県新城市）

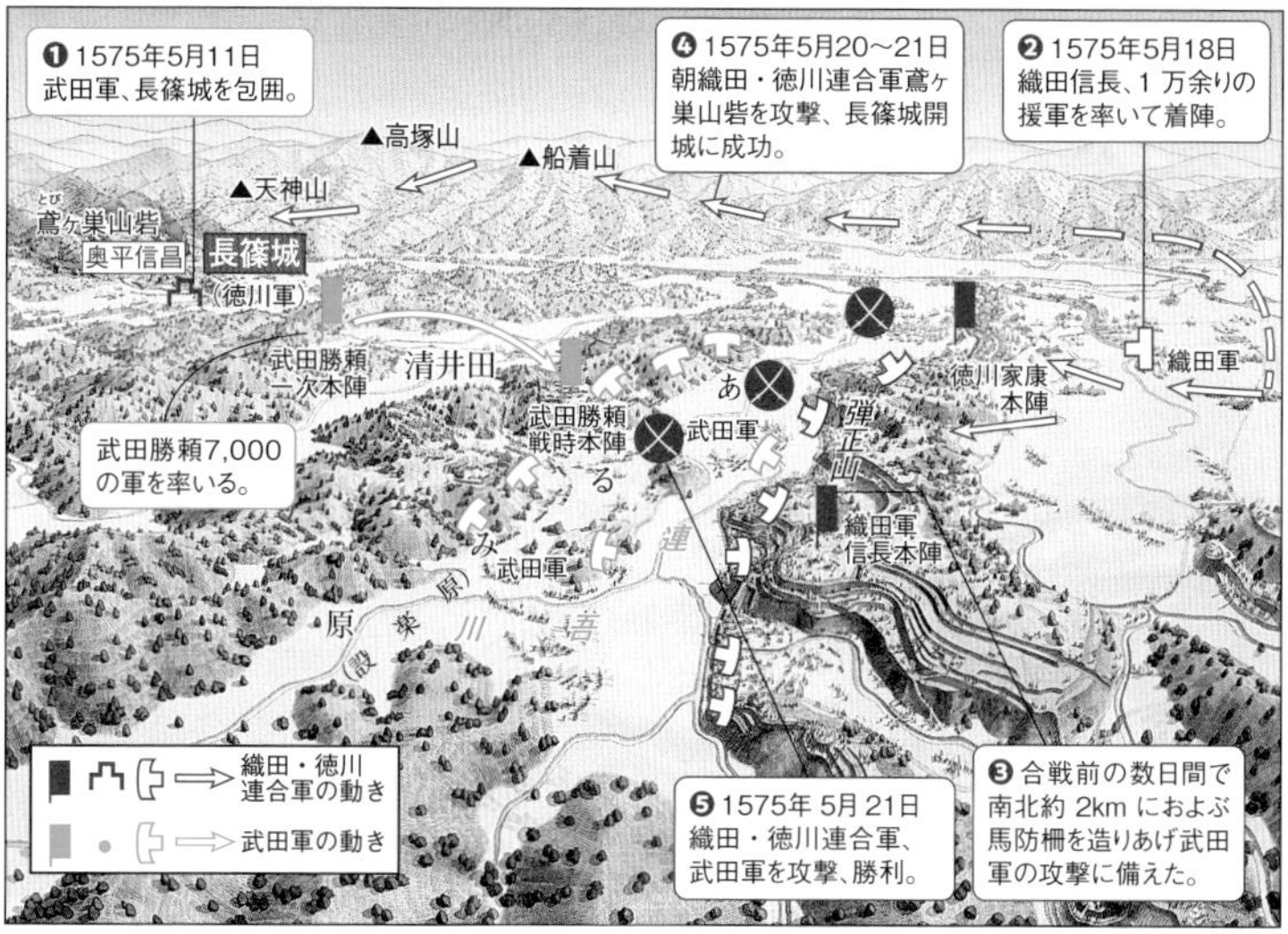

❶1575年5月11日
武田軍、長篠城を包囲。
❹1575年5月20～21日
朝織田・徳川連合軍鳶ヶ巣山砦を攻撃、長篠城開城に成功。
❷1575年5月18日
織田信長、1万余りの援軍を率いて着陣。
高塚山
船着山
天神山
鳶《とび》ヶ巣山砦
奥平信昌
長篠城
（徳川軍）
武田勝頼一次本陣
清井田
武田勝頼戦時本陣
武田軍
織田軍
徳川家康本陣
弾正山
織田軍信長本陣
武田軍
武田勝頼7,000の軍を率いる。
連吾川
設楽原
織田・徳川連合軍の動き
武田軍の動き
❺1575年5月21日
織田・徳川連合軍、武田軍を攻撃、勝利。
❸合戦前の数日間で南北約2kmにおよぶ馬防柵を造りあげ武田軍の攻撃に備えた。

△長篠の戦いにおける両軍の動き

長篠に到着した織田・徳川連合軍の数は一万七千ないし一万八千、対する武田軍の数は七千ほどであったらしい（❷）。信長と家康は長篠城を包囲する武田軍をすぐに攻めることはせず、その西方の設楽原《したらがはら》に広がる連《れん》吾《ご》川に沿って空堀を掘ったり、土塁を築いたりした。さらに、戦国最強との呼び声も高い武田の騎馬隊の進撃を阻止するため、ここに材木を組んだ馬防柵も築いている（❸）。

五月二十日夜、信長は家康の家臣酒井忠次《さかいただつぐ》に命じ、長篠城の背後に位置する武田方の鳶ヶ巣山《とびがすやま》砦を攻略させた（❹）。長篠城包囲網を崩し、勝頼を設楽原におびき出そうとしたのである。

設楽原での戦いは夜明けとともに始まったという。信長は三千丁（一説に千丁）の鉄砲を用いて騎馬隊の攻撃を防いだ。武田軍が馬防柵を突破することができずに退却を始めると、これに乗じて織田・徳川連合軍が追撃した。武田方の死者は千人程度とされるが、山県昌景《やまがたまさかげ》や馬場信房《ばばのぶふさ》ら名だたる重臣の多くを失って、以後、衰退していくことになるのである。

安土に君臨する覇者

信長はそれまで居城としていた岐阜（稲葉山）城を

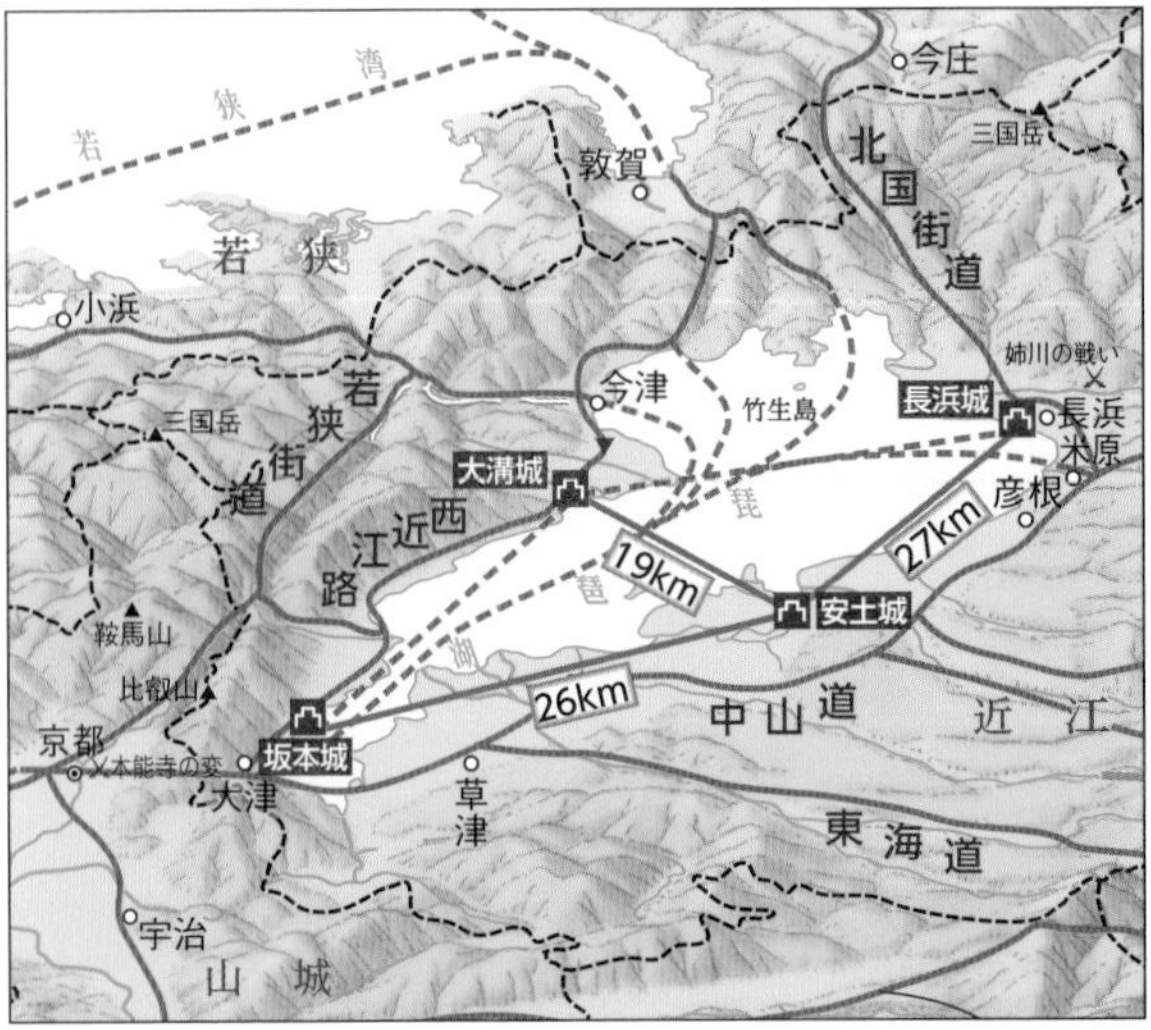

安土城の位置 信長は、経済的・軍事的意図をもって琵琶湖の湖上交通の完全掌握をはかった。安土城は、坂本城や長浜城からそれぞれほぼ等距離の位置に築かれ、安土城の対岸には大溝城が置かれた。これらのどの城にも水軍が常駐したと推定されている。

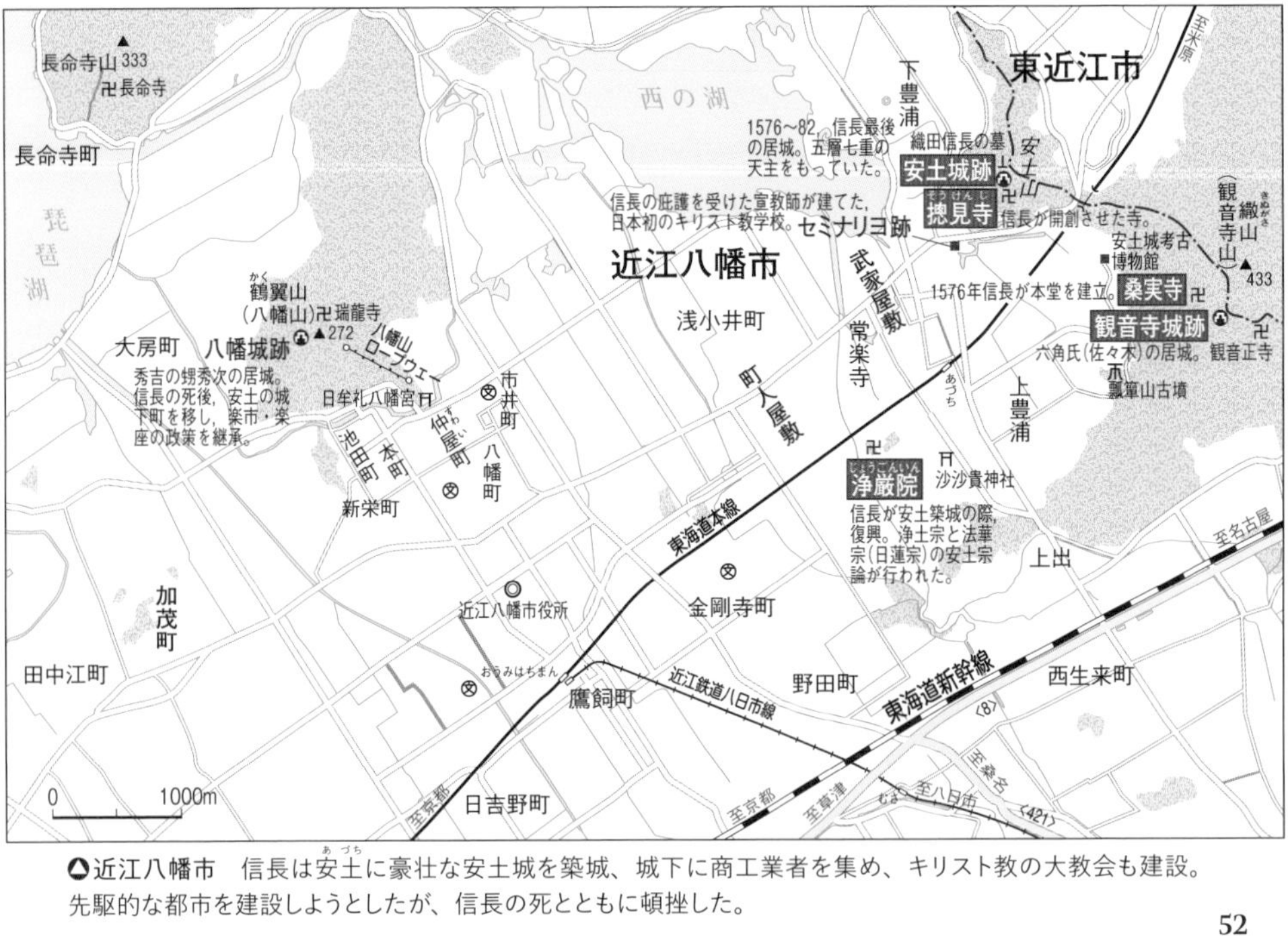

近江八幡市 信長は安土《あづち》に豪壮な安土城を築城、城下に商工業者を集め、キリスト教の大教会も建設。先駆的な都市を建設しようとしたが、信長の死とともに頓挫した。

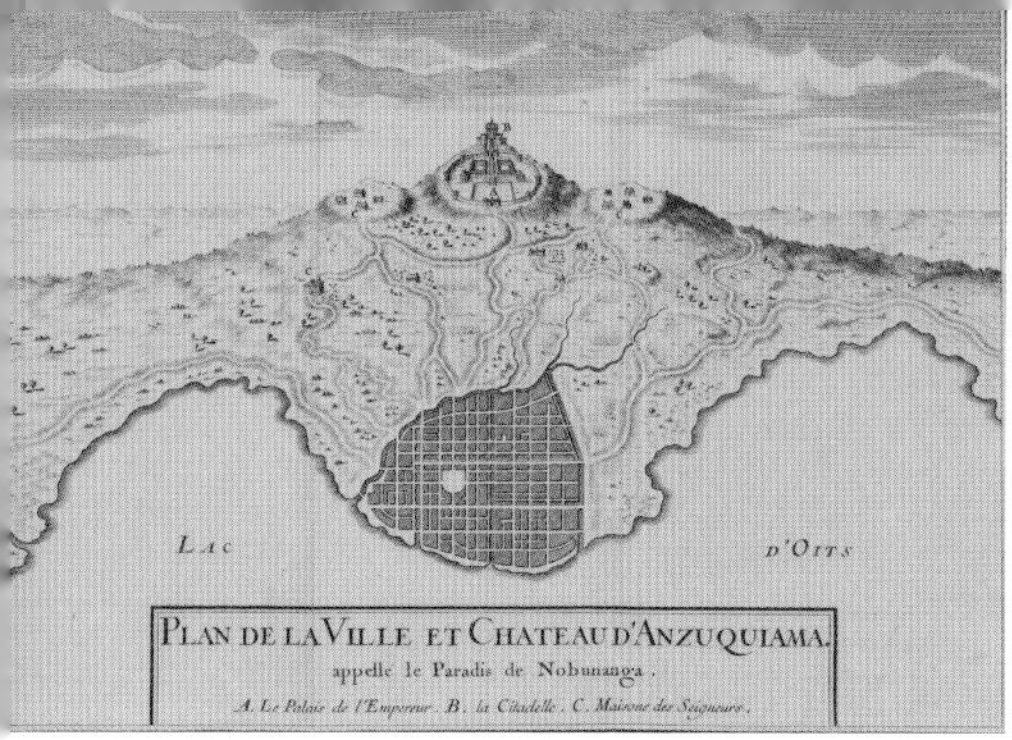
LAC
D'OITS
PLAN DE LA VILLE ET CHATEAU D'ANZUQUIAMA.
appellé le Paradis de Nobunanga.
A. Le Palais de l'Empereur. B. la Citadelle. C. Maisons des Seigneurs.
フランスで紹介された安土城の図（シャルルヴォア『日本の歴史』1736年）　イエズス会の活動とともに、日本の生活文化が紹介されている。

嫡男信忠《のぶただ》に譲ると、一五七六（天正四）年正月、佐和《さわ》山《やま》城（滋賀県彦根市）主丹羽長秀《にわながひで》を普請奉行に任じて安土での築城を命じた。安土は、北陸道・中山道・東海道を扼《やく》する交通の要衝である。それとともに、武田氏衰退ののち新たな敵となった上杉謙信を牽制《けんせい》し、また、大坂本願寺に従って粘り強い抵抗をみせた湖北一向一揆を監視することが可能な場所でもあった。信長はこの地に、「天下布武」の府城を建設しようとしたのである。

大坂本願寺や毛利氏との全面的対決が不可避な状況のなか、信長は工事を急がせ、一五七九（天正七）年に一応の完成をみた。全山を総石垣で覆い、絢爛豪華《けんらんごうか》な五層天主を擁する安土城は、人々を驚嘆させたことだろう。その威容はキリシタンの宣教師によって遠くヨーロッパまで喧伝されるほどであった。

天主には信長が居住し、山腹には重臣の屋敷が建ち並んでいたという。城下には家臣団が集住していたが、それは兵農分離が進んでいた証拠でもあった。これまでも信長は、初めて城主となった那古野《なごや》城から、清須城、小牧山《こまきやま》城（↓p.48図）、岐阜城へと、領国拡大に伴って居城を前線に移している。これにより、織田家の家臣は徐々に農地を離れ、専業武士団が形成されていったのである。

大坂本願寺・毛利氏との戦い

足利義昭を擁《よう》して上洛した信長は、畿内を平定する過程において、大坂に本拠を置く大坂本願寺に対して退去を求めた。それは当時、本願寺が大名に比肩《ひけん》する世俗的権力を有していたからである。信長は本願寺の宗教的権威までも否定していたわけではなかったが、結局、本願寺は退去に応じず、一五七〇（元亀元）年、足かけ十一年に及ぶいわゆる「石山合戦」の火蓋《ひぶた》が切られることとなった（↓p.49 ❺）。

一五七六（天正四）年、毛利輝元と結んだ本願寺を、信長は兵糧攻《ひょうろうぜ》めにしたが、本願寺に兵糧を運び込もうとした毛利水軍八百余艘と木津川河口で戦って敗れてしまう。敗因は、毛利水軍に撃ち掛けられた火矢により織田水軍の軍船が焼かれてしまったことにあった。

そこで信長は火矢を防ぐための鉄張りの軍船を建造することにしたのである。一五七八（天正六）年、木津川河口において毛利水軍を破り、本願寺と毛利氏との遮断に成功した（↓p.49 ⑬）。これにより本願寺は孤立し、一五八〇（天正八）年、毛利側は信長に降伏して大坂を退去した。

甲斐武田氏を滅ぼす

武田勝頼は、長篠・設楽原の戦いで信長に敗れはしたものの、依然として甲斐・信濃・駿河を領する有力大名であることに変わりなく、さらには、上杉謙信と同盟を結ぶことによって、信長に対する攻勢を強めようとさえしていた。しかし、その頼みの上杉氏が、謙信死去後に起きた二人の養子景勝《かげかつ》と景虎《かげとら》とによる家督争いで弱体化したうえ、このとき、小田原城主北条氏《ほうじょううじ》政《まさ》の弟といわれる景虎を勝頼が支援しなかったことにより、武田氏は北条氏をも敵に回すことになってしまったのである。

織田氏・徳川氏・北条氏と対峙《たいじ》せざるをえなくなった勝頼は、一五八一（天正九）年、家康によって奪われた遠江の高天神城を取り戻すことができず、武田氏の武威の衰えを感じ取った外様家臣の離反が続くことになった。

一五八二（天正十）年二月、武田勝頼の家臣で、信玄の女婿《じょせい》にあたる木曾義昌《きそよしまさ》が信長に寝返ってきた。これを武田攻めの好機と判断した信長は、早速、諸将の配置を決めている。それは、伊那口より信長の嫡男信忠、駿河口より徳川家康、関東口より北条氏政、飛騨《ひだ》口より金森長近《かなもりながちか》をそれぞれ大将とし、武田領に進軍するというものであった（↓p.48 ⑭）。

勝頼の弟仁科盛信《にしなもりのぶ》が高遠《たかとお》城に籠城したほかに抵抗らしい抵抗はなく、駿河田中城の依田信蕃《よだのぶしげ》、同江尻《えじり》城の穴山信君《あなやまのぶただ》は戦わずに降伏した。一族や譜代家臣の離反が相次ぐなか、勝頼は新府《しんぷ》城から小山田信茂《おやまだのぶしげ》の居城岩《いわ》殿山《どのやま》城に逃れる途中の三月十一日、天目山棲雲寺《てんもくさんせいうんじ》近くの田野で自刃し（↓p.48 ⑮）、信長を心胆寒からしめた甲斐武田氏もここに滅亡したのである。

本能寺の変

一五八二（天正十）年三月、東方における最大の脅威であった武田氏を滅亡させたことにより、信長は毛利氏に対する攻勢を強めていった。すでに、配下の羽柴秀吉が、毛利方の清水宗治《しみずむねはる》の守る備中高松《びっちゅうたかまつ》城（↓p.49図）を攻囲していたが、その援軍として明智光秀《あけちみつひで》を派遣することとし、自らも出陣の準備を整えている。

五月二十九日、信長はわずかの近臣を連れて京都に入り、信長は本能寺を、嫡男信忠は妙覚寺《みょうかくじ》を宿所とした。当時、本能寺や妙覚寺といった京都の法華宗寺院は、自衛のために堀や土塁を設けるなどしてさながら城構の様相を呈していた。京都に城を築かなかった信長は、上洛したときにはいつも、こうした寺院を宿所としていたのである。

明くる六月一日、信長は本能寺の書院で茶会を催している。このあと酒宴となり、信長はそのまま本能寺に宿泊し、信忠は妙覚寺に帰っていった。そして、明朝六時頃、本能寺は突如として家臣明智光秀の軍勢一万三千の攻撃を受けることになったのである（↓p.49⑯）。このとき本能寺にどのくらいの信長家臣がいたのかはわからない。ただ、討死した家臣が七十〜八十人いたということから、百人くらいではなかったかといわれている。

信長は、弓を持って明智勢と戦い、弓の弦が切れると、今度は鑓《やり》で戦ったという。しかし衆寡敵《しゅうかてき》せず、部屋に火をかけて自刃した。急報を聞いた信忠は、妙覚寺を出て隣接する二条御所に籠もって戦ったが、やはり自刃して果てている。

なぜ明智光秀が謀反に及んだのかについてははっきりとしていない。黒幕に朝廷あるいは足利義昭がいたとの説もある。しかし、正親町《おおぎまち》天皇の皇子誠仁《さねひと》親王は、二条御所にいて危うく戦闘に巻き込まれるところであったから、朝廷が黒幕とは考えにくいのではなかろうか。また、義昭が黒幕であれば、頼りとしていた毛利輝元には伝えていたはずであり、もしそうならば、本能寺の変の直後、輝元が信長の家臣羽柴秀吉に屈する形で和議を結ぶ（↓p.49⑰、↓p.59）こともなかったように思われる。

column
女性たちの生き様 ④

武士の如く散った信長の妹「お市の方」

兄を信長に持つお市《いち》の方《かた》は、天下一の美人といわれ、美しさの逸話には事欠かない。しかし「心は男子に劣るべからず」と、その生き様はさながら戦国武将のようだ。

1567(永禄10)年、信長による政略結婚で浅井長政に嫁ぎ、長女茶々《ちゃちゃ》を産む。ところが、1570(元亀元)年、信長が朝倉義景を攻め込むと、長政は朝倉について離反。この時、兄・信長に両端を縛った小豆《あずき》袋を送り、長政の離反を知らせたという。ただ、同盟は決裂したものの、お市の方は離縁せずそのまま長政の居城小谷《おだに》城(➡p.49図)に留まり、次女の初《はつ》、三女のお江《ごう》を産んでいる。

姉川の戦い(➡p.49❹)で浅井・朝倉連合軍がついに敗れると、長政は自刃し落城。夫を失ったお市の方は、城を出て3人の娘とともに織田家の庇護を受けて生活をするようになった。

しかし、再び状況が動き出す。1582(天正10)年、本能寺の変で信長が自刃し、信長無き世界を話し合う清須(清洲)会議が開かれた。この時、羽柴秀吉と柴田《しばた》勝家《かついえ》の対立が激化し、いずれもお市の方を妻にしたいと要望していた。信長の三男・信孝は織田家の家督を継ぐために勝家を引き入れようと再婚を斡旋《あっせん》。お市の方は越前北《きたの》庄《しょう》城へと嫁いだが、翌年、賤ヶ岳の戦いで秀吉に攻められ落城した。この時、生き残る選択肢があったものの、勝家と最後をともにすることを選ぶ。

「さらぬだに 打ちぬる程も 夏の夜の 夢路をさそふ 郭公《ほととぎす》かな」(辞世の句)。心は男子だと戦国の世を戦い抜き、短く儚《はかな》い人生に終止符を打った。

心残りだった三姉妹は、秀吉に委ねた。長女の茶々は豊臣秀吉の側室となり、次女・初は京極高次《きょうごくたかつぐ》夫人、三女・お江は徳川秀忠《ひでただ》に嫁いで三代将軍・家光《いえみつ》を産み、今なおその血筋が続いている。お市の方が、命を懸けて戦った証は次の時代へつながったのだ。

外見はもとより、凛とした佇まいや武士の美徳を感じさせるお市の方。その生き様こそが「天下一の美人」と言わしめたのだろう。

浅井長政夫人(お市の方)像
(高野山持明院蔵/提供:高野山霊宝館)

豊臣秀吉

——築城と人たらしの天才

小和田哲男

豊国《とよくに》神社の豊臣秀吉像（京都市東山区）

biography and footprints

豊臣秀吉略年表

一五三七年　尾張に生まれる
一五五四　織田信長に仕える（十八歳）
一五六六　墨俣に築城
一五七四　小谷城から城を移し長浜城主となる
一五八二　本能寺の変、山崎の戦いで明智光秀を破る（四十六歳）
一五八三　賤ヶ岳の戦いで柴田勝家を破る
一五八四　小牧・長久手の戦い、大坂城築城
一五八五　関白就任
一五八七　島津氏服従し九州を平定
一五九〇　小田原の北条氏を滅ぼし、全国統一完成（五十四歳）
一五九二　朝鮮出兵（文禄の役）
一五九七　朝鮮出兵（慶長の役）
一五九八　伏見城で病死（六十二歳）

同時代の動き

一五四三年　種子島に鉄砲伝わる
一五四九　ザビエルが鹿児島に上陸
一五五三　川中島の戦い
一五六〇　桶狭間の戦い
一五七六　信長、安土城を築く
一五八八　英、スペインの無敵艦隊を破る
一五九一　千利休自刃
一六〇〇　英、東インド会社設立

＊赤文字は海外の動き

豊臣秀吉の足跡を訪ねて

豊臣秀吉生誕の地〈名古屋市中村区（中村公園内）〉
墨俣城跡〈岐阜県大垣市墨俣町〉
小谷城跡〈滋賀県長浜市湖北町〉
長浜城跡〈滋賀県長浜市〉
備中高松城跡〈岡山市北区高松〉水攻め築堤跡の碑が立つ
山崎古戦場跡〈京都府大山崎町〉
賤ヶ岳古戦場跡〈滋賀県長浜市木之本町〉
小牧山城〈愛知県小牧市堀の内〉
大阪城〈大阪市中央区〉
聚楽第跡〈京都市上京区〉
石垣山城跡〈神奈川県小田原市〉
名護屋城跡〈佐賀県唐津市〉
豊国廟〈京都市東山区〉　秀吉の墓所

百姓から一城の主へ

豊臣秀吉は、一五三七（天文六）年、尾張《おわり》中村（➡p.64図）の百姓弥右衛門《やえもん》の子として生まれた。家が貧しかったため、山で薪をつくり、それを売って生計をたてていたときもあったという。やがて、父の死後、遺産としてもらった永楽銭一貫文《かんもん》を元手に、木綿《もめん》針を売りながら東海道を下り、今川義元《いまがわよしもと》の家臣で遠江《とおとうみ》の頭陀《ずだ》寺城（➡p.64図）主である松下之綱《まつしたゆきつな》に仕《つか》えるようになったが、同僚に妬《ねた》まれたため、尾張に帰っている。

あらためて織田信長の小者《こもの》として仕えることになった秀吉は、数年して小者頭に取り立てられ、さらに足軽に加えられた。その頃、ねねと結婚し、ねねの実家の苗字木下を名乗り、木下藤吉郎となった。ちなみに、秀吉のことが確かな史料にみえるのは一五六四（永禄七）年からで、この年、秀吉は二十八歳だった。

豊臣秀吉（狩野光信筆）（公益財団法人 阪急文化財団 逸翁美術館蔵）

その後、秀吉は美濃《みの》の斎藤龍興《さいとうたつおき》の家臣に対する勧降工作を行い、また、信長の美濃への足がかりとなる墨《すの》俣《また》城（➡p.60図）の築城に成功し、信長に認められるようになったとされる。一五七〇（元亀元）年、信長が越前に攻め込んだ際に浅井長政《あざいながまさ》が謀反《むほん》を起こしたときには、殿《でん》軍をつとめ、「藤吉郎金ヶ崎《かねがさき》の退き口」として武名が知られることになった。

一五七三（天正元）年、近江《おうみ》の浅井氏が滅亡した際にはその遺領北近江三郡、すなわち、伊香《いか》郡・東浅井郡・坂田郡十二万石を与えられ、一国一城の大名となり、はじめ小谷《おだに》城、ついで長浜城（➡p.60図）を居城とした。しかし、一五七六（天正四）年から中国経略を命じられ、黒田官兵衛孝高《くろだかんべえよしたか》（如水《じょすい》）から譲られた姫路城を居城としながら、播磨《はりま》、備前《びぜん》、美作《みまさか》、因幡《いなば》と次々に平定していく。秀吉の得意とする戦法は兵糧攻めで、「三木の干《ほし》殺し、鳥取の飢《かつ》え殺し」と自ら表現した。

京
桂川
下鳥羽
❼ 6月13日 深夜
光秀が逃亡。近江の坂本城を目指すが、途中の小栗栖で落ち武者狩りにあって自害する。
淀川水系の中流域にあって、洪水調節の役割を担った遊水池。干拓事業によって1941年に姿を消した。
巨椋池
鴨川
南北朝時代の1339年に細川頼春が築城。光秀の娘（後の細川ガラシャ）が城主・細川藤孝の嫡男・忠興に嫁いでいる。
小畑川
勝龍寺城
❻ 6月13日
秀吉軍、勝龍寺城を包囲。
室町時代に畠山政長が築いた城。天下統一後の秀吉が改修し、側室茶々に与えた（そのため茶々は「淀君」と呼ばれるようになった）。
淀古城
木津川
❺ 6月13日
午後6時頃
光秀が勝龍寺城に撤退。
明智光秀 本陣
柴田勝定
津田信春
斉藤利三
❸ 6月13日
川を挟んで両軍が対峙する。
明智茂朝
阿閉貞征
円明寺川（小泉川）
伊勢貞興
溝尾庄兵衛
❹ 6月13日 午後4時頃 戦闘開始。
池田恒興
加藤光泰
淀川
藤田行政
諏訪盛直
高山重友
木村重滋
中村一氏
松田政近
御牧兼顕
中川清秀
大山崎
並河掃部
堀秀政
淀川沿いにあり、平安時代には山城国の国府が置かれた地。西国から京に入る交通の要所として栄えた。名水でも知られ、千利休が茶室「待庵」を造った。
724年、行基によって開基。真言宗智山派の寺院。山崎の戦いでは秀吉の本陣が置かれた。
宝積寺
羽柴軍主力
山崎
黒田官兵衛
羽柴秀長
羽柴秀吉 本陣
❶ 6月11日
秀吉軍先遣隊、天王山に布陣。
神子田正治
❷ 6月12日
秀吉軍、宝積寺に本陣を置く。
大坂
標高270m。山崎の戦いにおける重要な戦略拠点であったことから、現在でもスポーツなどで重要な一戦を「天王山」と表現することがある。
天王山
名神高速道路
西国街道
東海道新幹線
妙喜寺
秀吉軍
光秀軍
離宮八幡宮
作画 板垣真誠

▲山崎の戦い

「中国大返し」と山崎の戦い

一五八二（天正十）年四月より、秀吉は毛利輝元《もうりてるもと》の属将清水宗治《しみずむねはる》が守る備中高松《びっちゅうたかまつ》城（→p.64図）を攻囲していたが、まさに和議が成立するかどうかという瀬戸際の六月二日、京都では本能寺の変が起きていた。

信長が討たれたという情報が備中高松城の秀吉にもたらされたのは翌日の夕方であったという。秀吉は何ごともなかったかのように、毛利側の使僧安国寺恵瓊《あんこくじえけい》を呼び講和を急がせ、翌四日には高松城主清水宗治が切腹した。

秀吉は、援軍として来ていた毛利軍が六日に撤退したのを確認してから、二万五千の大軍を約二百km離れた京都に戻す「中国大返し」を敢行した。信長の死後九日の六月十一日に先遣隊が摂津と山城の国境にある天王山《てんのうざん》に布陣（❶）したのち、翌十二日に本隊が到着（❷）、十三日には戦闘が繰り広げられた（山崎の戦い、❸〜❻）。明智光秀《あけちみつひで》の軍勢一万余りは敗走し、光秀の三日天下はあっけなく終わった（❼）。

小牧・長久手の戦い　最も戦闘が激しかった長久手の戦い(1584年4月9日)の一場面。(犬山城白帝文庫蔵)

賤ヶ岳古戦場跡(上)
賤ヶ岳山頂にある武将像(下)
この山中で豊臣秀吉と柴田勝家が戦い、秀吉軍の加藤清正、福島正則、片桐且元など7人の武将は「賤ヶ岳の七本槍」の名を残した。

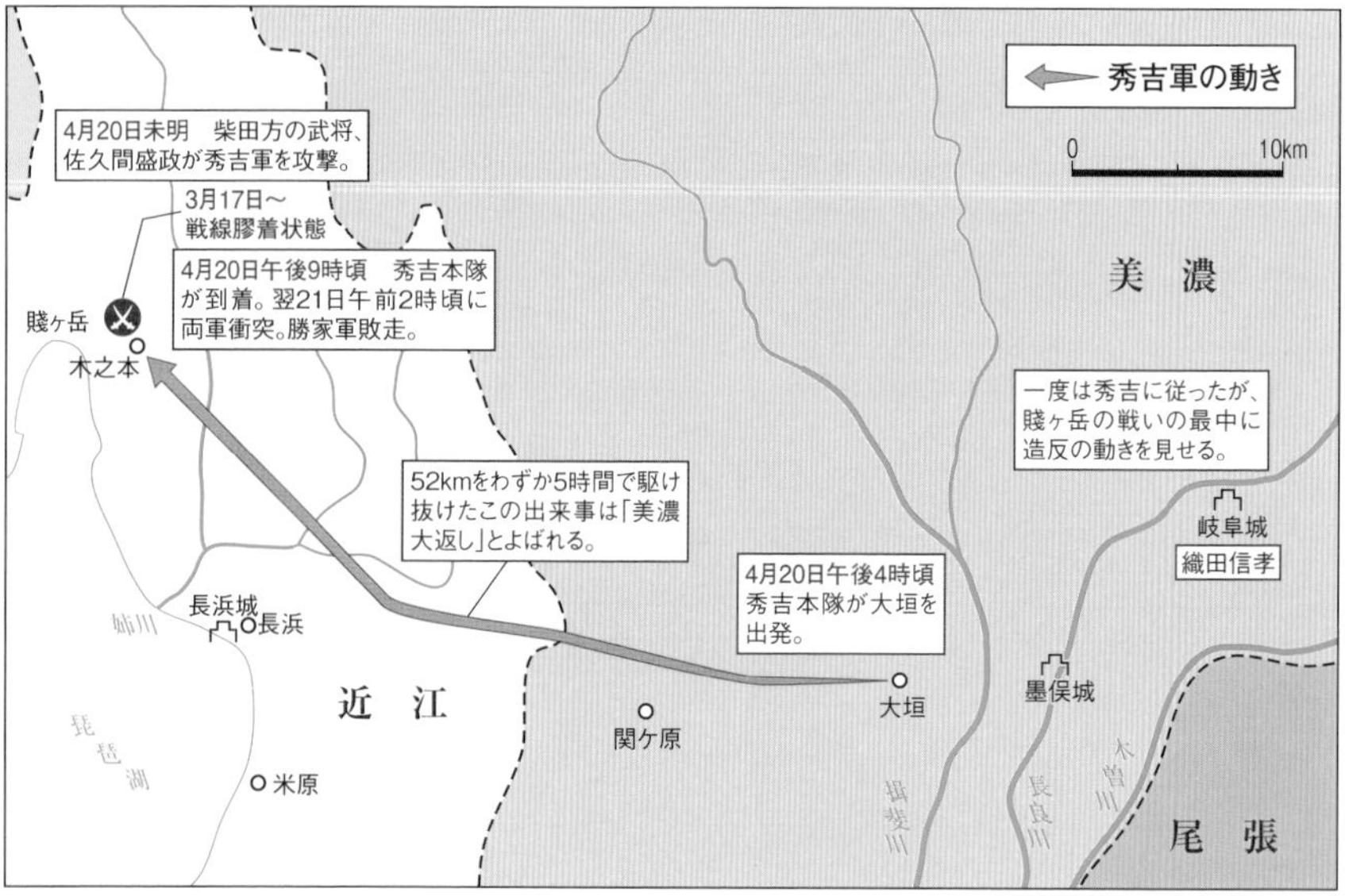

秀吉軍の動き
0
10km
4月20日未明　柴田方の武将、佐久間盛政が秀吉軍を攻撃。
3月17日〜
戦線膠着状態
4月20日午後9時頃　秀吉本隊が到着。翌21日午前2時頃に両軍衝突。勝家軍敗走。
賤ヶ岳
木之本
美　濃
一度は秀吉に従ったが、賤ヶ岳の戦いの最中に造反の動きを見せる。
岐阜城
織田信孝
52kmをわずか5時間で駆け抜けたこの出来事は「美濃大返し」とよばれる。
4月20日午後4時頃
秀吉本隊が大垣を出発。
長浜城
長浜
姉川
近　江
関ケ原
大垣
墨俣城
琵琶湖
米原
揖斐川
長良川
木曽川
尾　張

△賤ヶ岳の戦い(1583年)　織田信孝討伐のため、美濃へ向かっていた秀吉は、賤ヶ岳での戦線の急変を聞きすばやく軍を返す。木之本に戻った秀吉軍は、柴田軍を急襲し勝家を敗走させた。

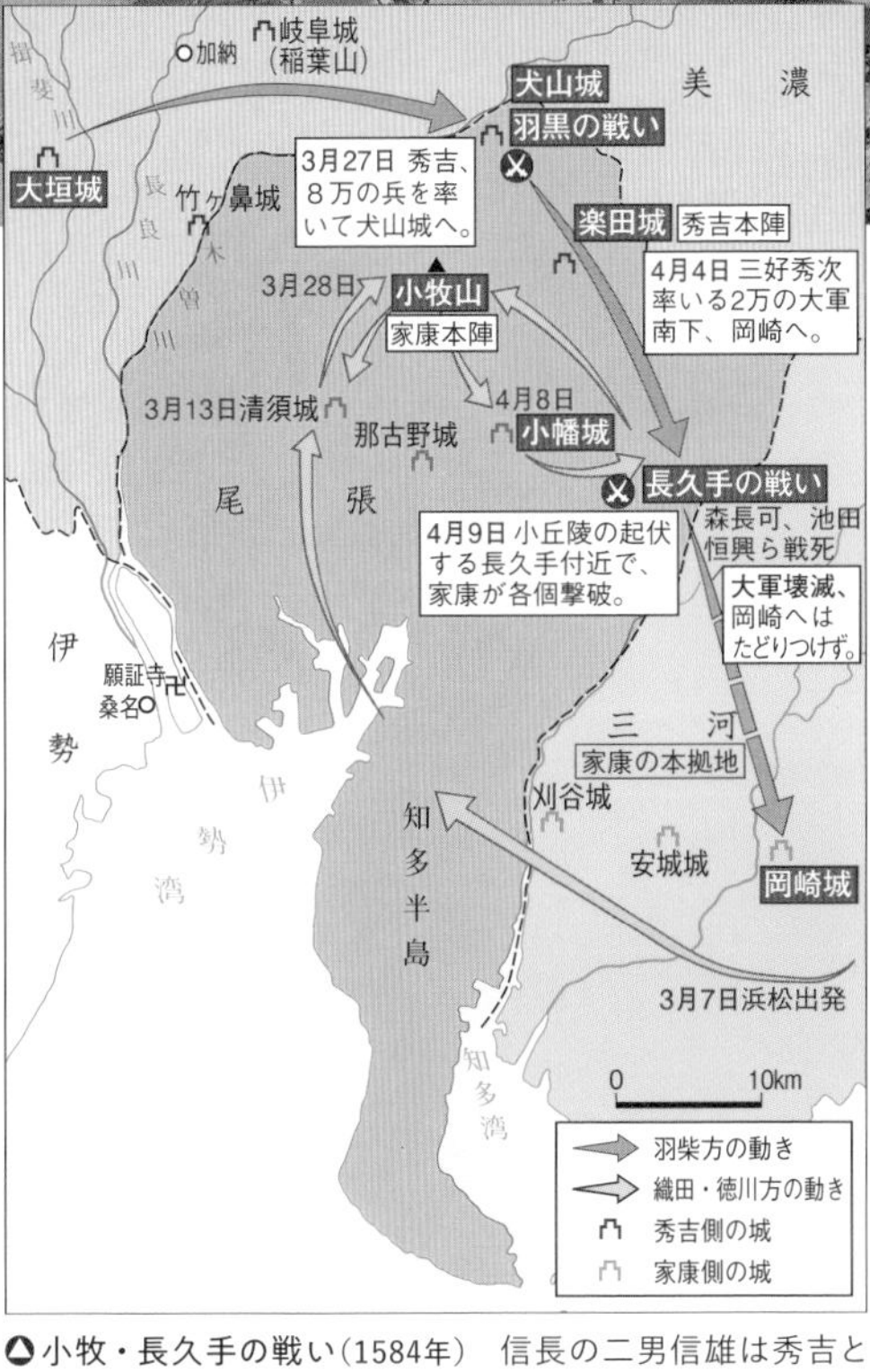

岐阜城
（稲葉山）
加納
揖斐川
美　濃
犬山城
羽黒の戦い
大垣城
竹ヶ鼻城
長良川
木曽川
3月27日 秀吉、8万の兵を率いて犬山城へ。
楽田城
秀吉本陣
3月28日
小牧山
家康本陣
4月4日 三好秀次率いる2万の大軍南下、岡崎へ。
3月13日清須城
4月8日
小幡城
那古野城
長久手の戦い
森長可、池田恒興ら戦死
尾　張
4月9日 小丘陵の起伏する長久手付近で、家康が各個撃破。
大軍壊滅、岡崎へはたどりつけず。
伊勢
願証寺
桑名
伊勢湾
三　河
家康の本拠地
刈谷城
知多半島
安城城
岡崎城
3月7日浜松出発
知多湾
0　10km
羽柴方の動き
織田・徳川方の動き
秀吉側の城
家康側の城

△小牧・長久手の戦い（1584年）　信長の二男信雄は秀吉と対立を深め、家康と同盟を結んだ。家康は数倍の秀吉軍に対し、各個撃破しては退却するゲリラ戦法で対陣を長引かせた。信雄は11月に秀吉と講和、家康も清須城から撤退した。

賤ヶ岳の戦いと小牧・長久手の戦い

備中高松城での戦いと山崎の戦いが終結して間もなく、清須《きよす》城において、信長の遺領配分と後継者を決めるための清須（清洲）会議が開かれた。この会議において、秀吉の推す信長の嫡孫《ちゃくそん》である三法師《さんぼうし》（のちの秀《ひで》信《のぶ》）が後継者に決まったが、これにより、信長の三男信孝《のぶたか》を擁立する柴田勝家《しばたかついえ》との衝突は不可避となった。

一五八三（天正十一）年、ついに秀吉と勝家は賤ヶ岳《しずがたけ》（➡p.60図）において矛《ほこ》を交え、破れた勝家は居城である北庄城《きたのしょう》に敗走して自刃（➡p.64❸）、勝家に呼応して挙兵した信長の三男信孝も自刃して果てた。ここでも秀吉の急襲がさえわたった。

こうした秀吉の行動に警戒心を抱いた徳川家康は、信長の二男信雄《のぶかつ》とともに秀吉との対決姿勢をあらわにする。翌一五八四年の小牧・長久手の戦い（➡p.61図）において、局地戦では家康が勝利したものの、秀吉は信雄を懐柔して単独講和に持ち込む。戦う名分を失った家康は、二男の義伊《ぎい》（のちの結城《ゆうき》秀康《ひでやす》）を秀吉の養子として大坂城に送ったが、これは実質的な人質であった。

大坂城築城の意味

もともとは信長の考えであったともいうが、秀吉は早くから大坂本願寺の跡、すなわち摂津《せっつ》大坂に城を築くことを望んでいたらしい。大坂の地が、水陸交通の要衝であると同時に、防御に優れた要害でもあったからである（➡p.64❹）。

賤ヶ岳の戦いに勝利することで、信長の後継者とし

大坂城天守のイメージ図　秀吉時代の天守は黒漆塗・金箔貼であった。（考証・画：香川元太郎）

ての地歩を固めた秀吉は、それまで摂津を領していた池田恒興《いけだつねおき》に美濃を与えて大垣《おおがき》城主とした。そして、自ら摂津を領し、早くも一五八三（天正十一）年より大坂に築城を開始している。

このとき秀吉は、かつてはともに信長の家臣であった大名に工事を命じているが、それは秀吉が諸大名を傘下におさめたことを知らしめると同時に、主従関係にあることを認めさせたものであった。

六万人を動員して完成させた大坂城は金箔瓦を用いた豪壮な五重天守を擁し、見る者にその権力をみせつけた。秀吉に城内を案内された大友宗麟《おおともそうりん》は、この城を「三国無双」と賞賛しているほどである。

秀吉の関白任官と惣無事令

小牧・長久手の戦いで家康と講和した秀吉は、信長の後継者としてどのような政権を樹立するべきか考えるときにきていた。ただ、家康を力でねじ伏せることができなかったことは、秀吉の力が三河から東に及ばないことを意味したから、武家の棟梁《とうりょう》として征夷大将軍に任官できる可能性は低かったに違いない。

秀吉の築いた城

秀吉は生涯に多くの城を築いている。自身が居城とした城だけでも長浜城、姫路城、山崎城、大坂城、聚楽第《じゅらくてい》、伏見城があり、側室淀殿のために淀城も築いている。特に本能寺の変後、信長の後継者として台頭すると、絢爛豪華《けんらんごうか》な城を築いて経済力を誇示した。

長浜城

姫路城

その頃朝廷では、近衛《このえ》前久《さきひさ》が退いたあとの関白位を巡って前久の子の信尹《のぶただ》と二条昭実《にじょうあきざね》が争い、なかなか決まらなかった。そうした対立を利用した秀吉は、前久の猶子《ゆうし》（名目的な子）として一五八五（天正十三）年七月、関白となったのである。

関白とは律令には規定がないものの、実質的には朝廷における最高位であった。関白となった秀吉は、大名同士の私的な戦いを禁止する惣無事政策令を推進しているが、以後、これに従わない大名を征討するという論理で天下統一を進めていくのである。

豊臣秀吉の天下統一▶

秀吉が考えた天下（日本）の範囲
羊蹄山 1898
奥尻島
内浦湾
駒ケ岳 1131
津軽海峡
下北半島
津軽半島
岩木山 1625
艫作崎《へなしざき》
男鹿半島
岩手山 2038
早池峰山 1917
飽田（秋田）
鳥海山 2236
最上川
酒田
岩出山
伊達政宗
牡鹿半島
千代（仙台）
仙台湾
信濃川
佐渡島
米沢
⓫奥羽仕置《おううしおき》 (1590.8) 伊達政宗，小田原攻めに参戦し秀吉に臣従するが，会津などを没収され，米沢に移る。
芦名盛重《あしな》
会津黒川（若松）
蒲生氏郷
上杉景勝
春日山
❸北庄攻め《きたのしょう》 (1583.4) 柴田勝家を滅ぼす。
能登半島
珠洲岬
七尾
富山湾
❹大坂城築城 (1583～5) 五重の天守を持ち，内部は金で飾られた。
P.62参照
❷賤ヶ岳《しずがたけ》の戦い (1583.4) 柴田勝家を破る。
前田利家
金沢
立山 3015
名胡桃城
沼田城
宇都宮
厩橋城
隠岐諸島
❶山崎の戦い (1582.6) 明智光秀を滅ぼす。
白山 2702
北庄
御嶽山 3067
日本
水戸
佐竹義宣
鹿島灘
日御碕
島根半島
丹後半島
若狭湾
温泉津（大田）
富田
大山 1729
鳥取
宮津
敦賀
伊吹山 1377
徳川家康
江の川
長浜
岐阜
江戸
利根川
犬吠埼
毛利輝元
宇喜多秀家
姫路城
京都
福島正則
富士山 3776
小田原
房総半島
東京湾
有馬温泉
伏見
安土
清須
頭陀寺城
駿府（静岡）
相模湾
伊豆半島
広島
厳島
備中高松（岡山）
沼田
大坂
松坂
大島
淡路島
淡輪
伊勢
遠州灘
石廊崎
⓾小田原攻め (1590.3～7) 北条氏，秀吉に降伏。
白地城
高野山
吉野
紀伊水道
熊野灘
石鎚山 1982
1537年，秀吉が愛知郡中村（現名古屋市）で生まれる。
三宅島
長宗我部元親
浦戸（高知）
蒲生田岬
新宮
(大分)
潮岬
❺小牧《こまき》・長久手《ながくて》の戦い (1584.3～11) 織田信雄・家康連合軍と講和し停戦。
豊後水道
室戸岬
足摺岬
❼根来《ねごろ》・雑賀《さいか》攻め (1585) 鉄砲隊で知られたが，秀吉により滅ぼされる。
❻伊勢・伊賀攻め (1584.10) 筒井氏を滅ぼす。
❽四国平定 (1585.7) 長宗我部元親 降伏。
太平洋
32°
134°
138°
142°
36°
40°
豊臣秀吉の天下統一
秀吉の行動（本能寺の変以降）
❶～⓫ 国内統一の順序
朝鮮出兵（文禄・慶長の役）
文禄の役（1592～96年）の日本軍の進路
慶長の役（1597～98年）の日本軍の進路

四国攻めと九州攻め

一五八五（天正十三）年六月十六日、秀吉は弟秀長を総大将とする十万の軍勢を四国に渡海させた。四国は土佐の長宗我部元親《ちょうそかべもとちか》が統一したばかりであったが、元親に阿波・讃岐・伊予三か国の返還を拒絶されたため、軍事行動に踏み切ったものである。元親は阿波の白地《はくち》城を拠点に抵抗を試みるも、八月六日、降伏して土佐一国のみを安堵《あんど》された（❽）。

九州は、薩摩の島津義久《しまづよしひさ》によって統一される寸前であったが、義久が勅旨による大友宗麟・龍造寺政家との講和を拒否したため、一五八七（天正十五）年三月一日、秀吉自らが九州に出陣することとなった。日向路の秀長軍十五万と、肥後路の秀吉軍が十万という圧倒的な兵力の前に、抵抗を諦めた義久は五月八日に降伏し、薩摩と大隅の二か国を安堵された（❾）。

太閤検地と刀狩り

太閤検地とは、秀吉が全国的に行った検地のことである。秀吉は、一五八二（天正十）年に山崎の戦い直後の山城・播磨で行った検地を皮切りに、新たな土地を平定するたびに検地を行っていった。太閤検地は、秀吉の奉行が実際に現地に赴いて実測していたという点で、それまでの戦国大名の検地とは異なる。戦国大名の検地は普通「指出検地《さしだしけんち》」といって、自主申告に基づいて記録されるものだったからである。

太閤検地では、実際に耕作している農民だけが、そ

朝鮮
36°
130°
126°
32°
黄海
全州
羅州
海南
泗川
釜山
西生浦
蔚山
慶州
巨済島
対馬
対馬海峡
チェジュ島
宇喜多秀家
黒田長政
黒田長政
小西行長
加藤清正
加藤清正
壱岐
玄界灘
萩
小早川秀秋
博多
肥前名護屋城
中津
黒田長政
水江（佐賀）
府内
五島列島
雲仙岳
1486
加藤清正
大友宗麟
有馬
隈本
宇土
佐伯
小西行長
天草灘
日向灘
甑島列島
東シナ海
川内
宮崎
鹿児島
島津義久
都井岬
大隅海峡
屋久島
種子島
⓬肥前名護屋城築城（1591～）
朝鮮出兵の前線基地に。
❾島津攻め（1587.5）
秀吉に降伏，九州平定。

の耕地を耕作し保有する権利を認められた。これにより小作人も自立することができたが、一方で、土地の移動はできなくなった。これは、身分の固定化にもつながったが、それは刀狩りについても同じことがいえるだろう。

一五八八（天正十六）年、秀吉は刀狩令を発した。表向きは大仏の釘《くぎ》や鎹《かすがい》に用いるとうたっているが、興福寺多聞院主の英俊《えいしゅん》が「内証は一揆《いっき》を停止するためなり」と看破したように、実際は農民の武装解除が目的であったことは確実である。鞘《さや》のある刀は鞘を付けたまま京都に送ることが命ぜられているが、釘や鎹に鞘はいらない。

実際、戦国時代には武士と農民との間に、武器の所有という点でさしたる差はなく、農民でも自力救済のために刀を持っているのが普通だった。自分の身は自分で守らなければならない社会だったからである。しかし、統一政権が誕生したことにより、その武力は全て政権の側が担うこととなった。そこで秀吉は農民には武装解除を求め、刀を持つ者のみを武士と認めたのである。

太閤検地と刀狩りによって、武士と農民との間には明確な差が生まれた。武士は武士、農民は農民となったのである。それは農民から武士となり位人臣《くらいじんしん》を極めた秀吉が、第二の秀吉が生まれないようにした政策であったといえるかもしれない。

小田原攻めで天下統一の完成

小田原城に拠る北条氏は、本能寺の変が起きるまでは織田家と友好関係にあった。しかし、信長の死が伝わるやいなや「関東管領」として厩橋城《まやばしじょう》（➡p.64図）にいた滝川一益《たきがわかずます》と戦い、これを敗走せしめたのである。北条《ほうじょう》氏直《うじなお》は徳川家康と縁戚関係を結び、再三にわたる秀吉の上洛催促を拒み続けて臣従を拒否していた。いざとなれば家康や奥州の伊達政宗と組むことで秀吉に対抗できると考えていたのだろう。

秀吉は、氏直に対し、最後まで武力ではなく懐柔によって臣従を求めようとしていたらしい。しかし、一五八九（天正十七）年、北条氏の家臣で沼田城《ぬまたじょう》（➡p.64図）代であった猪俣邦憲《いのまたくにのり》が、突如として真田昌幸《さなだまさゆき》の属城名《な》胡桃城《ぐるみじょう》を奪うという事件が起きてしまった。これが邦

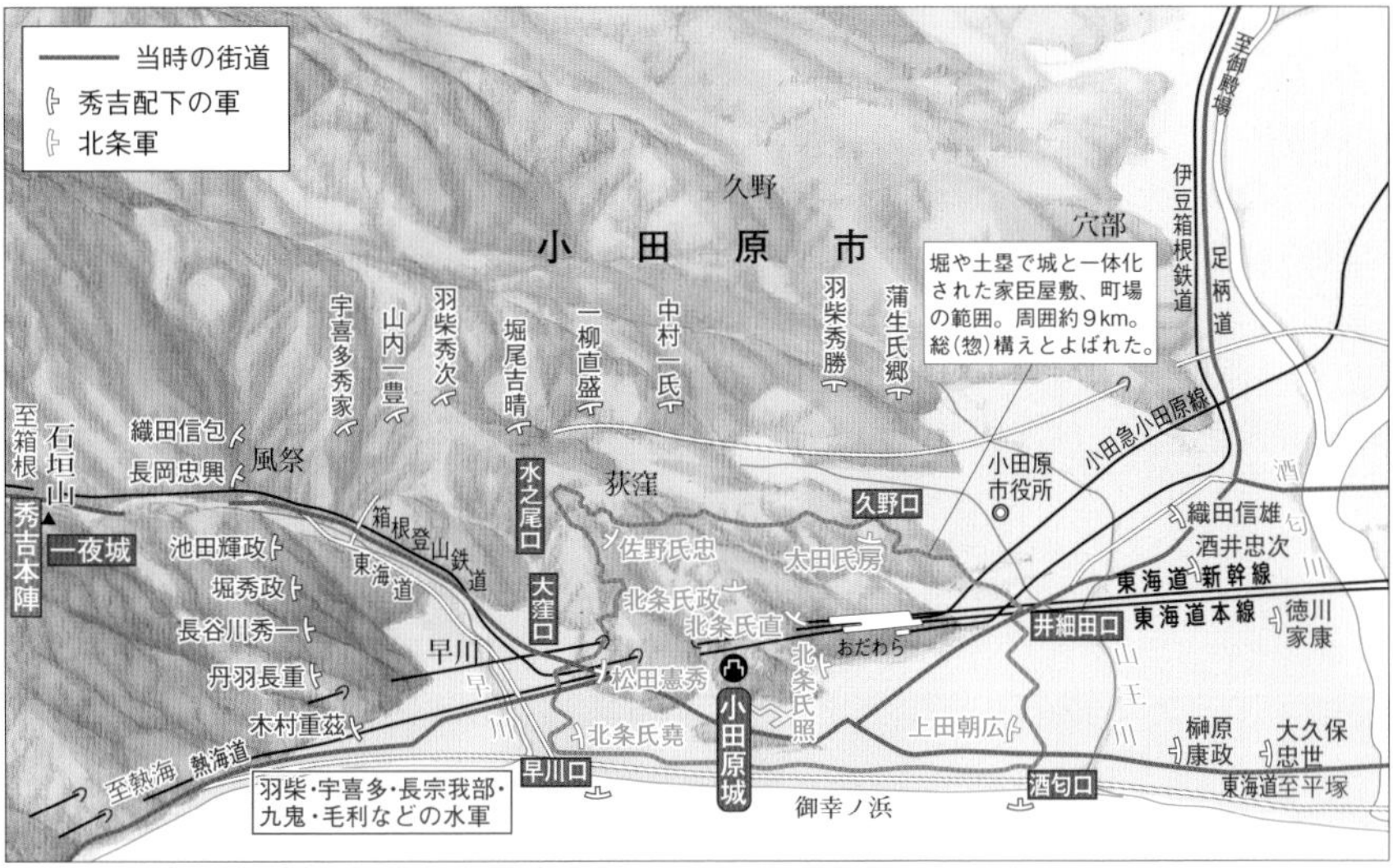

△小田原攻め 小田原攻めに参陣した主な大名は、徳川家康、織田信雄、蒲生氏郷、羽柴秀次、山内一豊、宇喜多秀家、池田輝政、堀秀政など。伊達政宗は派兵を渋ったものの結局小田原に駆けつけ、秀吉は天下をほぼ手中に収めた。

石垣山城から小田原方面を望む(左) **小田原城**(右) 石垣山城は、秀吉が小田原城を攻めたときの本拠地で、城からは小田原城や城下のようすが一望できる。石材の少ない関東で最初につくられた石垣の城。秀吉が一夜にして城を築いたかのように見せかけたので「石垣山一夜城」などとよばれる。

憲の単独行動によるものなのか、北条氏の意向に添ったものであるのかはわからない。それはともかく、秀吉からしてみれば、明らかにこれは大名間の私戦を禁止する惣無事に抵触する行為であり、氏直に宣戦布告状を突き付けることとなったのである。

翌一五九〇（天正十八）年四月、秀吉は二十一万ないし二十二万の大軍で小田原城を包囲した。籠城する北条側の兵力は五万六千ほどと推定されているが、小田原城はかつては上杉謙信や武田信玄の猛攻をはねのけた難攻不落の名城である。秀吉は、小田原城を見下ろす石垣山の頂に城を築くとともに、関東に点在する北条方の支城を各個撃破していった。支城が次々と落とされるなか、孤立を深めた小田原城はついに開城し、氏直の父氏政《うじまさ》と氏政の弟氏照《うじてる》が自刃、氏直は高野山に追放された。

小田原城に入って家康に北条氏の遺領を与えた秀吉は、すぐさま奥羽《おうう》平定に向かい、大崎義隆《おおさきよしたか》・葛西晴信《かさいはるのぶ》らが小田原に参陣しなかったことを詰問《きつもん》して所領を没収した（➡p.64 ⓫）。これにより奥羽仕置がなって秀吉による天下統一が完成したのである。

朝鮮出兵は豊臣政権崩壊の序曲

秀吉は日本の統一が完成したときから、朝鮮への出兵を意図していたようである。一五九二（文禄元）年正月五日には、朝鮮を経て明《みん》まで兵を進める出陣命令が諸大名に出された。

三月二十六日に京都を出発した秀吉は、四月二十五日には肥前名護屋《なごや》城に入った（➡p.65 ⓬）。十五万八千の兵で渡海した日本軍は、釜山から上陸し、さしたる抵抗もなく五月二日、国都漢城を占領している。朝鮮国王宣祖《ソンジョ》は平壌へ遷都《せんと》して避難したが、日本軍はさらに北上して平壌も占領して全土を制圧。加藤清正《かとうきよまさ》隊に至っては、国境を越えてオランカイ（中国東北部）まで侵入している。

しかし快進撃が続いたのは、最初のうちだけで、戦線が朝鮮全土に広がるにしたがい、兵糧は乏しくなった。朝鮮側の抵抗も激しくなり、とくに李舜臣《イスンシン》を中心とする水軍に制海権を掌握されてからは補給路も断たれるようになっている。さらには、明からの援軍により平壌も奪い返されたことで講和の話が持ち上がったものの、秀吉があくまでも大陸占領にこだわったため交渉は決裂した。

一五九六（慶長元）年九月、秀吉は来朝した明使節を引見する。これを降伏使節だと思った秀吉は上機嫌であったが、国書の内容に「爾《なんじ》を封じて日本国王となす」とあったことから激怒し、使者を追い返してしまう。朝鮮への再度出兵が決定され、一五九七（慶長二）年二月、諸将の配置が定まると、十四万に及ぶ大軍で渡海していったのである。

ところが、一五九八（慶長三）年八月十八日に豊臣秀吉が死去すると、戦闘を続ける意味がなくなったため、五大老による撤退命令が発令された。

朝鮮出兵により、実際に渡海した西国大名は疲弊し、また、講和交渉を巡って豊臣政権内部での対立が顕著となった。これにより豊臣政権は崩壊していくことになるのである。

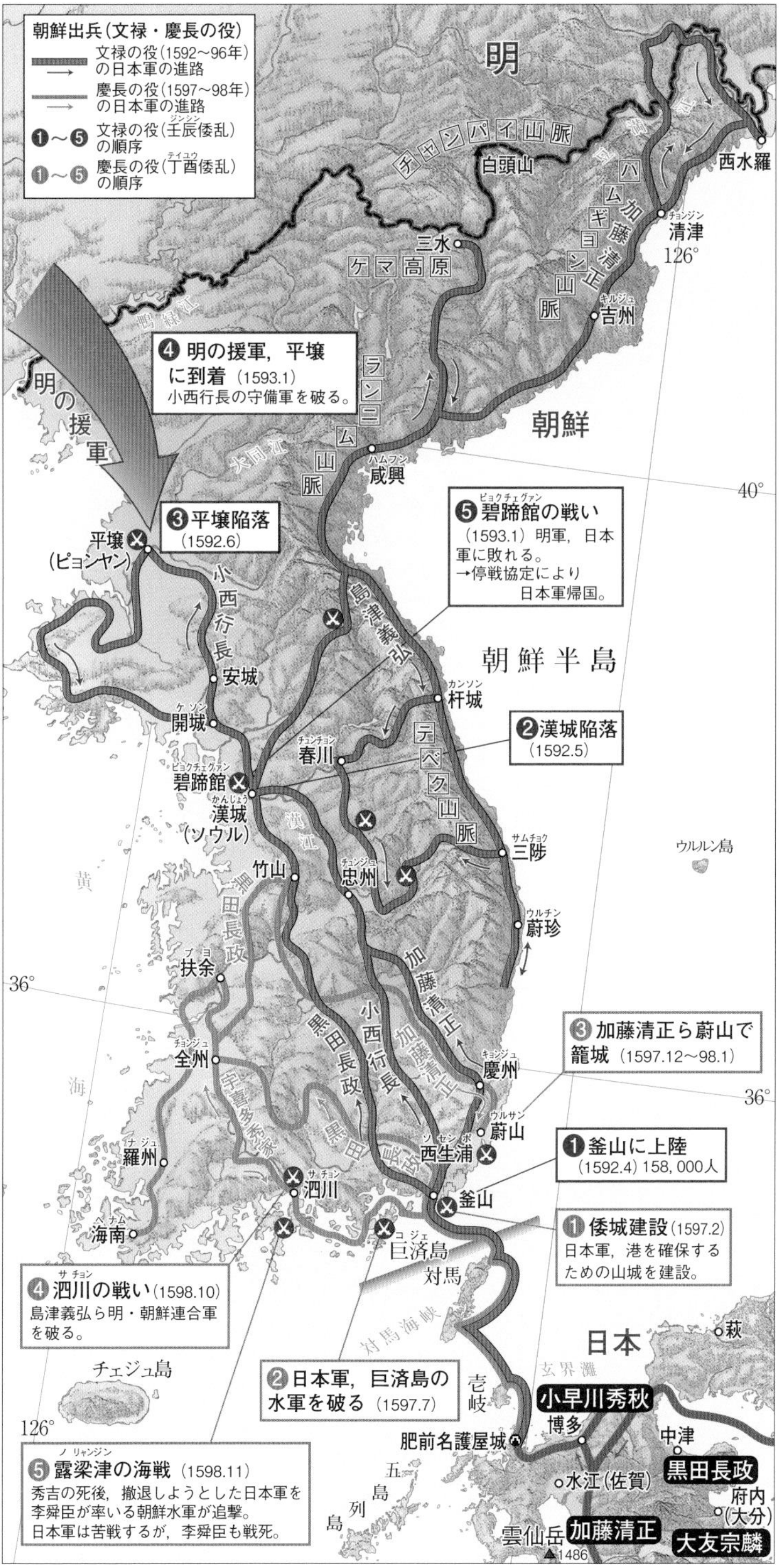

朝鮮出兵(文禄・慶長の役)
文禄の役(1592〜96年)の日本軍の進路
慶長の役(1597〜98年)の日本軍の進路
❶〜❺ 文禄の役(壬辰倭乱《ジンシン》)の順序
①〜⑤ 慶長の役(丁酉倭乱《テイユウ》)の順序
明
明の援軍
チャンパイ山脈
白頭山
西水羅
ハムギョン山脈
加藤清正
清津《チョンジン》
126°
三水
ケマ高原
吉州《キルジュ》
鴨緑江
❹ 明の援軍，平壌に到着 (1593.1)
小西行長の守備軍を破る。
ランニム山脈
朝鮮
大同江
咸興《ハムフン》
40°
❸ 平壌陥落 (1592.6)
平壌(ピョンヤン)
❺ 碧蹄館《ピョクチェグァン》の戦い
(1593.1) 明軍，日本軍に敗れる。
→停戦協定により日本軍帰国。
小西行長
島津義弘
朝鮮半島
安城
杆城《カンソン》
開城《ケソン》
❷ 漢城陥落 (1592.5)
テベク山脈
春川《チュンチョン》
碧蹄館《ピョクチェグァン》
漢城《かんじょう》(ソウル)
漢江
三陟《サムチョク》
ウルルン島
黄海
竹山
忠州《チュンジュ》
黒田長政
蔚珍《ウルチン》
扶余《プヨ》
36°
加藤清正
③ 加藤清正ら蔚山で籠城 (1597.12〜98.1)
全州《チョンジュ》
小西行長
黒田長政
慶州《キョンジュ》
宇喜多秀家
蔚山《ウルサン》
西生浦《ソセンポ》
❶ 釜山に上陸 (1592.4) 158,000人
羅州《ナジュ》
泗川《サチョン》
釜山
① 倭城建設 (1597.2)
日本軍，港を確保するための山城を建設。
海南《ヘナム》
巨済島《コジェ》
対馬
④ 泗川《サチョン》の戦い (1598.10)
島津義弘ら明・朝鮮連合軍を破る。
対馬海峡
萩
日本
チェジュ島
玄界灘
② 日本軍，巨済島の水軍を破る (1597.7)
壱岐
小早川秀秋
126°
⑤ 露梁津《ノリャンジン》の海戦 (1598.11)
秀吉の死後，撤退しようとした日本軍を李舜臣が率いる朝鮮水軍が追撃。
日本軍は苦戦するが，李舜臣も戦死。
肥前名護屋城
博多
中津
五島列島
水江(佐賀)
黒田長政
府内(大分)
雲仙岳
1486
加藤清正
大友宗麟

△豊臣秀吉の朝鮮出兵

column
女性たちの生き様 5

戦国時代を戦い抜いた秀吉の側室「淀殿」(茶々)

『伝淀殿画像』(奈良県立美術館蔵)

お市《いち》の方《かた》(➡p.56)と浅井長政の子「浅井三姉妹」の長女・茶々《ちゃちゃ》。母と２人の父を死に追いやった仇《かたき》の秀吉と結婚し、念願の跡継ぎを産んだ。秀吉死後、豊臣家を守ろうと息子の秀頼《ひでより》とともに家康と戦い敗北。二度の落城で父母を失い、三度目の落城で息子と命を失ったという壮絶な人生だった。

実父・長政を失ったのは４歳*の時。織田・徳川軍により小谷《おだに》城が落城し、長政は自刃した(➡p.49)。母・お市の方と三姉妹は城を出て織田家の庇護《ひご》を受け育つ。本能寺の変後、お市の方が柴田勝家と再婚し、越前北庄《きたのしょう》城に移るも、翌年の賤ヶ岳の戦いで秀吉に敗北。勝家とお市の方は自刃し、三姉妹は秀吉の保護を受けるようになった。

いつしか、茶々は32歳も年上の秀吉の側室となり、鶴松《つるまつ》を出産。この時、産所として淀城を与えられ、淀殿などとよばれるようになる。鶴松は３歳で病死したが、２年後秀頼を出産し、秀吉は大いに喜び息子を溺愛した。秀吉は300人もの女性を囲っていたというほど女好きで有名だが、正室ねねも側室も子宝には恵まれなかった。淀殿だけが待望の世継ぎをもうけることができたのだ。

秀吉没後、淀殿は秀頼の後見に当たる。そして、1615年・大坂夏の陣で家康に敗北し(➡p.81)、息子とともに自害した。享年47だった。

幼い頃から、戦国の地獄を味わってきた淀殿。その生涯では気鬱《きうつ》に悩まされていたそうだ。大切なものを次々と奪われ、両親の仇と結婚して生きるということは、並大抵の苦労ではなかったことだろう。それでも、生涯をかけて守ろうとした大切なものがあった。鶴松産後、父長政と母お市の方の追善供養をし、秀頼産後、長政の菩提寺養源院《ようげんいん》(京都市、➡p.121図)を建てている。まるで、浅井と織田の血を次へ繋《つな》いだと故人を安心させているようである。

これ以上自身の大切なものを奪われまいと戦い抜いた激しい人生。淀殿の死を以て、戦国時代は終わりを告げたのである。

*本記事では1569(永禄12)年を出生年とする。

徳川家康

――戦国乱世に終止符を打つ

小和田哲男

岡崎城（愛知県岡崎市）

biography and footprints

徳川家康略年表

一五四二年	岡崎城主松平広忠の嫡子として岡崎城内で生まれる
一五四九	駿河、今川義元の人質となる
一五六〇	義元が討たれ、岡崎城に帰る
一五六二	織田信長と同盟し、三河を平定
一五七〇	遠江を獲得して浜松城へ移る
一五七二	三方ヶ原で武田信玄に敗れる
一五七五	信長とともに長篠・設楽原の戦いで武田勝頼を破る（三十四歳）
一五八四	小牧・長久手で羽柴秀吉と戦う
一五九〇	関東に転封され、江戸城に入る
一五九八	豊臣氏の五大老の筆頭となる
一六〇〇	関ヶ原の戦いで大勝（五十九歳）
一六〇三	征夷大将軍になり江戸幕府を開く
一六〇五	将軍職を秀忠に譲り駿府城に移る
一六一五	大坂夏の陣で豊臣氏を滅ぼす
一六一六	駿府城で病死（七十五歳）

同時代の動き

一五四三年	ポルトガル人、種子島に漂着
一五五三	武田信玄と上杉謙信の第一回川中島の戦い
一五六〇	桶狭間の戦いで信長、義元を討つ
一五六八	信玄、今川氏真を攻め駿河を獲得
一五七〇	信長、浅井・朝倉軍を姉川の戦いで破る（家康参戦）
一五八二	天目山麓田野の戦い、武田氏滅ぶ 本能寺の変、信長自害
一五八三	賤ヶ岳の戦い、羽柴秀吉が信長の後継者となる
一五九〇	秀吉、小田原攻め。全国統一
一五九二〜九八	朝鮮出兵
一五九八	秀吉没す。嫡子豊臣秀頼六歳
一六一四	秀頼、方広寺大仏殿再建（鐘銘事件）
一六一七	日光東照宮完成、家康の霊柩が久能山から遷座される

徳川家康の足跡を訪ねて

岡崎城〈岡崎市康生町〉
天守が再建、家康の銅像もある

三方ヶ原古戦場跡〈浜松市三方原町〉

小牧山城跡〈小牧市堀の内〉
小牧・長久手の戦いで家康の本陣

江戸城〈東京都千代田区〉

関ヶ原古戦場跡〈岐阜県関ケ原町〉
開戦地の碑・家康や三成の陣地跡などの国史跡や岐阜関ケ原古戦場記念館がある

方広寺〈京都市東山区〉 再建された大仏殿はなく鐘銘事件の大鐘は残る

伏見城〈京都市伏見区桃山町〉
家康の将軍宣下《せんげ》が行われた。1964年に模擬復元された伏見桃山城がある

久能山東照宮〈静岡市駿河区根古屋〉 家康は最初ここに埋葬された

日光東照宮〈日光市山内〉
奥社は家康の墓所

徳川家康（日光東照宮蔵）

家康の風貌

家康は、『翁草《おきなぐさ》』によると、背は小さく肥満気味であったという。家康の肖像画は数多く残されているが、いずれも恰幅《かっぷく》のよい肥満体で、顔は四角く耳は耳たぶの大きい福耳に描かれている。ただ、家康が若い頃からこのように太っていたわけではない。

一五七二（元亀三）年、三方ヶ原《みかたがはら》の戦いで敗走してきたときの姿を絵師に描かせたといういわゆる「顰《しかみ》像」の家康は、頬も痩せこけ、目はくぼんでぎょろつかせている。精神的に追い込まれたときの姿とはいえ、日頃から体を鍛えていた若かりし頃は筋肉質だったのではないだろうか。

十六松平家と家康

徳川家康は、一五六六（永禄九）年に徳川氏に改姓するまで、松平氏を名乗っていた。松平氏はもともと三河《みかわ》国加茂郡松平郷を名字の地とする土豪《どごう》である。信《のぶ》光《みつ》のとき、山間の松平郷から矢作《やはぎ》川東岸に位置する水運の要地であった岩津に居城を移した。さらに信光は、岩津城を拠点として額田《ぬかた》郡を平定すると、碧海《へきかい》郡に進出して安城《あんじょう》城をも拠点とし、四十八人もいたという子女を、男子なら別家をたてさせ、女子は他家に嫁がせることで松平一族を発展させている。

こうして一族は三河の加茂郡・碧海郡・幡豆《はず》郡・額田郡・宝飯《ほい》郡に広がり、惣領《そうりょう》である岩津城の松平氏を中心に、安城、大草、竹谷《たけのや》、形原《かたのはら》、能見《のみ》、長沢、大《お》給《ぎゅう》、滝脇、深溝《ふこうず》、福釜《ふかま》、桜井、東条、藤井などに拠点を置く松平氏が割拠した。

松平氏の惣領は、十五世紀末頃、岩津松平氏から安城松平氏に移ったらしい。安城松平氏は、清康《きよやす》のときに岡崎城へ居城を移し、国人領主から戦国大名化をとげようとしていた。しかしその清康が、一五三五（天文四）年、尾張に進出して織田信秀《おだのぶひで》と戦うため尾張守山（名古屋市守山区）に着陣したおり、暗殺されてしまったのである。清康を失ったこの「守山崩れ」により松平氏の力は急速に衰え、清康の子・松平広忠《まつだいらひろただ》は駿《する》河《が》の今川義元《いまがわよしもと》を頼らざるをえなくなった。そしてその子家康が、駿府《すんぷ》（静岡市）の義元のもとに人質として送られることになったのである。

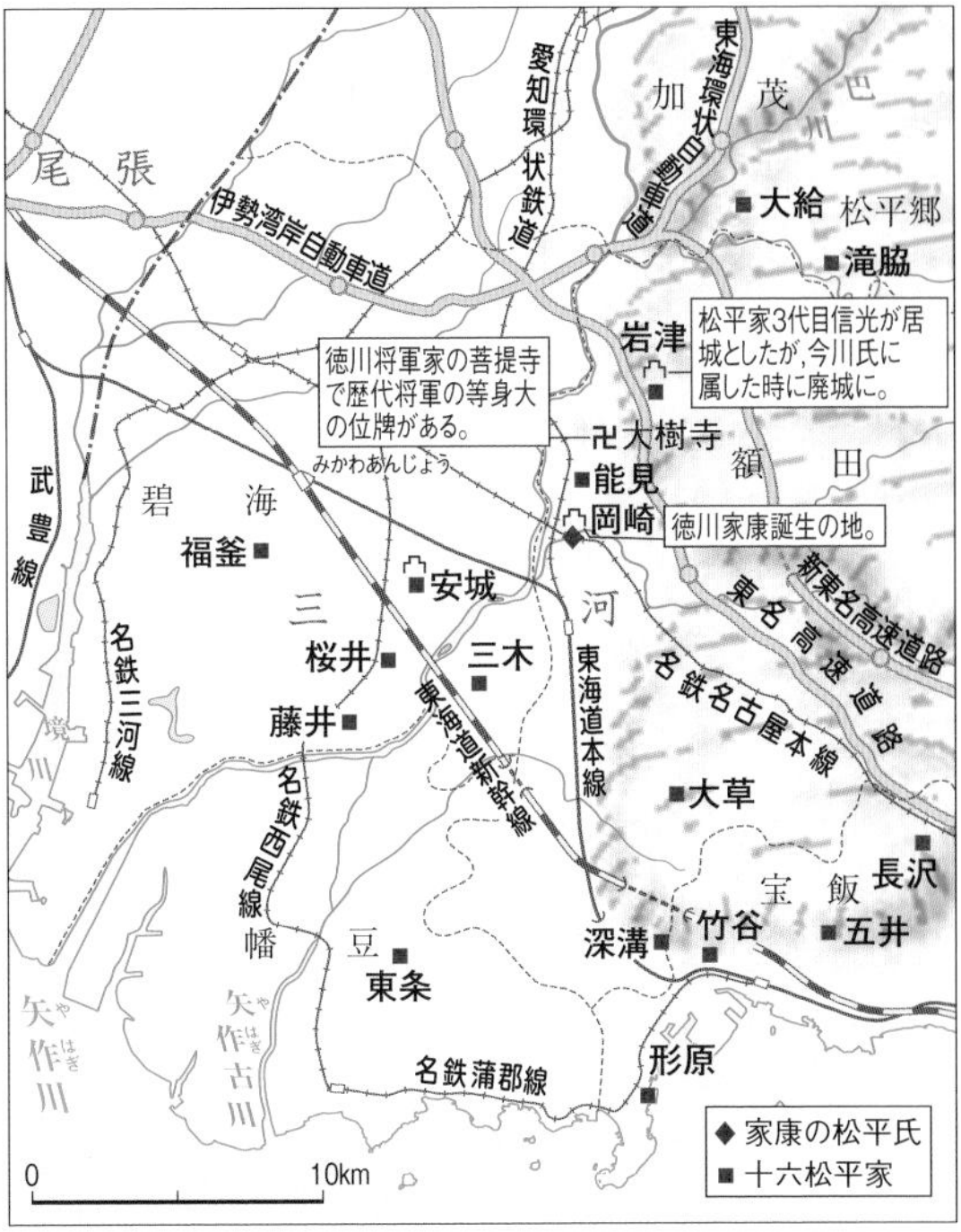

東海環状自動車道
愛知環状鉄道
伊勢湾岸自動車道
尾張
加茂
巴川
松平郷
大給
滝脇
岩津
松平家3代目信光が居城としたが，今川氏に属した時に廃城に。
徳川将軍家の菩提寺で歴代将軍の等身大の位牌がある。
大樹寺
みかわあんじょう
能見
岡崎
徳川家康誕生の地。
額田
碧海
武豊線
福釜
安城
三河
新東名高速道路
東名高速道路
名鉄名古屋本線
名鉄三河線
桜井
三木
東海道本線
東海道新幹線
藤井
境川
名鉄西尾線
大草
長沢
宝飯
竹谷
五井
深溝
幡豆
東条
矢作川
矢作古川
名鉄蒲郡線
形原
家康の松平氏
十六松平家
0
10km

家康と十六松平家

信長と同盟下の戦い

一五六〇（永禄三）年、桶狭間の戦い（➡p.45）で駿河・遠江《とおとうみ》・三河の戦国大名今川義元が討死すると、家康は今川氏からの独立を果たして尾張の織田信長と清須同盟を結ぶ。信長が西進政策をとる一方で、家康は東進政策をとり、まずは三河の平定を成しとげた。一五六八（永禄十一）年、武田信玄が義元の子氏真《うじざね》を攻めて駿河を奪取したときには、家康も遠江を獲得して、岡崎城から浜松城へ居城を移している。

しかし、信玄との平和な関係も長くは続かなかった。一五七二（元亀三）年、信玄率いる二万五千の大軍が甲斐から富士川筋を南下し、駿河から大井川を越えて遠江に侵入してきたからである。家康の軍勢は八千ほどで、信長からの援軍三千を加えても武田軍の半分にも満たない。家康は籠城するつもりであったが、信玄が城下を素通りして三方ヶ原に向かうに及び、出撃した。

しかし、三方ヶ原ではすでに武田軍が陣形を組んで待ち構えており、家康は這々《ほうほう》の体《てい》で浜松城に逃げ帰ったのである。このとき家康が出撃した理由ははっきりとしない。ただ、家康と信長との同盟は対等なものでなかったから、信玄を素通りさせるわけにはいかなかったのだろう。信玄は、そうした家康の事情を知っていたのかもしれない。

このの ち信玄が死去（➡p.40）したため、家康にとっては一難が去ったかにみえた。しかし、信玄の跡を継いだ勝頼《かつより》は信玄以上に家康領への攻勢を強め、勝頼には遠江の要衝高天神城《たかてんじん》（➡p.48図）を攻略されてしまう。また、一五七五（天正三）年五月には三河の要衝長篠城を包囲され、これが長篠・設楽原の戦い（➡p.50）の契機となった。この戦いで家康は信長とともに武田氏に勝利すると、一五八二（天正十）年三月、武田を滅亡させた功により、家康は駿河を領有することとなった。さらにその三か月後、本能寺の変で信長が討たれると（➡p.55）、その混乱に乗じて甲斐・信濃を併合し、家康はまたたくまに五か国の大名となったのである。

秀吉との対決から服属へ

本能寺の変後、山崎の戦い（➡p.59）で信長の家臣羽柴秀吉が明智光秀を討ったことにより、秀吉の名声が高まるいっぽう、信長の同盟者としての家康の立場は微妙なものとなった。

一五八三（天正十一）年の賤ケ岳《しずがたけ》の戦い（➡p.61）では、柴田勝家から家康に援助の要請があったが、秀吉のほうが有利と判断したのか家康はこれを断った。かといって秀吉に援軍を出したわけでもなく、戦いの勝敗がはっきりしてから、家康は戦勝祝いと称して秀吉に名物茶器の「初花肩衝《はつはなかたつき》」を贈っている。

賤ケ岳の戦い後、名実ともに信長の後継者となった秀吉は、大坂城に諸将を招いたが、これは秀吉への服属を意味することでもあったため、信長の二男信雄《のぶかつ》の反発を招いた。秀吉への対決姿勢を強めた信雄は家康を頼り、家康もまた、秀吉が勝家とともに挙兵した信《のぶ》孝《たか》を自刃に追い込んだあたりから、秀吉に対する警戒心を抱き始めていたため、手を結ぶことにしたのである。ただ、信雄との連合だけでは勝ち目がないと判断して、土佐の長宗我部元親《ちょうそかべもとちか》や、紀伊の根来衆《ねごろ》・雑賀衆《さいか》とも結んでいる。

こうして家康は小牧・長久手の戦い（➡p.61図）において、

秀吉と直接対決することとなった。局地戦での勝利をおさめるなど、家康にとっての戦況は有利に進んだが、秀吉が信雄に働きかけて単独講和に持ち込んでしまったため、戦う名目がなくなった家康はやむなく兵を引いている。

その後、家康は二男義伊《ぎい》（のちの結城秀康《ゆうきひでやす》）を実質的な人質として秀吉の養子に出したものの、講和や上洛の勧告は無視し続けた。しかし一五八六（天正十四）年、秀吉が妹旭《あさひ》（朝日）姫《ひめ》を家康の後妻として、また、母大政所《おおまんどころ》を人質として送り込んでくるに及び服属を決意した。

十月二十七日、家康は大坂に向かい、大坂城において秀吉に挨拶し、諸大名の居並ぶ前で秀吉に服属を誓ったのである。

五か国大名から関八州の大大名へ

家康が秀吉に臣下の礼をとったあとも、最後まで臣従を拒否し続けていたのが小田原城に拠る北条氏直《ほうじょううじなお》であった。この氏直の正室が家康の娘督姫《とくひめ》であったが、家康には氏直と結んで秀吉と対立するつもりはなかったようだ。家康は氏直に秀吉への服属を説得し続けていたが、一五九〇（天正十八）年四月、ついに秀吉による小田原攻め（➡p.66）を迎えることになってしまった。三か月の籠城戦の末に小田原城は開城し、ここにお

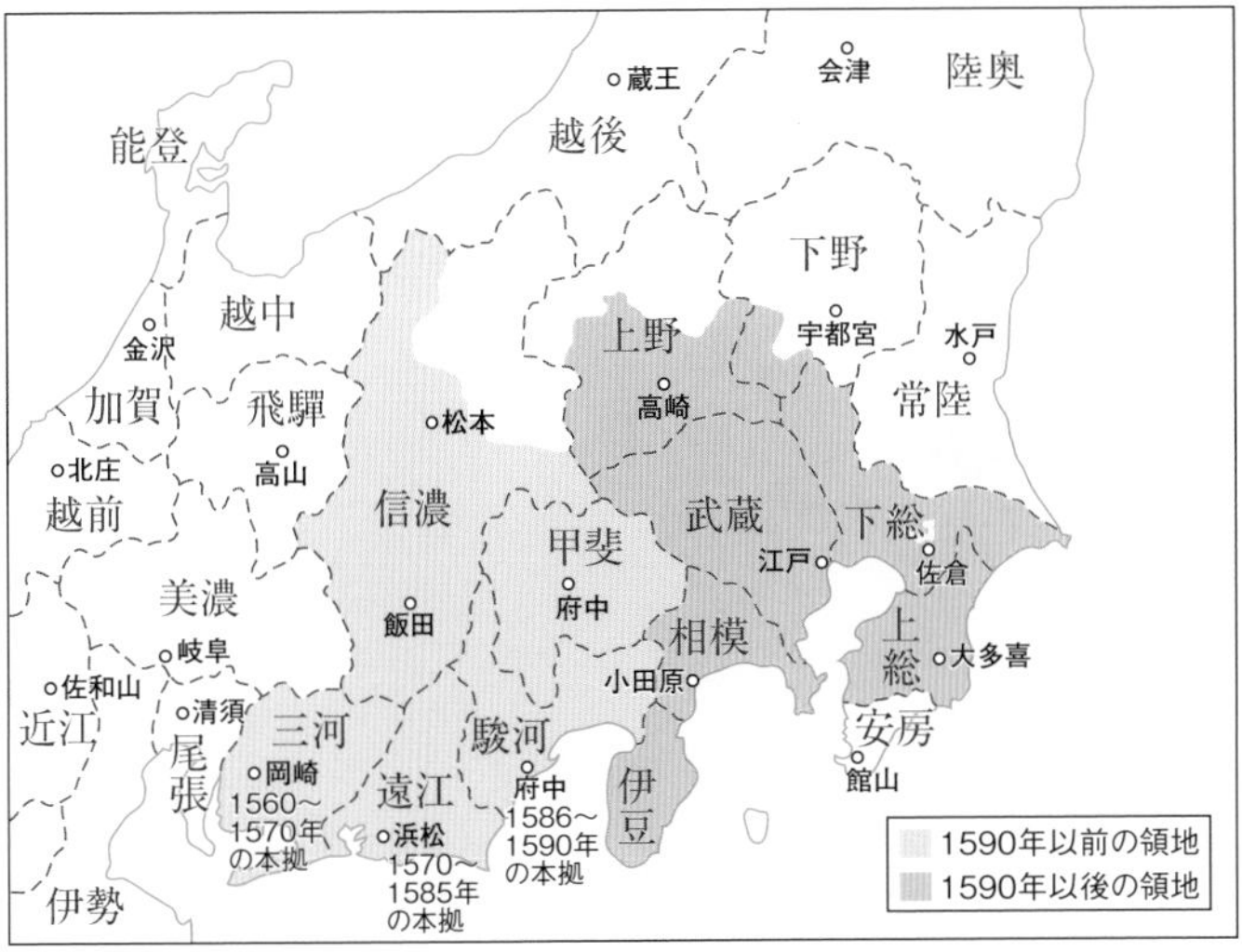

陸奥
会津
蔵王
越後
能登
下野
越中
金沢
宇都宮
水戸
上野
常陸
加賀
飛騨
松本
高崎
北庄
高山
越前
信濃
武蔵
下総
甲斐
江戸
佐倉
美濃
府中
飯田
相模
上総
岐阜
大多喜
佐和山
清須
小田原
近江
三河
駿河
安房
尾張
岡崎
1560～
1570年
の本拠
遠江
府中
1586～
1590年
の本拠
伊豆
館山
浜松
1570～
1585年
の本拠
伊勢
1590年以前の領地
1590年以後の領地

△家康の関東移封　家康は、関東平野の中央に位置し、政治的・軍事的な将来性が見込まれる江戸城を居城に定め、寒村であった江戸の整備を進めるとともに、上野国に榊原康政や井伊直政、下総国に鳥居元忠、上総国に本多忠勝ら上級家臣を配置することで、佐竹氏や里見氏といった周辺の勢力に備えた。

よそ百年にわたって関東に覇を唱えた北条氏は滅亡した。そして、滅亡した北条氏の遺領がそっくり家康に与えられたのである。これまで家康は駿河・遠江・三河・甲斐・信濃の五か国を領していたから、伊豆一か国の加増ぐらいを考えていたらしい。それが相模・武蔵・上野・下野・上総・下総の六か国と伊豆の二百五十万石を与えられたのであるから、表面的には栄転であった。しかし、常陸《ひたち》には佐竹《さたけ》氏、安房《あわ》には里見《さとみ》氏、下野《しもつけ》には宇都宮《うつのみや》氏や那須《なす》氏がいて、完全に支配できるのは四か国ほどしかない。それに、旧主北条氏の領国であったことから、支配も困難であることが予想されていた。

それでも家康は、秀吉の命に従うほかなかったのである。尾張・伊勢から家康の旧領五か国への転封《てんぽう》を拒否した織田信雄は所領を没収されてしまった。

「律儀な内府」

秀吉に臣従したあとの家康は、秀吉への協力

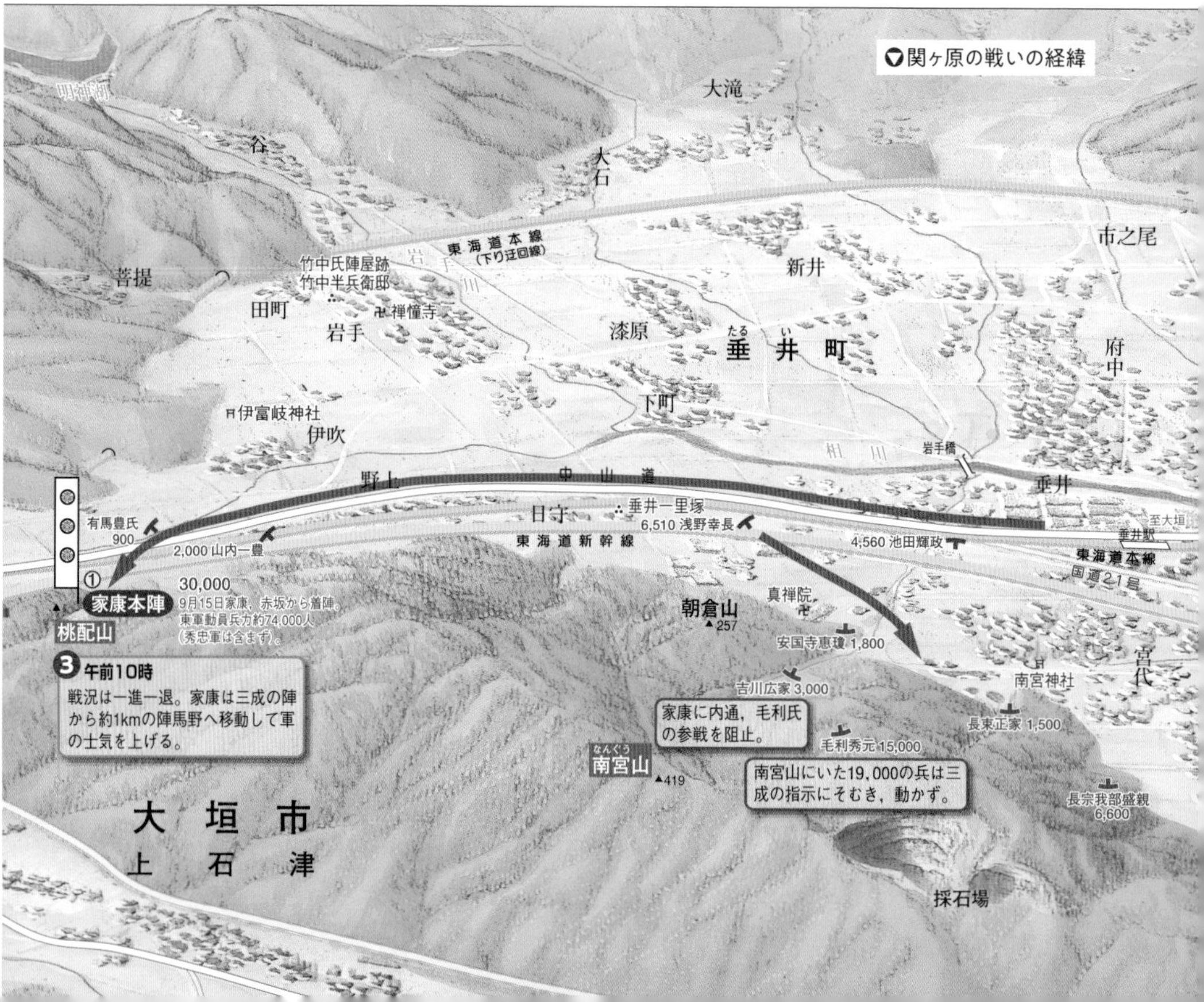

関ヶ原の戦いの経緯
明神湖
谷
大滝
大石
東海道本線
(下り迂回線)
岩手川
市之尾
新井
菩提
竹中氏陣屋跡
竹中半兵衛邸
田町
禅幢寺
岩手
漆原
垂井町
府中
伊富岐神社
伊吹
下町
相川
岩手橋
野上
中山道
垂井
有馬豊氏
900
2,000 山内一豊
日守
垂井一里塚
6,510 浅野幸長
東海道新幹線
4,560 池田輝政
至大垣
垂井駅
東海道本線
国道21号
①
30,000
家康本陣
9月15日家康、赤坂から着陣。
東軍動員兵力約74,000人
(秀忠軍は含まず)。
桃配山
真禅院
朝倉山
257
安国寺恵瓊 1,800
③ 午前10時
戦況は一進一退。家康は三成の陣から約1kmの陣馬野へ移動して軍の士気を上げる。
吉川広家 3,000
家康に内通，毛利氏の参戦を阻止。
南宮神社
宮代
長束正家 1,500
毛利秀元 15,000
南宮《なんぐう》山
419
南宮山にいた19,000の兵は三成の指示にそむき，動かず。
長宗我部盛親
6,600
大垣市上石津
採石場

を惜しまず、秀吉からも「律儀《りちぎ》な内府《だいふ》（内大臣）」と評されるほどであった。秀吉が死の直前、家康に秀頼《ひでより》が一人前になるまでの政権代行を依頼したのも、その律儀さを信じてのことだったろう。否、信じたかったのかもしれない。秀吉は、一抹の不安を抱えながらも、自分の死後も家康が「律儀な内府」であり続けて欲しいと祈るような気持ちであったように思われる。

関ヶ原の戦い

関ヶ原の戦いは、実際に東西両軍が激突し、また勝負の決着がついた場所も関ヶ原だったのでその名でよばれているが、初めは、石田三成《いしだみつなり》方が籠《こも》る大垣《おおがき》城を徳川家康方が攻める形だった。ところが、城攻めだと時間がかかると判断した家康が、野戦に持ち込むべく、三成らのおびき出し作戦を展開し、「家康軍主力が佐和山《さわやま》城を抜き、大坂城に向かうらしい」という嘘の情報を信じた三成側が、一六〇〇（慶長五）年

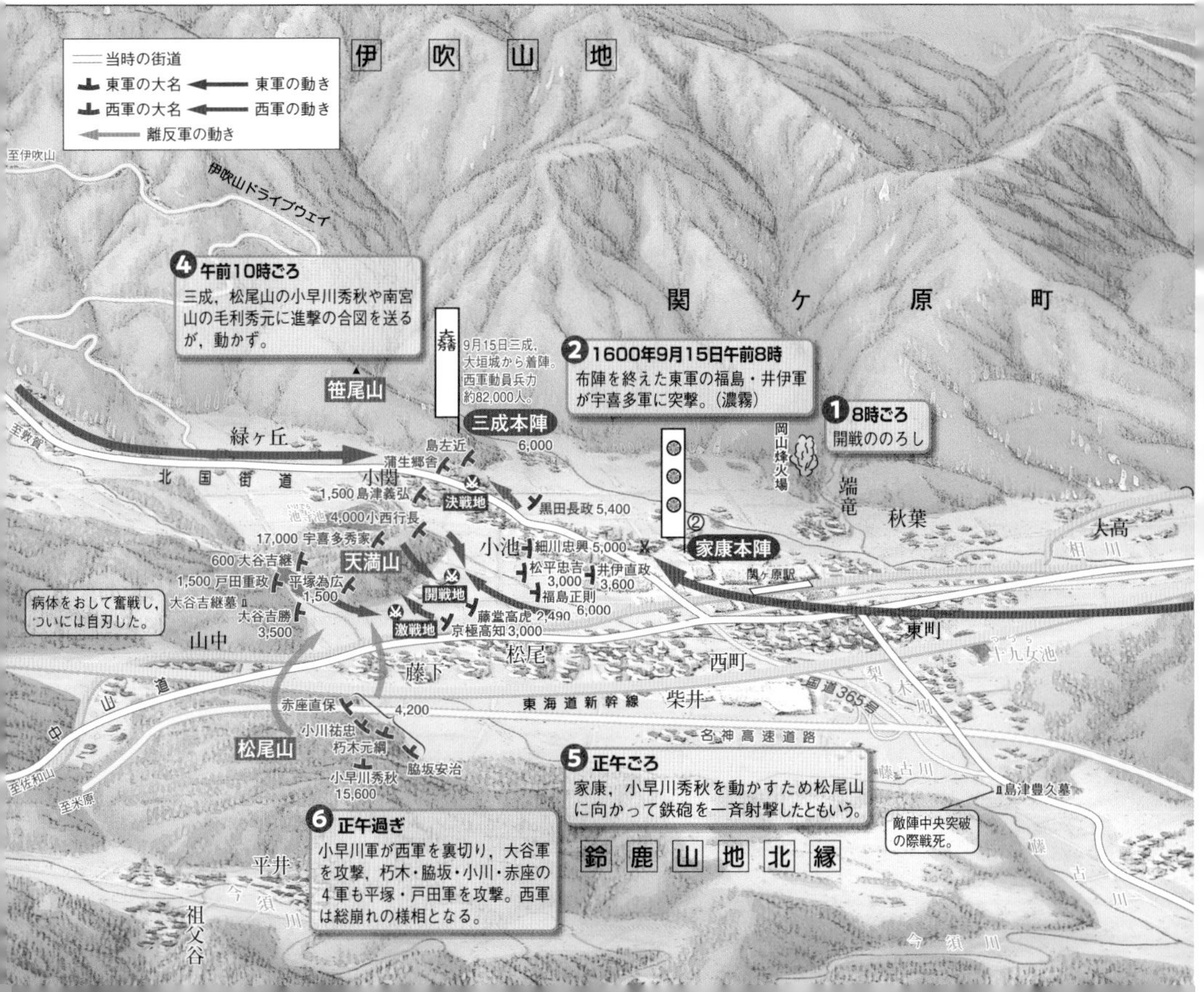

当時の街道
東軍の大名　東軍の動き
西軍の大名　西軍の動き
離反軍の動き
伊　吹　山　地
関　ヶ　原　町
至伊吹山
伊吹山ドライブウェイ
4 午前10時ごろ
三成，松尾山の小早川秀秋や南宮山の毛利秀元に進撃の合図を送るが，動かず。
9月15日三成，大垣城から着陣。西軍動員兵力約82,000人。
2 1600年9月15日午前8時
布陣を終えた東軍の福島・井伊軍が宇喜多軍に突撃。（濃霧）
1 8時ごろ
開戦ののろし
岡山烽火場
笹尾山
三成本陣 6,000
緑ヶ丘
至敦賀
北国街道
島左近
蒲生郷舎
小関
1,500 島津義弘
決戦地
黒田長政 5,400
4,000 小西行長
17,000 宇喜多秀家
600 大谷吉継
天満山
1,500 戸田重政
平塚為広 1,500
大谷吉継墓
大谷吉勝 3,500
病体をおして奮戦し，ついには自刃した。
小池
細川忠興 5,000
松平忠吉 3,000
井伊直政 3,600
福島正則 6,000
開戦地
藤堂高虎 2,490
京極高知 3,000
激戦地
家康本陣
関ヶ原駅
端竜
秋葉
大高
相川
東町
十九女池
山中
藤下
松尾
西町
柴井
梨木川
国道365号
東海道新幹線
名神高速道路
中山道
赤座直保
小川祐忠
朽木元綱
脇坂安治
4,200
松尾山
小早川秀秋 15,600
至佐和山
至米原
5 正午ごろ
家康，小早川秀秋を動かすため松尾山に向かって鉄砲を一斉射撃したともいう。
6 正午過ぎ
小早川軍が西軍を裏切り，大谷軍を攻撃，朽木・脇坂・小川・赤座の4軍も平塚・戸田軍を攻撃。西軍は総崩れの様相となる。
島津豊久墓
敵陣中央突破の際戦死。
鈴　鹿　山　地　北　縁
藤古川
平井
今須川
祖父谷

九月十四日夜半から十五日未明にかけて関ヶ原に大軍を移動させ、それを追う形で家康方も関ヶ原に進み、そこで天下分け目の大合戦となったのである。

十五日午前八時頃、濃霧が晴れ始めたところ、東軍福島正則《ふくしままさのり》隊のやや後方に陣取っていた家康の重臣井伊直政《いいなおまさ》隊がするすると福島隊の脇を通り抜け、宇喜多秀家《うきたひでいえ》隊に攻撃をしかけた（➡p.77❷）。これが開戦の合図となり、黒田長政《くろだながまさ》隊、細川忠興《ほそかわただおき》隊などが笹尾《ささお》山に本陣を置く石田三成隊に攻撃を始め、両軍入り乱れての激しい戦いが繰り広げられた。

戦況は東西両軍譲らず一進一退の状況が続き、午前十時頃、家康はそれまでいた桃配《ももくばり》山の本陣から激戦地に近い場所に本陣を移し、東軍の士気を鼓舞している（❸）。その場所が現在、岐阜関ヶ原古戦場記念館の立つ隣接地で、陣馬野《じんばの》とよばれている。東軍七万四千に対し、西軍八万二千。この八万二千のうち、南宮山《なんぐうさん》の毛利秀元《もうりひでもと》・吉川広家《きっかわひろいえ》・松尾山《まつおやま》の小早川秀秋《こばやかわひであき》らは西軍でありながら戦いに加わっていないので、西軍は善戦したということ

当時の街道
東軍の大名
東軍の動き
西軍の大名
西軍の動き
離反軍の動き
明神湖
垂井町
中山道
桃配山
❾ 午後4時ごろ
大雨の中，南宮山の毛利・吉川らも伊勢や近江目指し逃走する。
南宮山
至伊勢

になる。三成は松尾山および南宮山に対し、進撃の合図を送るが、すでに東軍に内通していた吉川広家、去就に迷っていた小早川秀秋は動かなかった(❹)。

　正午頃、しびれをきらした家康が、松尾山めがけて鉄砲を放ったという(❺)。寝返りの催促の脅しであるが、近年、この「問鉄砲《といでっぽう》」はなかったとされている。結局、正午過ぎ、一万五千の小早川隊が松尾山を下り、麓に布陣していた西軍の大谷《おおたに》吉継《よしつぐ》隊に攻めかかり、同じく去就を決めかねていた西軍の朽木《くつき》・脇坂《わきざか》・小川《おがわ》・赤座《あかざ》の四隊も東軍に寝返ったため、西軍総崩れの状態となり(❻)、三成隊をはじめ、小西行長《こにしゆきなが》隊・宇喜多秀家隊も退却し始めた(下図❼)。ただ一隊、島津義弘《しまづよしひろ》隊のみが残っていたが、敵中突破という意表をついた方法で戦場を離脱している。戦いは午後三時頃にはほとんど終わり(下図❽)、そのあと、諸将を引見し、勝鬨《かちどき》をあげている。

　会津では、西軍上杉景勝《うえすぎかげかつ》が、東軍についた最上《もがみ》義光《よしあき》の支城を攻撃し、長谷堂《はせどう》城を巡って九月十五

⓬ 9月21日
石田三成伊吹山中で捕らえられる。
❼ 午後2時ごろ
石田三成・宇喜多秀家ら北国街道沿いに逃れる。
❿ 午後5時ごろ
家康自ら首実検を行い佐和山攻めへ。
関ヶ原町
笹尾山
至敦賀
北国街道
敵将の首を検分後ここに埋めた。
家康本陣
東首塚
⓫ 家康，大谷吉継の陣跡に宿泊。
西首塚
付近の戦死者を葬る。胴塚ともいう。
伊勢街道
至佐和山
佐和山へ進軍
松尾山
中山道
❽ 午後3時ごろ
東軍の勝利，戦場に残った島津軍1,500は敵陣の中央を突破して撤退。(生き残り80名)

▽関ヶ原の戦いの結果

日に激戦となった。持久戦に持ち込まれたが、九月三十日に関ヶ原の戦いにおける東軍勝利の報せが届き、上杉軍が撤退している。

北陸では東軍前田利長《まえだとしなが》が、加賀《かが》国の西軍を攻めるべく出陣した。大聖寺《だいしょうじ》城の山口宗永《やまぐちむねなが》を自刃に追い込んだが、丹羽長重《にわながしげ》の小松城を攻めあぐねて関ヶ原の本戦には間に合わなかった。

伊勢では毛利秀元以下の西軍が富田信高《とみたのぶたか》の安濃津《あのつ》城、古田重勝《ふるたしげかつ》の守る松坂城を攻略し、福島正頼《まさより》の長島城を攻撃中に家康の西上を迎えた。

九州では、大友吉統《おおともよしむね》が御家再興の好機と考え、旧地回復に乗り込んできた。大友軍は東軍の細川忠興の支城杵築《きつき》城を攻撃したが、中津城の黒田孝高《くろだよしたか》が救援に向かい、九月十三日、石垣原《いしがきばる》で合戦となった。東軍の圧倒的勝利で終わり、九月十五日、吉統が降伏した。

征夷大将軍となる

関ヶ原の戦いに勝利したといっても、大坂城にいる秀頼の地位が低くなったわけではなく、家康はあくまで「天下の家老」にすぎなかった。関ヶ原の戦いは、家康が秀頼のために奸臣《かんしん》三成を討ったという名目しかなかったのである。

そこで家康は、豊臣政権を超越するため、将軍への任官を望むようになった。それがいつからなのかはわからないが、関ヶ原の戦いに勝利して政権樹立が現実的なものになってからのことであろう。

家康は、朝廷に運動して征夷大将軍の宣下を請い、ついに一六〇三（慶長八）年二月十二日、家康は伏見《ふしみ》城で待望の将軍宣下を受けることとなった。三月二十七日には、二条城に勅使・諸親王以下を迎えて将軍宣下の賀儀《かぎ》を執《と》り行っている。

征夷大将軍とは、もともとは古代において「夷」を征するために東国に派遣された将軍の意味でしかなかった。しかし源頼朝が征夷大将軍として鎌倉に幕府を開いてからは、武家政権の長として独立した形で政治支配を行うことができるものと理解されるようになったものである。

家康は頼朝に深く傾倒して、鎌倉幕府の正史『吾妻鏡』を愛読するくらいであったから、征夷大将軍を望んだのは当然のことかもしれない。頼朝が鎌倉に幕府を開いて独立国家をつくりあげたように、家康も朝廷と一線を画すために江戸に幕府を開いたのである。

大坂の陣

家康が征夷大将軍に就任しても、豊臣家では秀頼が成人した暁には政権を返してくれるものと考えていたらしい。しかし、家康は一六〇五（慶長十）年、就任してわずか二年の将軍職を子の秀忠《ひでただ》に譲ることで、徳川家が世襲することを示したのである。

さらに家康は、秀頼が京都方広寺《ほうこうじ》（➡p.146図）に奉納した梵鐘《ぼんしょう》にある「国家安康《こっかあんこう》」と「君臣豊楽《くんしんほうらく》」について、家康を二つに切り、豊臣が栄えるものとして難癖をつけた。そして、秀頼の大坂退去か、秀頼もしくは淀殿《よどの》が人質として江戸に赴くことを要求したため、一六一四（慶長十九）年、ついに大坂冬の陣を迎えたのである。

大坂冬の陣で、一度は家康と豊臣方との間に和議が結ばれたが、一六一五（元和元）年には大坂夏の陣が始まる。この戦いで豊臣秀頼と淀殿らは自害し、豊臣家は滅んだ。家康は翌一六一六（元和二）年、豊臣家の滅亡を見届けるかのように駿府城で死去した。

大坂夏の陣図屏風（大阪城天守閣蔵）

方広寺の鐘と刻まれた文字

column
女性たちの生き様 ❻

悪女と名高い家康の正妻
「築山殿」

「築山殿凶悍《つきやまどのきょうかん》*付　信康《のぶやす》君猛烈の事」「築山殿悪人にて」(『改正三河後風土記』)、「生得悪質、嫉妬深き御人也」(『玉輿記』)など、悪妻ぶりが伝わる築山殿。徳川家康の最初の正妻は如何なる人物だったのか。

築山殿の父は今川家御一家衆の関口氏純《せきぐちうじずみ》。母は今川義元の妹という説があるが確証はなく、生まれ年も不明だ。

築山殿(西来院蔵)

1556(弘治2)年、今川義元の人質だった松平元《まつだいらもと》信《のぶ》(徳川家康)と結婚し、信康《のぶやす》、亀姫《かめひめ》を産んだ。1560(永禄3)年の桶狭間の戦いで義元が敗れると、家康は岡崎に帰還し、築山殿もともに移った。ただ、岡崎城ではなく「築山」に住んだという。

1567(永禄10)年には、嫡男信康と織田信長の長女・徳姫《とくひめ》(五徳《おごとく》)が結婚する。その後、家康は遠江浜松に移ったが、築山殿は信康らとともに岡崎にとどまり家康とは遠距離生活を送っていた。

そして、1579(天正7)年「築山殿・信康事件」が起こる。徳姫が父・信長に「築山殿は悪人で信康は乱暴者、武田と内通していた」などと記した訴状を送ったことが発端だ。この数年前、信康と築山殿は武田軍に通じ、謀反計画に加担していたとされている。これを受けて、信長の命で家康は、信康と築山殿を自害させたというものだ。

さて、このように築山殿が謀反に加担したことや悪人であったことが記されている史料は、後世に成立したものだ。当時の史料で築山殿が登場するのは『家忠日記』のみで、「信康御母様」から音信があったことが記されるだけに過ぎない。江戸時代初期の史料になると、築山殿の不行儀、唐医師滅敬《めっけい》との不倫、武田勝頼の妻になる計画などが書かれ、しだいに「悪人、凶悍、生得悪質」などと表現されるようになった。時代を追うごとに尾ひれがつき、悪妻ぶりが際立つようだ。神格化された家康を、正当化しようとしたのだろうか。

いずれにしても、天下が定まらない時期に家康の妻となり、夫に息子とともに殺されるという悲しい運命をたどったのだった。

*凶悍=心が悪く猛々しい

伊達政宗
——東北の雄、独眼竜

小和田哲男

伊達政宗騎馬像（仙台市・仙台城本丸跡）

伊達政宗の足跡を訪ねて

米沢城址〈米沢市丸の内〉

仙台城址（青葉城址）〈仙台市青葉区〉

瑞鳳殿《ずいほう》〈仙台市青葉区霊屋《おたまや》下〉
政宗の霊廟

大崎八幡宮〈仙台市青葉区八幡〉
国宝、政宗が建立

仙台市博物館〈仙台市青葉区川内〉
伊達家の資料を保管

摺上原古戦場〈福島県猪苗代町〉

瑞巌寺〈宮城県松島町〉
政宗が復興

岩出山城跡〈大崎市岩出山〉

伊達政宗像
〈仙台城本丸跡、岩出山城跡、仙台駅〉

biography and footprints

伊達政宗略年表

一五六七年　米沢城に生まれる。幼名は梵天丸
一五八四　父輝宗が隠居し、家督を継ぐ（十八歳）
一五八五　父輝宗が畠山義継に拉致され死す
一五八九　摺上原の戦いで蘆名義広を破る
一五九〇　小田原に参陣し秀吉に謁す（二十四歳）
一五九一　葛西・大崎一揆鎮圧に出陣
一五九三　朝鮮出兵。釜山に上陸（二十七歳）
一六〇〇　関ヶ原の戦いに際し、上杉領へ進攻（三十四歳）
一六〇一　仙台城を普請し移る
一六一三　支倉常長をローマに派遣
一六一四　大坂冬の陣に参陣（四十八歳）
一六三六　江戸の桜田邸で没す（七十歳）

同時代の動き

一五六八年　信長、足利義昭を奉じて上洛
一五七三　信長、将軍義昭を追放
一五八二　本能寺の変
一五九〇　秀吉の小田原攻め
一五九二　朝鮮出兵（文禄の役）
一五九七　朝鮮出兵（慶長の役）
一六〇三　家康、江戸幕府を開く
一六三五　日本人の海外渡航と帰国禁止

伊達政宗甲冑倚像（瑞巌寺蔵）

政宗の誕生と活躍

政宗は、一五六七（永禄十）年八月三日、伊《だ》達《て》輝宗《てるむね》の嫡子として米《よね》沢《ざわ》城で誕生した。母は最上《もがみ》義光《よしあき》の妹義姫《よしひめ》である。

一五八一（天正九）年十五歳で初陣。ところが一五八五年に父輝宗が拉致《らち》され、父もろとも殺さざるをえず、以後、周囲の敵と戦いを繰り広げ、一五八九（天正十七）年六月五日、磐梯《ばんだい》山麓摺上原《すりあげはら》で蘆名義広《あしなよしひろ》を破っている。その後、秀吉の力が奥羽に伸びてきたため臣従し、豊臣大名として秀吉の天下統一の一翼を担った。秀吉死後は家康に従い、仙台城を築き、仙台藩の礎をつくりあげている。

政宗像をめぐって

伊達政宗は、〝独眼竜〟の名でも知られているように隻眼《せきがん》である。子どものころ、疱瘡《ほうそう》、すなわち天然痘《てんねんとう》にかかり、その毒が眼にまわり、右眼を失明したといわれている。

ところが、松島の瑞巌寺《ずいがんじ》にある政宗の甲冑《かっちゅう》姿の木像（右上の写真）や、仙台市博物館所蔵の伊達家伝来の伊達政宗画像は両眼が開いた姿となっている。実は、政宗は、没する一六三六（寛永十三）年五月二十四日の数日前、「この後、我が姿を画像に描くことあらば、両眼とせよ」と遺言していたからである。豪放磊落《ごうほうらいらく》なようにみえる政宗の別な一面がみられる。

杜の都　仙台

梵天丸と湯殿山

伊達政宗の幼名を梵天丸《ぼんてんまる》というが、この少し風変わりな幼名には一つの物語があった。伊達輝宗に嫁いだばかりの義姫は、かねて信仰篤かった亀岡文殊堂《かめおかもんじゅどう》（↓p.87図）の傍らに住む行者の長海上人に、出羽三山の一つ湯殿山《ゆどのさん》への祈禱《きとう》を依頼した。湯殿山は羽黒山《はぐろさん》・月山《がっさん》と並ぶ信仰の山として知られていた。長海上人は四月二日に湯殿山に登って祈禱をし、幣束《へいそく》を湯殿の湯に浸し、それを義姫のもとに持ち帰って御寝所の屋根に安置させた。ちなみに、修験道《しゅげんどう》で幣束を梵天とよぶ。

ある夜、義姫の夢枕に老僧があらわれ、「胎内に宿を借りたい」と言ってきた。義姫は、「自分一人では返事しかねるので、夫に相談してから」とその夜は帰ってもらったのである。翌朝、輝宗にこのことを話したところ、輝宗は、「これは瑞夢《ずいむ》である。何で許さないことがあろう。今度、再びその僧が現れれば、許しなさい」といった。その夜、再び老僧が義姫の夢枕に立ったところ、義姫は夫からの許しを得たことを告げた。する

葉山
▲1462
室町時代末期までは湯殿山は総奥之院とされ，葉山が三山の一つであった。
平安時代から山岳信仰の対象で，山伏(法印)とよばれる修験者の修行の場であった。一般の人たちが三山参りをするようになったのは室町時代以降で，江戸時代には全盛期を迎えた。
N
月山神社
月山
1984
西川町
1500▲湯殿山
(仙人岳)
湯殿山道路
湯殿山神社
六十里越街道
旧六十里越
月山志津
黒森山
▲930
湯殿山I.C.
月山道路
1090▲虚空蔵岳
月の沢
大日坊
(即身仏)
注連寺
(即身仏)
〈112〉
574▲上大滝山
694▲黒森山
羽黒山
414
空海の即身成仏の教義を伝える。全国二十数体の即身仏(ミイラ)の半数は湯殿山信仰に関わるものである。
出羽三山歴史博物館
峰中堂
庄内あさひI.C.
出羽三山神社
五重塔
14世紀後半に完成した。
本明寺
(即身仏)
朝日
1951年，月山神社・湯殿山神社と合祀した。
玉川寺
庄内こばえちゃライン
天沢寺
山形自動車道
黄金堂
大鳥居
荒川寺
雷電神社
櫛引
湯の沢
羽黒
赤川
庄内町
京田川
藤島川
〈112〉
陸羽西線
立川
見龍寺
かりかわ
〈345〉
〈345〉
旧致道館
鶴岡天満宮
湯田川
〈345〉
致道博物館
由豆佐売神社
〈47〉
ふじしま
羽越本線
つるおか
鶴岡城跡
余目
藤島
鶴岡市
鶴岡I.C.
鶴岡西I.C.
至遊佐
至酒田
至酒田
〈7〉
至酒田
至酒田

△出羽三山

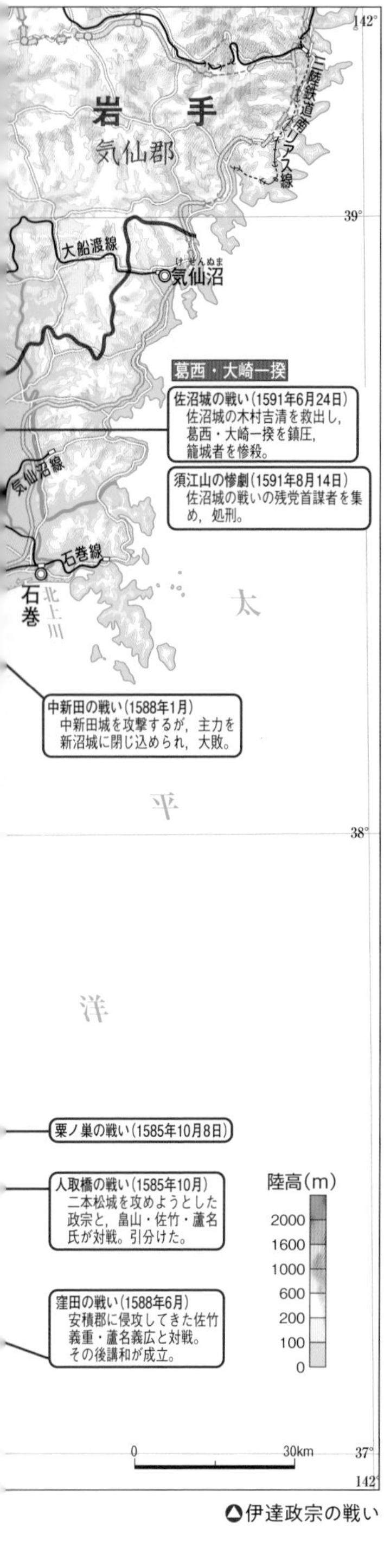

142°
三陸鉄道南リアス線
岩手
気仙郡
39°
大船渡線
気仙沼
葛西・大崎一揆
佐沼城の戦い（1591年6月24日）
佐沼城の木村吉清を救出し，葛西・大崎一揆を鎮圧，籠城者を惨殺。
須江山の惨劇（1591年8月14日）
佐沼城の戦いの残党首謀者を集め，処刑。
気仙沼線
石巻線
石巻
北上川
太
中新田の戦い（1588年1月）
中新田城を攻撃するが，主力を新沼城に閉じ込められ，大敗。
平
38°
洋
粟ノ巣の戦い（1585年10月8日）
人取橋の戦い（1585年10月）
二本松城を攻めようとした政宗と，畠山・佐竹・蘆名氏が対戦。引分けた。
陸高（m）
2000
1600
1000
600
200
100
0
窪田の戦い（1588年6月）
安積郡に侵攻してきた佐竹義重・蘆名義広と対戦。その後講和が成立。
0
30km
37°
142°

△伊達政宗の戦い

と僧は、喜んで義姫に幣束を授け、「胎育したまえ」と言って消えていった。そして無事生まれたのが政宗というわけである。以来伊達家では毎年四月二日に湯殿山に参詣《さんけい》することを通例としたという。

痛恨、父を殺す

一五八四（天正十二）年十月、伊達輝宗が突然、「家督を政宗に譲って隠居する」と言いだした。このときの輝宗は四十一歳の働き盛り、政宗はまだ十八歳であった。輝宗がその若さで隠居した真意はよくわからないが、それから少しして、輝宗はわが子政宗に殺されることになるのである。そもそもの事件の発端は、翌一五八五年の小手森《おでもり》城の戦いであった。大内定綱《おおうちさだつな》勢の拠る小手森城が落ちて間もなく、大内定綱と手を結び、それまで伊達氏に抵抗を続けてきた二本松《にほんまつ》城主の畠山《はたけやま》義継《よしつぐ》が政宗に降服してきたのである。その年十月六日、義継は輝宗の陣所である宮森《みやもり》城を訪ね、降服の条件につき話し合いがもたれている。

事件があったのはその翌々日、十月八日である。義継が「御礼の挨拶に」と言って再び宮森城の輝宗を訪ねているが、そのとき、義継は輝宗を拉致しているのである。宮森城には主力の兵はおらず、急を聞いた政宗が追いかけたが、ようやく、阿武隈《あぶくま》川の少し手前、高田ヶ原の粟ノ巣《あわのす》というところで追いついた。川を渡られてしまえば二本松城であり、面倒なことになる。そのとき、拉致されている輝宗から政宗に、「義継を

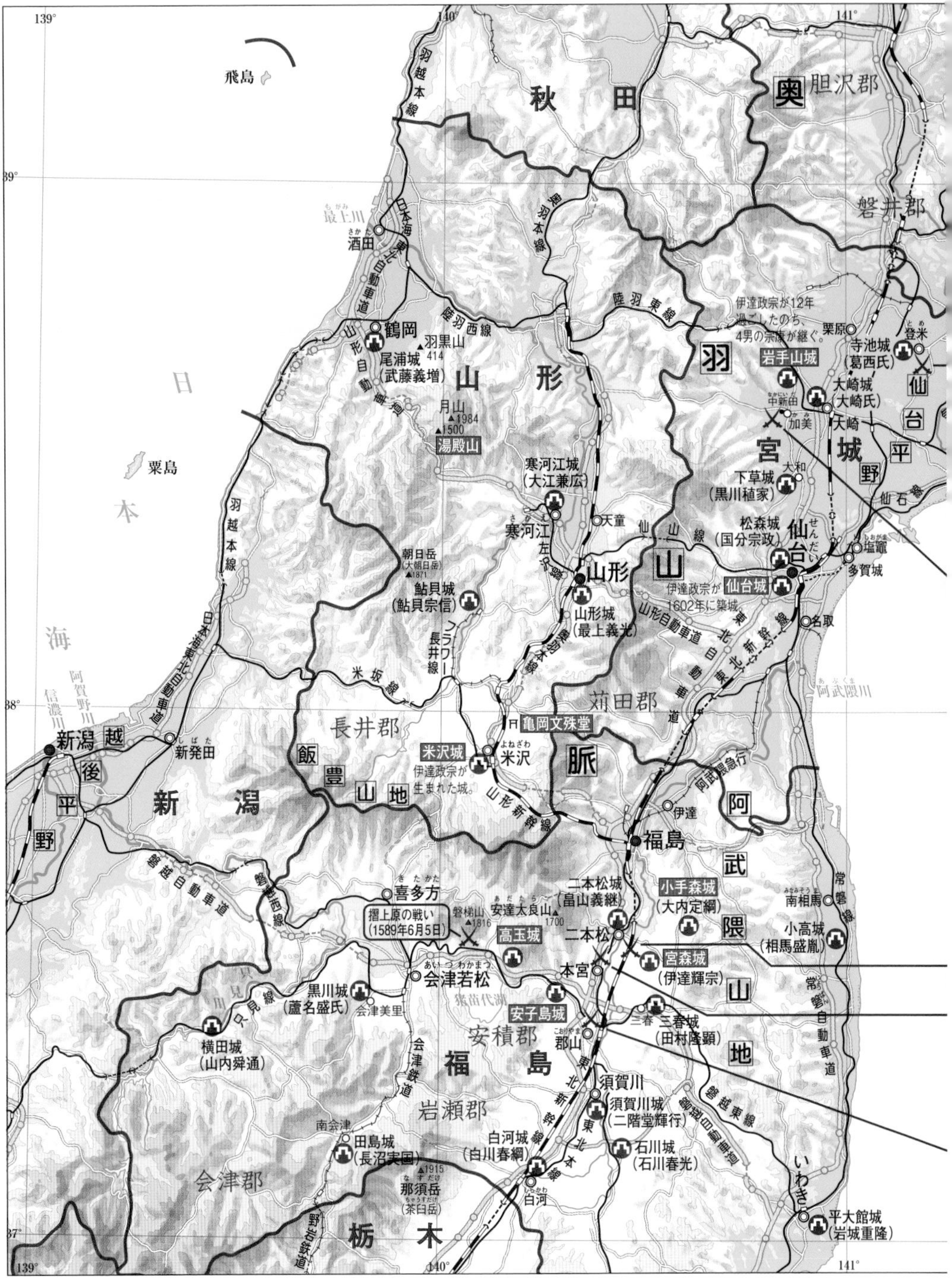

飛島
秋田
奥
胆沢郡
羽越本線
日本海東北自動車道
最上川《もがみ》
酒田《さかた》
奥羽本線
磐井郡
陸羽東線
伊達政宗が12年過ごしたのち、4男の宗泰が継ぐ。
栗原
登米
寺池城
(葛西氏)
岩手山城
中新田《なかにいだ》
加美《かみ》
大崎城
(大崎氏)
大崎
仙台
羽
宮
城
平
野
仙石線
下草城
(黒川植家)
大和
松森城
(国分宗政)
仙台《せんだい》
塩竈《しおがま》
多賀城
仙台城
伊達政宗が1602年に築城
名取
陸羽西線
鶴岡
羽黒山
414
尾浦城
(武藤義増)
山形自動車道
山
形
月山
1984
1500
湯殿山
日
本
海
粟島
寒河江城
(大江兼広)
寒河江
天童
仙山線
山形
左沢線
朝日岳
(大朝日岳)
1871
鮎貝城
(鮎貝宗信)
フラワー長井線
山形城
(最上義光)
山
東北新幹線
東北自動車道
奥羽本線
阿武隈川《あぶくま》
阿賀野川
信濃川
米坂線
苅田郡
長井郡
亀岡文殊堂
新潟
越
後
平
野
新発田《しばた》
飯
豊
山
地
米沢城
伊達政宗が生まれた城。
米沢《よねざわ》
脈
山形新幹線
阿武隈急行
伊達
阿
武
隈
山
地
新
潟
福島
磐越自動車道
磐越西線
喜多方《きたかた》
摺上原の戦い
(1589年6月5日)
磐梯山
1816
安達太良山《あだたら》
1700
二本松城
(畠山義継)
二本松
小手森城
(大内定綱)
常磐線
南相馬《みなみそうま》
小高城
(相馬盛胤)
高玉城
宮森城
(伊達輝宗)
会津若松《あいづわかまつ》
本宮
黒川城
(蘆名盛氏)
会津美里
只見線
只見川
猪苗代湖
安子島城
三春
三春城
(田村隆顕)
常磐自動車道
横田城
(山内舜通)
安積郡
郡山《こおりやま》
福
島
会津鉄道
須賀川
須賀川城
(二階堂輝行)
東北新幹線
東北本線
磐越自動車道
磐越東線
岩瀬郡
南会津
田島城
(長沼実国)
白河城
(白川春綱)
石川城
(石川春光)
1915
那須岳《なすだけ》
(茶臼岳《ちゃうすだけ》)
白河《しらかわ》
いわき
平大館城
(岩城重隆)
会津郡
野岩鉄道
栃
木
139°
140°
141°
39°
38°
37°

撃て、父とともに撃て」と声があったという。政宗としては苦渋の決断だったと思われる。しかし、政宗の立場からすれば、義継をそのまま生かしておくことはできなかったわけで、鉄砲で攻撃させ、輝宗も伊達軍の銃弾によって撃たれているのである。結果的に、政宗は自分の父を自分の手で殺してしまった形となる。

摺上原の戦いから小田原参陣へ

一五八九（天正十七）年四月、蘆名氏の強力な同盟者であり、当主義広の実家である常陸《ひたち》の佐竹氏で、家臣小野崎照通《おのざきてるみち》が謀反《むほん》を起こすということがあった。佐《さ》竹義重《たけよししげ》はその鎮圧のため、外に兵を出すのが難しい状況であった。政宗はその情報をキャッチしており、蘆名義広と雌雄を決する戦いの好機到来とみた。四月二十日、政宗は自ら大軍を率いて米沢城を出陣し、五月四日には義広の拠る黒川《くろかわ》城の支城安子島《あこがしま》城（➡p.87図）を攻め落とし、翌五日にも高玉《たかたま》城を攻め落としている。蘆名側ではすぐ臨戦態勢に入ったが、政宗はそれ以上は蘆名領を攻めることはせず、反転して、正反対の相《そう》馬《ま》方の支城を攻め始めている。蘆名側では、「政宗が

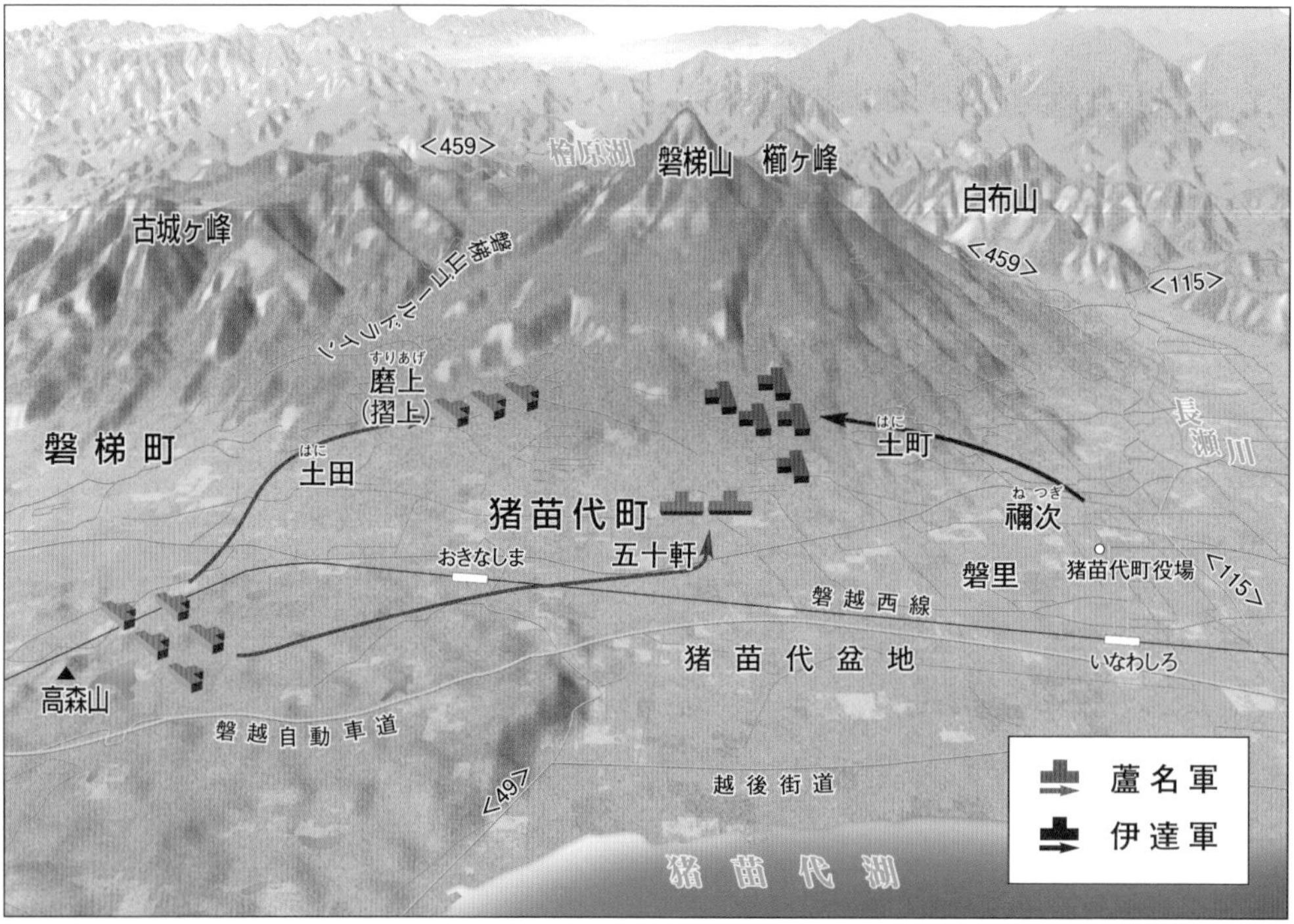

△摺上原の戦い　猪苗代湖上空から磐梯山麓の戦場を俯瞰している。この戦いで、政宗の軍勢に押された蘆名軍は退路をたたれ、壊滅的な打撃を受けた。

相馬氏を相手にしているうちに迎え撃つ準備ができる」と考えた。

実は、これは政宗の陽動作戦であった。蘆名側が油断したところをみすかすかのように、再び兵を戻し、蘆名義広の重臣猪苗代盛国《いなわしろもりくに》が政宗方に寝返ったのをきっかけに、政宗による南奥州の覇権をかけての戦いとなったのである。義広と政宗の雌雄を決する戦いは六月五日に繰り広げられた。主戦場になったのが摺上《すりあげ》原《はら》（磨上原とも書く）というところだったので、世に摺上原の戦いとよばれている。このとき、蘆名義広軍一万六千といわれ、政宗軍は一万四千で、ほぼ互角であった。政宗軍の第一陣猪苗代盛国隊と義広軍の第一陣富田隆実《とみたたかざね》隊が衝突し、これが開戦の合図となったが、何と富田隆実隊がもろくも崩れてしまい、意外とあっけなく政宗側の大勝で終わっている。政宗が会津の黒川城に入城したのは六月十一日である。

ところが、その直後、政宗はこの蘆名義広を打ち破った戦いを、秀吉の「惣無事《そうぶじ》」違反として問われることになり、追いうちをかけるように、小田原参陣を命ぜられている。参陣するかどうかが豊臣大名として存続できるかどうかの試金石である。

葛西・大崎一揆と政宗

政宗の場合は、ぎりぎりのところで小田原参陣（➡p.66）に応じたため、会津・岩瀬・安積三郡の没収という〝軽い怪我〟ですんだが、参陣しなかった葛西晴信《かさいはるのぶ》・大崎義隆《おおさきよしたか》・石川昭光《いしかわあきみつ》・白川義親《しらかわよしちか》・田村宗顕《たむらむねあき》・和賀信親《わがのぶちか》・稗貫輝家《ひえぬきてるいえ》・武藤義勝《むとうよしかつ》の諸将は所領没収とされた。それにかわって新たに所領が与えられたり、加増された者は、蒲生氏郷《がもううじさと》・木村吉清《きむらよしきよ》らである。

所領を没収された大名たちの遺臣たちが起こした一揆のなかで最大規模になったのが葛西・大崎一揆であった。一五九〇（天正十八）年十月はじめ、胆沢《いさわ》郡柏山《かしやま》に起こり、やがて、気仙《けせん》郡・磐井《いわい》郡に波及していったのである。鎮圧に当たった中心は蒲生氏郷だった。ところが、その氏郷のもとに、「政宗が裏で一揆を煽動《せんどう》している」との密告があり、秀吉がその実否を糺《ただ》そうと政宗を上洛させている。このとき、政宗は三十騎ほどの行列の先頭に金箔を押した磔柱《はりつけばしら》を押したてて入京したといわれている。結局、秀吉側では、政宗が一揆とつながっていることを示す証拠をつかむことができず、再び一揆鎮圧の現場に戻っているのである。

秀吉との微妙な関係

秀吉による奥羽仕置の結果、政宗の本拠地米沢城のあった長井地方も没収の憂き目にあってしまったため、米沢城にかわる新しい城とされたのが岩出山城《いわでやま》（➡p.87図）である。しかし、そこでじっくり領国経営を行うというわけにはいかなかった。一五九三（文禄二）年三月には、政宗も文禄《ぶんろく》の役（➡p.69図）で朝鮮半島に渡り、梁《ヤン》山《サン》・蔚山《ウルサン》・金海《キムヘ》・晋州《チンジュ》の各地に転戦し、閏《うるう》九月には京都に戻ったが、その後もしばらくは京都での生活が続いた。

一五九五（文禄四）年四月になって、ようやく帰国がかない、領内の支配に力を入れようとした矢先、秀《ひで》次《つぐ》事件に巻き込まれることになった。政宗は、秀吉が秀次に関白職を譲った直後から、秀次を次期豊臣家後継者とみなし、接近していったのである。秀次の側近の一人、粟野木工之助秀用《あわのもくのすけひでもち》という侍は、もと政宗の家臣で、政宗によって殺された弟小次郎の傅役《もり》でもあった。政宗は、この粟野秀用を介して秀次とは親しく、政宗が京都をたって岩出山に戻るとき、秀次から餞別《せんべつ》として馬の鞍《くら》や帷子《かたびら》などをもらっていた。つまり、連坐の可能性が大であった。詰問《きつもん》された政宗は、「次期後継者に接近して何が悪い」と開き直ってかろうじて連坐をまぬかれている。

関ヶ原の戦いとその後の政宗

一六〇〇（慶長五）年、関ヶ原の戦い（➡p.75〜p.79）を前にして、政宗は家康から旧領の苅田郡・長井郡など七郡の所領宛行《あてがい》の約束を受けている。これらの所領高がおよそ五十万石で、それまでの五十八万石と合わせ「百万石のお墨付」といわれている。政宗が東軍に属したのはこのお墨付があったからである。実際、関ヶ原の戦いの時は、東軍として上杉景勝《うえすぎかげかつ》を攻めている。

ところが、「百万石のお墨付」は反故《ほご》にされた。政宗が、裏で和賀一揆を煽動するなどしたことが家康側に知られてしまい、たった二万石の加増にとどまっているのである。所領の増加はあまりなかったが、関ヶ原の戦い後、政宗は居城移転を願い出て許されている。

瑞鳳殿（伊達政宗御霊屋）

黒漆五枚胴具足　５枚の鉄板で胴をつくるなど実用性を重んじた具足であるが、兜につけた半月型の金の飾りが輝きを放つ。（仙台市博物館蔵）

こうして、それまでの岩出山城から仙台城へ移り、城下町づくりも進められた。なお、仙台城に天守は最初から築かれなかった。政宗が家康に遠慮したためといわれている。その後も家康との密接な関係は続き、一六〇六（慶長十一）年には、政宗の娘五郎八《いろは》姫が家康の六男忠輝《ただてる》に嫁いでいるのである。しかし、このように家康に従順な姿勢をみせる一方、家臣の支倉常長《はせくらつねなが》をローマに派遣するなど、独自の動きもみせている。没したのは一六三六（寛永十三）年五月二十四日であった。

政宗をめぐる人物――最上義光

最上義光は政宗の母義姫（御東様）の兄である。したがって、初めの頃は最上・伊達両氏の関係は良好だった。ところが、1587（天正15）年、政宗の家臣で鮎貝《あゆかい》城（山形県西置賜郡白鷹町鮎貝）の城主だった鮎貝宗信《むねのぶ》が義光に誘われ、最上側になったことから、それまでの同盟関係が崩れ、敵対することになった。翌年、戦いとなり、最上領と伊達領の境の中山で両軍が衝突したときには、義光の妹で、政宗の母である義姫が間に入って戦いをやめさせるという一幕もあった。1590（天正18）年の秀吉の小田原攻めのときには早くに小田原に参陣し、本領を安堵されている。関ヶ原の戦いでも東軍に属し、上杉景勝と戦い、57万石に加増された。

column
女性たちの生き様 7

政宗を愛し支えた「愛姫」

東北の方言で「愛しい＝めご」の名を持つ愛姫《めごひめ》はその名の通り、愛に満ちた人生だった。

1568(永禄11)年、三春城主・田村清顕《きよあき》の一人娘として生まれ、12歳の時に１歳年上の伊達政宗のもとへ嫁いだ。結婚後、政宗暗殺に田村家が関与したとして乳母や侍女が殺されたことから、夫婦仲はしばらく不仲だったとされている。さらに、愛姫は秀吉の人質として京都聚楽第《じゅらくてい》で暮らすようになり遠距離生活を余儀なくされた。

しかし、それから２人は丁寧に信頼関係を築き、結婚15年目にして第一子が誕生、生涯４人の子どもに恵まれた。愛姫は、人質の間、伊達家を守る気概を見せている。関ヶ原の戦いの際には「こちらのことは心配せず正しい判断をするように」と手紙で伝え、見事政宗を仙台城主にした。その後も、徳川家の人質として江戸屋敷に暮らし、政宗とは参勤交代の時に会うのみだった。離れて暮らすものの、政宗は愛姫や子どもたちを気遣う手紙を書き、心を交わし合っていた。

1636(寛永13)年、政宗は具合が悪いなか、江戸参勤へ。愛姫が面会を願い出たものの、政宗は「見苦しいところは見せたくない」と面会を断るので「いつもと違うからといってどうして見苦しいのでしょうか」と嘆き悲しんだという。愛する人に会いたいと願う愛姫と、愛する人に弱った姿を見せまいとする政宗……お互いを想うが故にすれ違う。政宗は最期「度々のお見舞いありがとう、いずれお礼をしたい」と言葉を残し、この世を去った。

政宗死後、愛姫は剃髪《ていはつ》して陽徳院《ようとくいん》と称し、政宗の像を作らせ瑞巌寺に納めた。愛姫にとって凛々しく愛しい夫そのものの姿だったのだろう。

愛姫は最期、孫の宗良《むねよし》に田村家を任せると遺言をし、86歳で大往生を遂げた。宗良は田村家を一関《いちのせき》３万石の大名として見事再興。伊達家を守り、田村家一人娘としての役を立派に務め上げた愛姫は、夫の愛に包まれ、生涯をかけて子々孫々へと愛を繋いだのだ。

陽徳院(愛姫)(瑞巌寺蔵)

忠臣蔵

——史実と文芸の乖離

湯浅 隆

事件の始まり　（豊国画『忠雄義臣録　第三』、東京都立中央図書館蔵）

忠臣蔵略年表

biography and footprints

一六四一年		吉良義央、高家旗本の嫡男として生まれる
一六五九		大石良雄、赤穂藩筆頭家老の嫡孫として生まれる
一六六七		浅野長矩、赤穂藩主の嫡孫として生まれる
一七〇一	三月十四日	浅野内匠頭長矩、吉良上野介義央を江戸城本丸松之廊下にて斬りつけ、同日切腹、江戸菩提寺である泉岳寺に埋葬
	十五日	長矩の弟大学長広、閉門を仰せつけられる
	十七〜二十二日	赤穂藩江戸屋敷を幕府へ引き渡す
	十九日	赤穂に知らせが到着、大石は事後処理に当たる
	五月	大石、諸方面へ浅野家再興を嘆願してまわる
	六月	大石、京都郊外山科に住む
	九月二日	吉良屋敷を呉服橋内から本所へ移す幕命
	十二月十一日	吉良の隠居が認められ、家督は養子左兵衛が相続
一七〇二	七月十八日	浅野大学、浅野本家である広島藩へ預けられる
	二十八日	大石、堀部安兵衛ら、吉良邸討ち入りを決す
	十一月五日	大石、江戸に入る
	十二月十四日〜十五日	大石ら四十七人が吉良邸へ討ち入る
一七〇三	二月四日	四十六人に切腹が命じられ、泉岳寺に埋葬、浪士遺児十九名遠島、吉良家は知行召し上げ、当主左兵衛は高島藩へお預けに
一七〇六		吉良左兵衛が死去し、同家が断絶する
一七〇九		浅野大学及び浪士遺児十九名、将軍綱吉死去に伴う恩赦で赦免
一七一〇		浅野大学、五百石取りの旗本に取り立てられ、家を再興

忠臣蔵の足跡を訪ねて

泉岳寺〈東京都港区〉
赤穂義士記念館併設

本所松坂町公園
〈東京都墨田区〉吉良邸跡

江戸城本丸松之廊下跡
〈東京都千代田区〉
皇居東御苑内

赤穂城跡〈兵庫県赤穂市〉
国史跡

赤穂大石神社〈兵庫県赤穂市〉

赤穂市立歴史博物館
〈兵庫県赤穂市〉
愛称「塩と義士の館」

萬昌院功運寺〈東京都中野区〉 吉良義央の墓

華蔵寺〈愛知県西尾市〉
領地の吉良家菩提寺

大石内蔵助木像　赤穂大石神社の義士木像奉安殿に安置されている（山崎朝雲作）。義士切腹250年を記念して制作された49体の一つ。

浅野長矩と大石良雄との出会い

大石内蔵助良雄《おおいしくらのすけよしお》は、一六五九（万治二）年、赤穂《あこう》藩の家老の家に生まれ、一六七七（延宝五）年に家老職を数え年十九歳にして継いだ。主君の浅野内匠頭長矩《あさのたくみのかみながのり》は、一六六七（寛文七）年に生まれ、九歳で藩主になっている。つまり、藩主十一歳のとき、十九歳の内蔵助は長矩によって家職である家老への就任が認められた。

一七〇一（元禄十四）年三月十四日

この日、長矩は、吉良上野介義央《きらこうずけのすけよしなか》に対して、通例では考えられない振る舞いに及んだ。いわゆる松之廊下《まつのろうか》事件である。長矩は、赤穂藩五万石の藩主、歳は三十代半ば、藩主の地位にあること二十数年、分別ある盛りのはずであった。長矩はすぐに取り押さえられ、江戸城内の一隅に留められたのち、奥州一関《いちのせき》藩田村右京《たむらうきょう》大夫建顕《だゆうたけあき》の上屋敷（↓p.99図）にて即日死を賜った。松之廊下事件以降、長矩の挙動は冷静であったという。それだけに、この振る舞いの背景に何があったのか、定説はいまだ出てはいない。

翌十五日には、長矩の弟大学長広《だいがくながひろ》に閉門が仰せつけられ、ついで十七日から二十二日までの間に赤穂藩江戸屋敷は没収された。きわめて素早い措置であった。

浅野内匠頭長矩像（花岳寺蔵）

吉良上野介義央木造（華蔵寺蔵、西尾市教育委員会提供）

赤穂藩内蔵助のもとへの知らせ

三月十九日、江戸の急を知らせる早馬の一報が赤穂に着いた。この時点から、諸事の差配者は大石内蔵助となっていく。これは、内蔵助が家老の職にあったためであった。江戸時代の武家には分限《ぶんげん》という価値の基準があった。高禄の者ほど、主君に忠節を尽くすのは当然である、という意識である。大名家では、主君の弔事に際しては家老と平侍、さらに足軽との間には、服喪の内容や期間に差が付けられており、これは当たり前のことであった。

したがって、大石内蔵助は、好むと好まざるとにかかわらず、物事の先頭に立たなければならなかった。この時期以降、内蔵助の行動をみると、指針に曇りとブレとがない。それぞれの時期に応じて、もっとも適切とされる対

大石内蔵助と浅野長矩 ～密かなる評判～

この時期の大名を対象とした今でいう勤務評定として『土芥寇讎記《どかいこうしゅうき》』がある。これは、当時の大名たちの性情を禄高の多い順に記した書き物である。元禄初年の制作とされるが、誰の命により誰が調べて記したものかは、いまだに判然としない。ただし、幕閣の中枢を占めるはずの譜代大名は除外されているから、このあたりはヒントになるだろう。興味のある方は、活字本を手にとって御覧いただきたい(江戸史料叢書)。

長矩について、「長矩、智有テ利発也。家民ノ仕置モヨロシキ故ニ、士モ百姓モ豊也。女色好事、切也。……主君ノ好ム所ニ随テ、色能キ婦人ヲ捜シ求テ出ス輩、出頭立身ス。……昼夜閨門ニ有テ戯レ、政道ハ幼少ノ時ヨリ成長ノ今ニ至テ、家老之心ニ任ス。」とある。また、家老の内蔵助についても若干の記載があり、「家老ノ仕置モ無心許、若年ノ主君、色ニ耽ルヲ不諫程ノ、不忠ノ臣ノ政道無覚束」と記されている。「家老の仕置きも心許なく、若年の主君が色に耽ることを諫めざる程の不忠の臣である。その臣の政治向きは覚束《おぼつか》ない」とあって、高評価は与えられてはいない。もっとも、当時の大名にとって生活の本拠は江戸になっており、領地は兵《へい》站《たん》基地であった。

内蔵助は、この兵站基地を差配して、江戸で必要とされる金品をつつがなく送り出す任に当たっていたのであるから、上記の評価をストレートに当てはめることは酷であろう。むしろ、長矩について述べた「家民の仕置きも宜しきゆえに、土地も百姓も豊饒である」ことこそが、内蔵助の評価とみても差し支えはないであろう。そのかぎりでは、能吏《のうり》であり、地味で手堅いところに真骨頂があったとみることができるであろう。

処法を採っていくことになる。

ねらいと現状の分析

赤穂藩浅野家は、安芸《あき》広島藩の分家筋であったが、独立した一家である。そうであれば、家の存続こそが最大の目標となる。この点からみて、長矩の弟大学の閉門、江戸屋敷没収の知らせが赤穂に届いたとき、内蔵助は最悪の事態を悟ったことであろう。赤穂城の明け渡しは、遁《のが》れ得ないと認識したはずである。

まず、採ることになった方策は、幕府の処断を恭順の姿勢のもとに受け入れたうえで、浅野一族など幕府中枢に影響を及ぼすことのできる人脈を通して、早い機会の赤穂藩浅野家再興を画策することであった。大石は、城明け渡しの翌月、松之廊下事件の二か月後には、このための具体的な動きを始めている。

家再興の頓挫から討ち入りへ

この画策が不首尾に終わることを予見したとき、内蔵助は浅野家再興を諦めて、次なる施策としての敵討《かたき》ちへと、ねらいをずらしていったのではないか。時が

△赤穂市の忠臣蔵ゆかりの地

経過して、家中が霧散してしまう前に、主君の遺志を継ごうとしたのであろうか。

この方策を採ることにより、家再興はあり得なくなる。また、吉良家の背後には米沢藩上杉家十五万石があって、相当の助力をしていた。討ち入りには、人数が必要であることは自明の理であるが、まずはそれだけを集められるか、さらに決行まで集団を維持できるか、討ち入った者たちは死罪は免れ得ないであろうが、この犠牲を受容させられるかなど、旧藩士の生死の与奪を司る立場に立たされていくのである。

吉良邸から泉岳寺へ

一七〇二（元禄十五）年十二月十四日から十五日にかけて、首尾よく吉良の首級をあげた一行は、吉良邸（⬇p.98図）から引き上げて泉岳寺《せんがくじ》へ向かう途次、当時の大目付仙石伯耆守《せんごくほうきのかみ》屋敷（⬇p.99図）へ、吉田忠左衛門兼亮《よしだちゅうざえもんかねすけ》に富《とみの》森助右衛門《もりすけえもん》を付けて、ことの次第を注進させた。また、泉岳寺で墓前に首級を供えたあと、四十六名が仙石屋敷へ出頭し、下知を待った。

ここで、江戸の地図をご覧いただきたい（⬇p.99図）。江戸城の北東部にあたる隅田川東岸から品川宿にほど近い南への移動である。通行の手立ては今と異なり、隅田川に架かる橋は少ない。町々には柵が設けられ、武家地であれば番屋がある。時刻は、十五日の朝方、夜明けとともに人々の活動は始まっている。この条件のもとで、武器を携えた一行が遮られることなく、どうして移動できたのだろう。

討ち入り後

十五日朝、吉良の首級は、泉岳寺に葬られて浅野長矩の墓（墓碑には、大名の格式が認められなかった）前に供えられた。その日の夕方、幕府の達しにより、細川越中守綱利《ほそかわえっちゅうのかみつなとし》家に大石良雄ら十七名、松平隠岐守定《まつだいらおきのかみさだ》直《なお》家に十名、毛利甲斐守綱元《もうりかいのかみつなもと》家に十名、水野監物忠之《みずのけんもつただゆき》家に九名が預けられた（寺坂吉右衛門《てらさかきちえもん》を除く）。そして一七〇三（元禄十六）年二月四日、預け先にて切腹となり、泉岳寺に葬られた。なお、断罪ではなく切腹が認められたのは、武士として処遇されたことを示している。

吉良義央の首は、泉岳寺から吉良邸に送り返され、江戸の菩提寺である萬昌院《ばんしょういん》（市ヶ谷筑土八幡町、現・中野区上高田）に葬られた（墓碑は、生前の格式に基づき宝篋印塔《ほうきょういんとう》の様式である）。吉良家は、養子義周《よしちか》が継いだが一七〇六（宝永三）年に没し、同家は断絶した。

浅野大学や義士の遺児十九名は、将軍綱吉の死去に伴って一七〇九（宝永六）年に赦免され、翌年に浅野大学は旗本五百石に取り立てられ、家を再興した。

このように、幕府の処置をみても揺れが認められる。さらに、赤穂事件をとりまく人々の挙動には、不分明な事象が多々あり、それがさまざまな解釈や憶測を呼んでいくことになる。これらがもとになって、『忠臣蔵』への魅力となっていく。

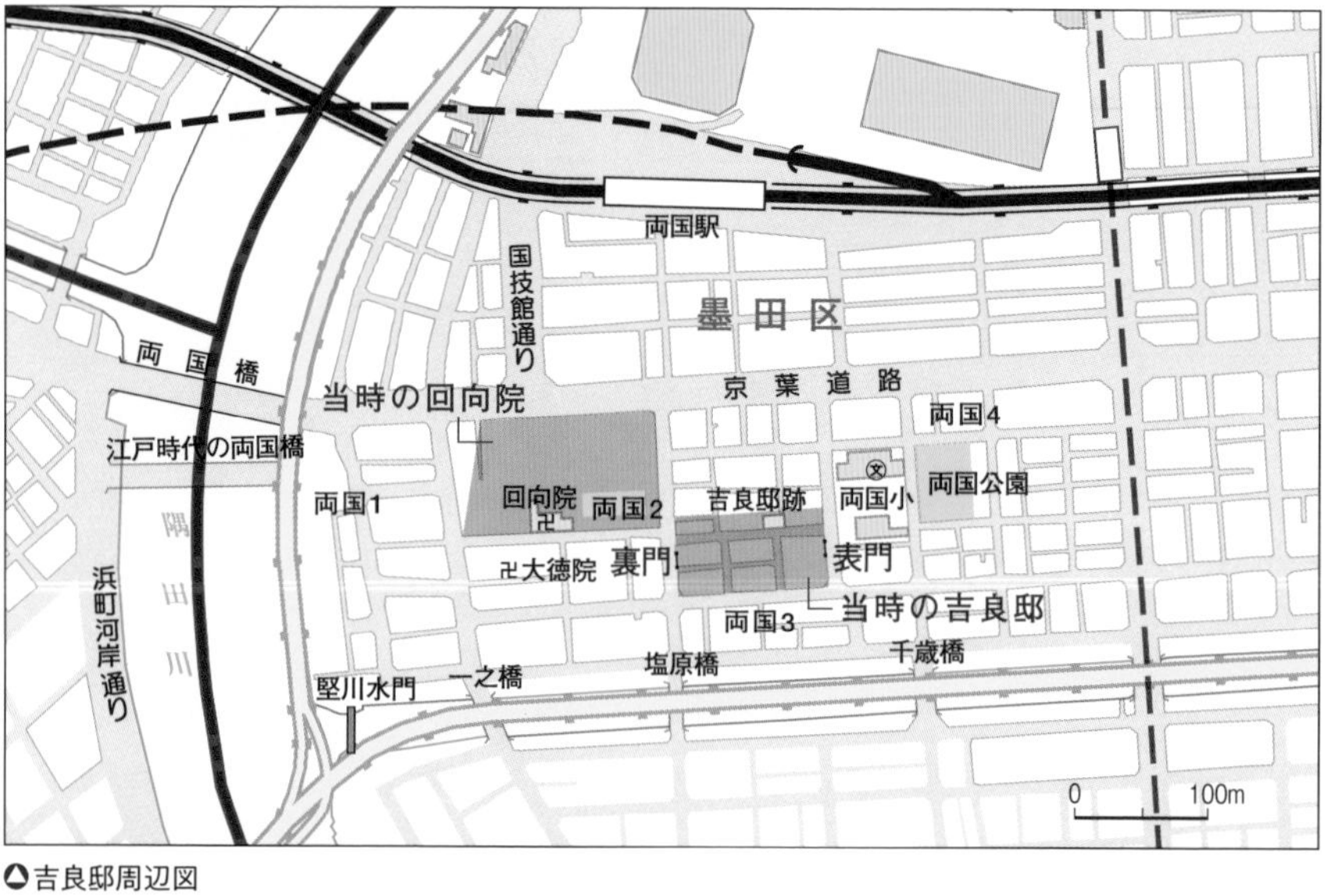

△吉良邸周辺図

赤穂義士祭（兵庫県赤穂市）
赤穂城大手門から市内をパレードする。東京都の泉岳寺でも同名の行事が行われている。

吉良邸跡（東京都墨田区）
当時の屋敷は広大で、東西73間（約133m）、南北34間（約62m）あったとされる。

忠臣蔵の足跡
文京区
台東区
墨田区
新宿区
千代田区
中央区
港区
江東区
品川区
赤門
文京区役所
中央大（理工学部）
東京ドーム
小石川後楽園
湯島神社（湯島天神）
神田神社（神田明神）
順天堂大
東京医歯大
湯島聖堂
ニコライ堂
日本大（理工学部）
明治大
日本大（法学部）
専修大
東京理科大
日本歯科大
江戸城外堀跡
法政大
靖国神社
日本武道館
千代田区役所
北の丸公園
東京家政学院
二松学舎大
大妻女子大
平川門
浅野は罪人として不浄門から城外へ。
江戸城跡
松之廊下事件
江戸城本丸の畳敷大廊下で刃傷。
伝奏屋敷
勅使饗応の馳走役が浅野。指南役が吉良。
皇居
皇居東御苑
四谷見附跡
上智大
迎賓館 旧赤坂離宮
赤坂見附跡
二重橋
桜田門
皇居外苑
丸ビル
丸の内
東京駅
東京国際フォーラム
国会議事堂
日枝神社
日比谷公園
霞が関
有楽町
日銀本店
呉服橋
刃傷当時の吉良邸はこの付近。事件後、本所へ移る。
回向院
閉門のため入れず。
吉良邸跡
払暁に討入。
国技館
江戸東京博物館
両国橋
浜町公園
新大橋
深川芭蕉庵跡
深川江戸資料館
松平定信墓
清澄庭園
東京シティエアーターミナル
永代橋
永代橋東詰所
休息地点。
深川不動尊
富岡八幡
門前の茶屋で討入の取り決め。
「雪の別れ」南部坂
三次藩下屋敷
討入り当時、浅野夫人が住んでいた里方。
仙石伯耆守邸
大目付に討入を自訴。
銀座
歌舞伎座
中央区役所
聖路加国際大
赤穂藩上屋敷
刃傷当時の浅野邸。
築地本願寺
旧新橋横浜間鉄道創設起点跡
奥州一関藩邸
刃傷当日、浅野切腹。
愛宕神社
佐藤一斎墓
東京慈恵医大
慶応大薬学部
東京タワー
増上寺
港区役所
長門府中藩邸
10名切腹。
浜離宮庭園
旧芝離宮庭園
東京海洋大
芝浦工大
善福寺
大石主税ら10名切腹。
伊予松山藩邸
戸板女子短大
慶応義塾大
光林寺
三河岡崎藩邸
9名切腹。
北里大
高輪大木戸跡
明治学院大
泉岳寺
肥後熊本藩邸
大石良雄ら17名切腹。
浅野長矩墓および赤穂義士墓
東海道新幹線
東海道本線
東京モノレール
レインボーブリッジ
第六台場
第三台場
品川台場
お台場海浜公園
ダイバーシティ東京プラザ
中央卸売市場 豊洲市場
有明アリーナ
有明テニスの森公園
武蔵野大
清泉女子大
東京海洋大
総武本線
京葉線
つくばエクスプレス
首都高速5号線
首都高速2号線
首都高速3号線
都営大江戸線
都営浅草線
ゆりかもめ
晴海大橋
豊洲大橋
勝鬨橋
築地大橋
竹芝桟橋
日の出桟橋
芝浦埠頭
品川埠頭
晴海埠頭
夢の大橋
有明埠頭橋
0 1000m
139°45′
139°48′
35°42′
35°39′
吉良邸討ち入り後の赤穂義士のおおよそのコース

イメージの広がり

事件のあらましは、誰でもが知っている。だが、事件の発生から顛末《てんまつ》に至るまでの過程を巡って、いくつもの謎が残った。具体的には、長矩が前後もわきまえず刃傷に及ぶに至った経緯、吉良上野介の人物像、大石内蔵助の心境、残された家臣たちが敵討ちに及ぶまでの曲折、またその敵討ちそのものの是非について、幕府の措置について、などである。この一件に関する論評や、当事者たちの事情や心の動きについて、事件直後から、識者や市井の人々まで巻き込んでさまざまな見方が示された。さらにこの一件は、演劇や文芸の恰好《かっこう》の題材として繰り返して取り上げられ、そのたびに人気を博した。むしろ、文芸や演劇を通して醸成されたイメージが、一人歩きしているといえるだろう。敵討ちの主人公大石の人物像は、時代によってそれぞれに描かれ、その像は各時代の空気を反映しているものとなって立ち現れ続けているとでもいえようか。明治年間になって、この一件が歴史学の対象として厳密な考証を加えられるようになって以降も、巷間《こうかん》で受けとめられる忠臣蔵イメージと、証拠主義の立場で見解を示す歴史学の見解とが錯綜《さくそう》しながら、そしてその時々の解釈に共感や違和感を得ながら、現在に至っている。

文芸などに記された『忠臣蔵』

一七〇三（元禄十六）年	室鳩巣《むろきゅうそう》『赤穂義人録』
一七一〇（宝永七）年	歌舞伎狂言「鬼鹿毛無佐志鐙《おにかげむさしあぶみ》」の大坂・篠塚座初演
一七四八（寛延元）年	人形浄瑠璃「仮名手本《かなでほん》忠臣蔵」の大坂・竹本座初演
一七四九（寛延二）年	歌舞伎「仮名手本忠臣蔵」の江戸・森田座上演
一八八九（明治二十二）年	重野安繹《しげのやすつぐ》『赤穂義士実話』
一九〇九（明治四十二）年	福本日南『元禄快挙録』
一九一〇（明治四十三）年	鍋田晶山《しょうざん》『赤穂義人纂書』全三巻
一九三一（昭和六）年	中央義士会『赤穂義士史料』全三巻
二〇一四（平成二十六）年	赤穂市市史編さん室『忠臣蔵』全七巻

歌舞伎「仮名手本忠臣蔵」　現在も歌舞伎の演目として人気が高い。（©松竹㈱）

忠臣蔵義士四十七騎両国揃退図《りょうごくそろいしりぞくず》
（芝居見立錦絵、国安画）（国立劇場蔵）

column
女性たちの生き様 ⑧

「大石りく」が見た忠臣蔵

りくは、豊岡藩(兵庫県豊岡市)京極《きょうごく》家の筆頭家老、石束源五兵衛毎公《いしづかげんごべえつねよし》の長女として生まれた。18歳の時に大石内蔵助良雄に嫁ぎ、長男・主税良金《ちからよしかね》、長女・くう、次男・吉之進《きちのしん》の３人の子どもに恵まれ平穏な日々を過ごしていた。

しかし、1701(元禄14)年３月、夫の主君浅野長矩が吉良義央を斬りつけた日から運命が大きく変わる。赤穂藩は取り潰され、夫は浪人になり、一家は京都の山《やま》科《しな》へ移り住んだ。内蔵助らは当初、浅野家の再興を目指していたが、次第に敵討ちへとねらいが変わる。翌年４月、内蔵助は長男・主税を残し、連座が及ばないように身重のりくと絶縁。りくは、残りの子どもたちの将来を託され、豊岡に戻り三男・大三郎《だいざぶろう》を産んだ。

同年12月14日、内蔵助ら赤穂浪士たちは討ち入りを果たし、２か月後、切腹。夫と長男を失うという絶望の淵に立たされながらも、理性に従い行動した。吉之進を近所の寺へ、赤ん坊の大三郎を里子に出し大石家と無縁にしたのだ。しかし、幕府の訴求は厳しく、大三郎は連座の罪を負うことになり石束家に戻される。

幕府からは謀反人とされるも、人々は「忠臣」「義士」だと涙を流した。りくは、いつか内蔵助の子として世に出る時が来ると望みを抱き、剃髪《ていはつ》し再婚せず子どもたちを大切に育てた。

その後、長女・くうは夭逝《ようせい》し、次男・吉之進も大赦を待たず入寂《にゅうじゃく》と不幸が重なる。しかし、大三郎は赦免され、養女のるりとともに成長する。そして、大三郎は広島藩浅野本家の安芸守吉長《あきのかみよしなが》に仕官し、内蔵助と同じ1500石を持ち堂々と世に出たのだ。りくはこうして、内蔵助に託された希望を大切につなぎ、68歳の天寿をまっとうした。

りくの母子像(兵庫県豊岡市)

「華やかにして 慎ましく たをやかにして 強く 凛と咲いた花影の花の人※」。忠臣蔵という桜の花影で野の花のように咲いた人だった。

※平岩弓枝『花影の花 大石内蔵助の妻』(新潮社)文学碑(豊岡市)より

伊能忠敬

—隠居後に成しとげた後世に残る仕事

湯浅　隆

伊能忠敬の像（千葉県九十九里町）

biography and footprints

伊能忠敬略年表

一七四五年　小関村（千葉県九十九里町）に生まれる
一七六二　佐原村の伊能家に婿入り（数え年十八歳）　以後、家業・村政に尽力する
一七九四　隠居が認められる（五十歳）
一七九五　江戸へ出て、天文学者高橋至時に弟子入り
一八〇〇　蝦夷地での測量（第一次測量）（五十六歳）
一八〇一　伊豆半島以東の本州東海岸を測量
一八〇五　西日本の測量を開始（六十一歳）
一八一五　江戸府内の測量を開始（七十一歳）
一八一八　江戸で死去（七十四歳）
一八二一　「大日本沿海輿地全図」完成。高橋景保らにより幕府へ献上

同時代の動き

十七世紀後半～十八世紀初め　西欧では、ニュートンらによる近代科学が始まる
一七五一年　宝暦暦が作られたが不備が多く、改暦が求められる
一七九二　ロシア使節ラクスマンが根室に来航
一七九七　寛政暦が作られる
一七九八　幕府、近藤重蔵・最上徳内らに択捉島を探査させる
一八〇二　幕府、東蝦夷地を直轄地に
一八〇七　幕府、松前藩領と蝦夷地すべてを直轄地に
一八〇八　イギリス軍艦フェートン号が長崎に侵入
一八二三　シーボルトが長崎へ来航
一八二五　異国船打払令

＊赤文字は海外の動き

伊能忠敬の足跡を訪ねて

伊能忠敬記念館〈千葉県香取市〉
忠敬に関するデータ収集・公開

伊能忠敬記念公園
〈千葉県九十九里町〉「伊能忠敬先生出生之地」の碑がある

富岡八幡宮〈東京都江東区〉
測量に出発する前に必ず参詣したとされる

伊能忠敬最東端到達記念柱
〈北海道別海町〉

伊能の碑（測量の最南端）
〈鹿児島県屋久島町〉

高輪大木戸跡〈東京都港区〉
西国測量の際の基点とした。近隣に「高輪ゲートウェイ駅」がある

伊能忠敬の生涯

伊能忠敬《いのうただたか》は江戸時代後期の測量家である。その成果である、海岸線の正確な日本図は、隠居後の二十年余に及ぶ活動を通して、作成された。

房総半島の東側、九十九里浜沿岸で生まれ、数え年十八歳の時に利根川の河岸場《かしば》として栄えた佐原《さわら》（現・香取市）の伊能家に婿養子として入り、以後の三十年余は家業および村政に精励し、五十歳をもって隠居となった。

ここまでは、上層農民として模範的ではあったとしても、その名声は同時代の地域社会を超えるものではなかった。生業《なりわい》の傍らの学問研鑽《けんさん》も、この地方の名望家一般の嗜《たしな》みの範囲であった。五十代で家督を譲り、隠居することも、当時の人々には首肯《しゅこう》できる通例の人

伊能忠敬像（千葉県香取市 伊能忠敬記念館蔵）

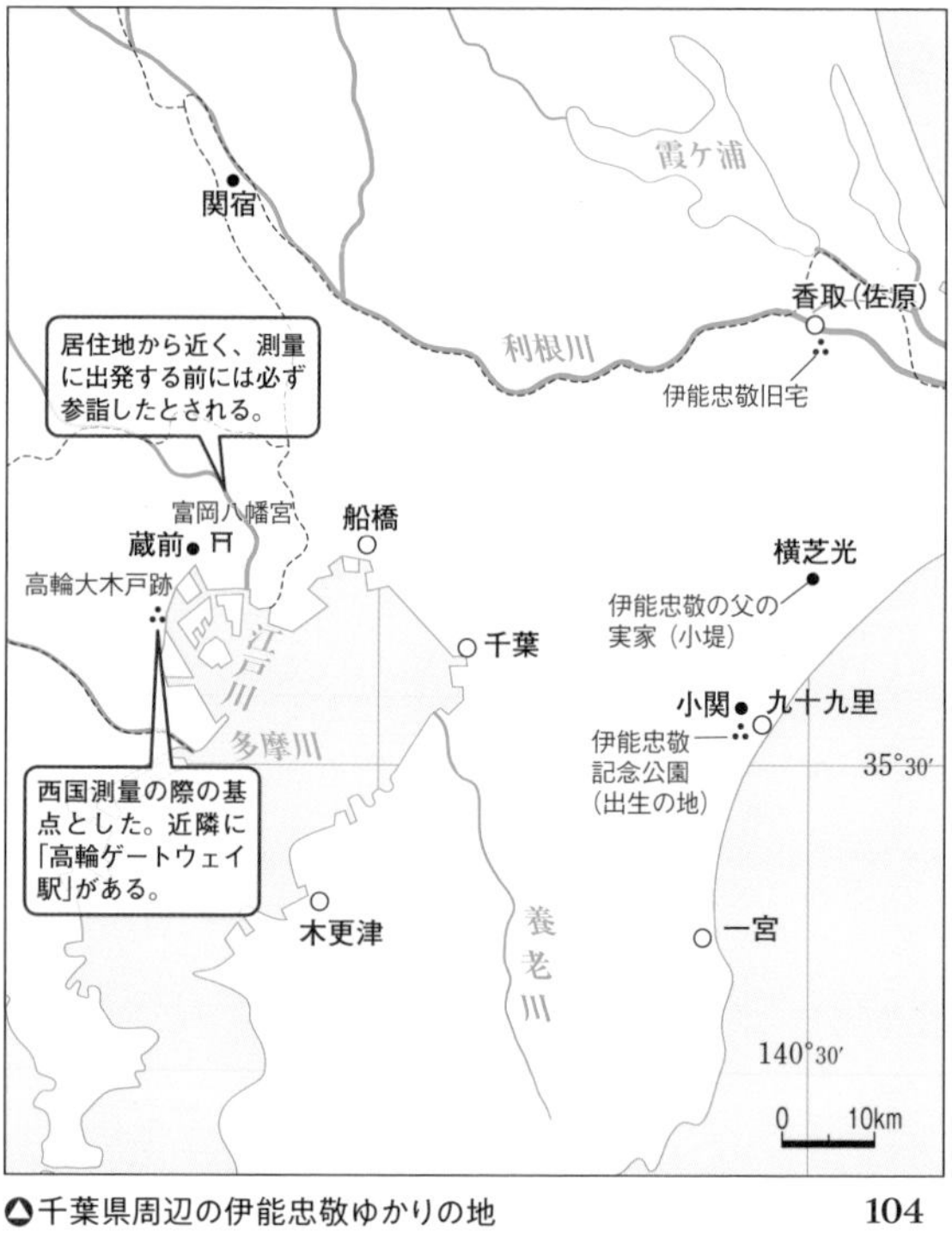
霞ケ浦
関宿
香取（佐原）
利根川
伊能忠敬旧宅
居住地から近く、測量に出発する前には必ず参詣したとされる。
富岡八幡宮
蔵前
船橋
高輪大木戸跡
江戸川
千葉
横芝光
伊能忠敬の父の実家（小堤）
小関
九十九里
伊能忠敬記念公園（出生の地）
35°30′
多摩川
西国測量の際の基点とした。近隣に「高輪ゲートウェイ駅」がある。
木更津
養老川
一宮
140°30′
0
10km

△千葉県周辺の伊能忠敬ゆかりの地

生設計であった。普通の人ならば、これ以降の生涯は、業を為し終えた褒美《ほうび》として、ゆっくりと花鳥風月を愛《め》でる日々となるはずであった。だが、忠敬の関心は未知なる領域の解明に向けられていた。そして、隠居後にその実現をはかり達成したところに、その並ではない意欲と実行力とを認めることができる。忠敬が探求を目指した分野とは、暦学・天体観測、さらに測量・地図作製であった。

伊能忠敬旧宅　商家造りの平屋建で表は店舗、奥は母屋。

笠間神社
140°30′
〈356〉
佐原文化会館
体育館
さわら
白楊高
西関戸
稲荷神社
小野川
佐原中央図書館
成田線
至香取
東関戸
伊能忠敬銅像
香取市
新上川岸
本川岸
浜宿
諏訪下
諏訪神社
川西の鎮守。
社殿は1853年造。
1900年築 旧油惣商店
1880年築 正文堂
1900年築 小堀屋本店
1895年築 福新呉服店
大祭で曳く山車を展示。
水郷佐原山車会館
千葉萌陽高
八坂神社
川東の鎮守。
神明町
佐原公園
常照寺
正上
1832年築
馬場本店酒造
東薫酒造
中村屋乾物店
1892年築
荘厳寺
水郷を一望。
上宿
1855年築 中村屋商店
至香取神宮
法界寺
三菱館 1914年築
伊能忠敬記念館
伊能忠敬旧宅
前半生を過ごした商家。
諏訪台
上仲宿
樋橋(じゃあじゃあ橋)
用水の音から
通称がついた。
上新町
浄土寺
与倉屋
大土蔵
田宿
浄国寺
寺宿
阿夫利神社
上宿台
35°53′
35°53′
淡島神社
牧野
関東厄除け三大師の一つ
伊能忠敬の墓がある。
高野
観福寺
観音堂
源氏社
至佐原街道
0
300m
140°30′

△佐原の伊能忠敬ゆかりの地

伊能家の婿養子となるまで

小関《こせき》村に生まれた忠敬は、家付き娘であった母の死去に伴い、父親の生家である武射《むさ》郡小堤《おんづみ》村（↓p.104図）を経て、佐原村の伊能家へ婿《むこ》養子に乞われた。このように忠敬は、身分こそ百姓の出自ではあったけれども、生家をはじめ縁戚関係をもった家々は、その交友関係が少なくとも数十㎞範囲に広がる富裕層に属していた。したがって、少年期には将来を見越した学識を伝授されていたことがうかがわれる。忠敬の生家のあった房総の一帯は、人々の間に和算《わさん》へ関心が寄せられていた土地柄でもあった。

忠敬が入った伊能家は、利根川舟運の中継地として栄えた佐原河岸のなかでも名家であった。

江戸時代の利根川は、東北からの諸物資が銚子から利根川を遡上《そじょう》して関宿《せきやど》に入り（↓p.104図）、そこから江戸川を経て江戸へ運ばれる流通の大動脈として活況を呈した。利根川沿いにあって、周辺地との物資集散の要地には河岸が発達した。その一つに、利根川支流の小野川に沿った佐原（↓p.105図）があり、川湊《かわみなと》として賑わった。十八世紀半ば過ぎ、忠敬が移り住んだ頃には家数千三百余、人口五千余を数えた町場であった。ただ、領主が年貢を納めさせる都合から支配上は〝村〟扱いであった。

佐原の人々は、近隣の農村で栽培された商品となる作物を集め、それらを加工したり、また利根川舟運に携わることで、さらには自らが江戸へ出店を設けるなど、江戸との商いを通して財力を貯えていた。佐原の街には江戸に劣らない賑わいがみられたという。

伊能家当主として出精

伊能一族は、佐原河岸でも由緒を誇った家柄であった。忠敬が入り婿した一家の歴代当主のうち、先々代は佐原の歴史を集成して書き物にまとめていた。また、一族には学問を志して賀茂真淵《かものまぶち》門下として著名となっていた者もいた。利根川の治水工事の差配《さはい》は、地域のおもだった者たちが先頭に立たなければならなかったから、測量や土木普請《ぶしん》への見識も、おのずと高いものが要求される土地柄であった。

忠敬は、この環境のもとにあって、家業である酒造、江戸向けの薪問屋、運送・穀物取引・金融・不動産運用などに、三十余年の間は出精していたようである。また、佐原村の運営全般にも深く重く関わっていった。この忙中を割《さ》いて、領主である旗本津田氏を訪ねて、また出店差配のため、江戸へも赴《おもむ》いていた。のみならず、仙台・松島方面、さらには上方へも歩を運んだという記録も残されている。

隠居して測量の道へ

忠敬は、四十代半ばの頃から、隠居を願っていたようである。ところが、領主はこれを認めなかった。統治に関する忠敬の力量を推しはかってのことであろう。されどこの願いは、数え年五十歳の暮れになって漸《ようや》く聞き届けられ、家督を長男に委ねることができた。

翌年夏に、江戸へ出て、隅田川東側の深川黒江町に居を構えた。これと前後して、幕府天文方の高橋至時《たかはしよしとき》に弟子入りをしている。当時の天文方は蔵前《くらまえ》（➡p.104図）にあって、天体を計測し毎年の暦を作成する任を負っていた。忠敬は、ここで測量術を習得した。

測量のため蝦夷地へ

一八〇〇（寛政十二）年閏《うるう》四月、江戸を発って千住宿を経て奥州街道を北に向かった。付き従う者は五人であった。当時の季節感覚ではすでに夏であり、冬が来る前に測量は終わらせなければならなかった。気が急《せ》いたことであろう。道中に二十一日かけて、翌月十日に津軽半島の北端にあって津軽海峡に臨む三厩《みんまや》（➡p.109図）に着いた。道のりを歩測しながら、一日四十km

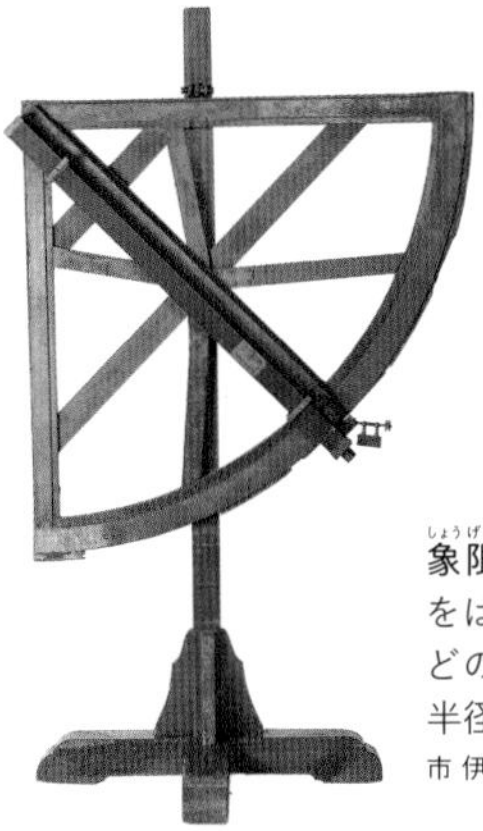

象限儀《しょうげんぎ》（中）　測量地の緯度をはかるために、北極星などの高度を観測する器具。半径115cm。（国宝・千葉県香取市 伊能忠敬記念館蔵）

量程車《りょうていしゃ》　高さ約16cm、幅23cm、奥行約34cm。ひいて歩くと車輪が回り、歯車が回って距離を表示する。（国宝・千葉県香取市 伊能忠敬記念館蔵）

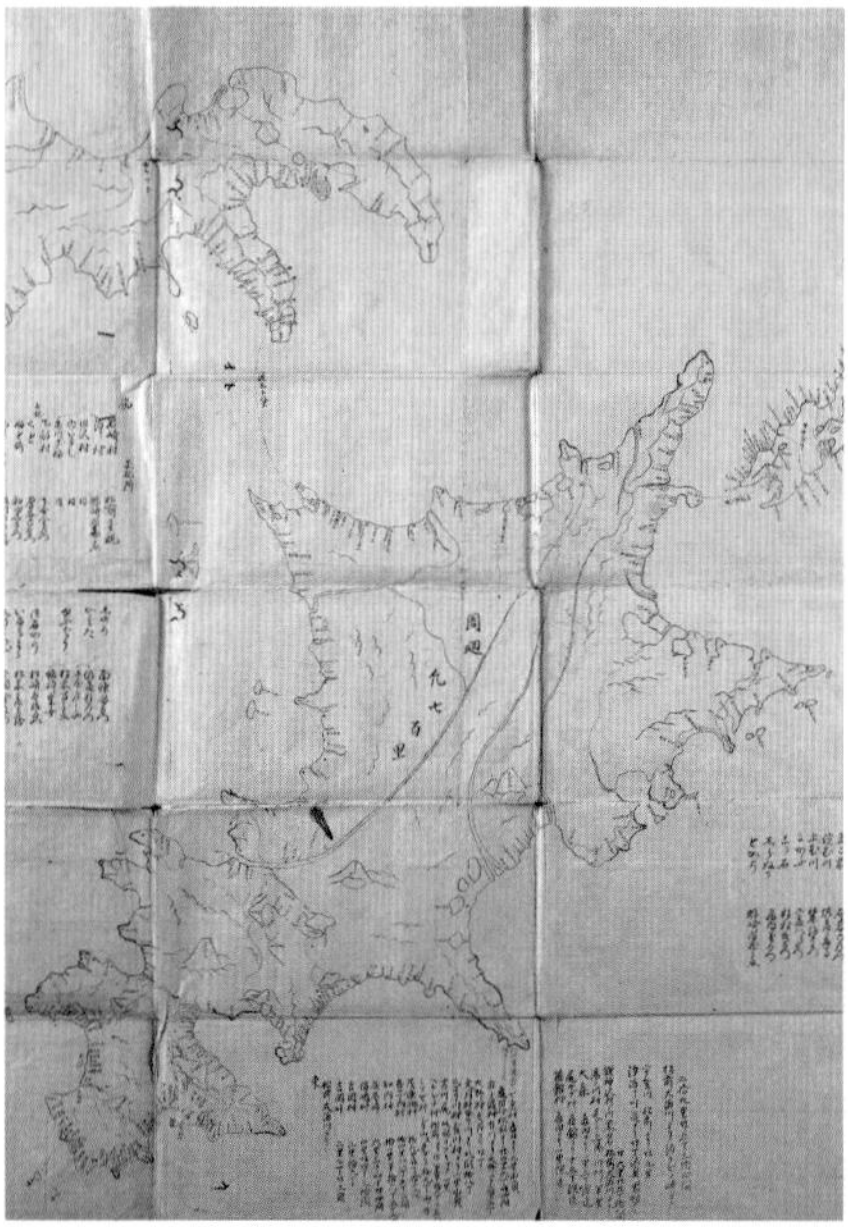

松前地図　筆者は松前藩医の加藤肩吾。（北海道大学附属図書館蔵）

のペースであった。三厩で天候を待ち見極めて、舟で蝦夷地《えぞち》に渡った。この前年、東蝦夷地は松前藩から幕領に支配替えされていた。

　当時、蝦夷の大きさや地形は、どのように認識されていたか。「松前地図」を御覧いただきたい。われわれは、この地形から北海道であることを識別できるだろうか。

　忠敬一行は、渡島《おしま》半島南端の松前藩支配地である吉岡に上陸した。そこから、渡島半島南端に沿った陸路を箱館へ移動した。この箱館で、それからの旅程のための準備を整えた。旧暦五月二十九日に箱館を発ち、渡島半島の東岸に沿った陸路を北へたどり、諸所に設置されていた旅泊所を利用しつつ、現在の長万部《おしゃまんべ》・室《むろ》蘭《らん》・苫小牧《とまこまい》とたどり、日高地方へ入り襟裳《えりも》岬から広尾、十勝川河口付近の大津、さらに白糠《しらぬか》・釧路《くしろ》・厚岸《あっけし》を経て、根釧《こんせん》台地の東端にある根室湾にほど近い別海（ニシベツ）の旅泊所まで進んだ。このニシベツが、忠敬が歩を進めた最北・最東端になる。箱館を発って六十七日目、すでに八月、季節は秋の盛りに入っていた。一行は、そこから引き返して箱館へ戻ることになる。

　忠敬は、そののち蝦夷地を離れ再び訪れることはなかったから、蝦夷地測量はすべての海岸線を踏破したものではなかった。蝦夷地の測量は間宮林蔵《まみやりんぞう》に引き継がれ、正確さを増した地図が作られていった。忠敬は、この年十月に江戸へ戻った。この約百八十日間の行程に対し、幕府は一日当たり金二朱（八分の一両）、〆二十二両二分を手当として支給した。忠敬の支出は金九十九両余とされているから、大半は持ち出しであっ

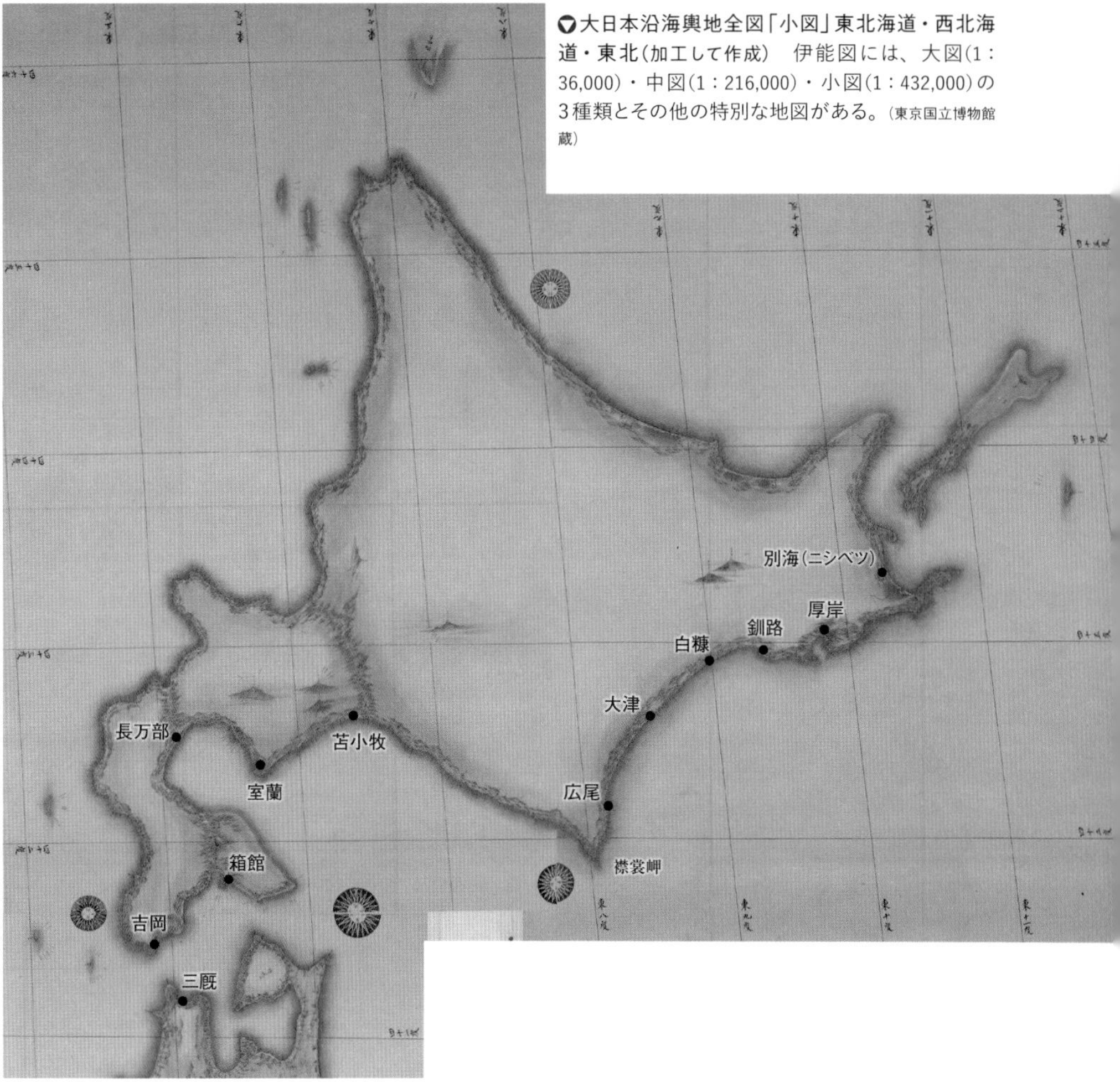

▽大日本沿海輿地全図「小図」東北海道・西北海道・東北（加工して作成）　伊能図には、大図（1：36,000）・中図（1：216,000）・小図（1：432,000）の3種類とその他の特別な地図がある。（東京国立博物館蔵）

た。

　忠敬による精度の高い実測図に対し、師匠の高橋至時の評価は高かった。蝦夷図の海岸線は、十九世紀初頭の文化年間に作られた地図以降になると、海防上の理由から正確さを一気に増していった。忠敬の歩測と天測に基づいた実測図作成が、大きく貢献したのである。

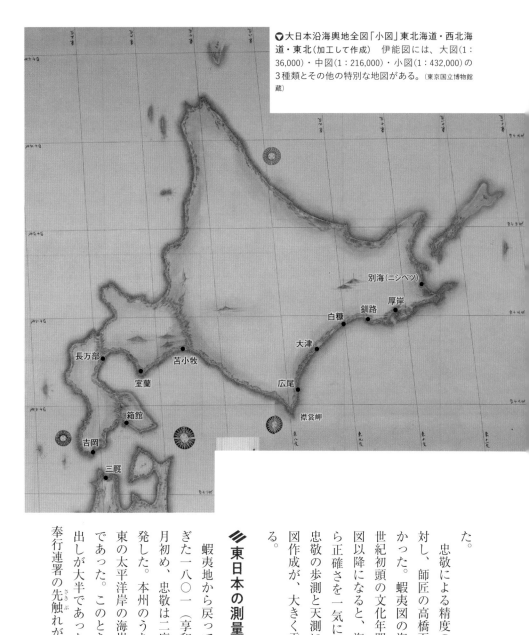

東日本の測量

　蝦夷地から戻って五か月余が過ぎた一八〇一（享和元）年旧暦四月初め、忠敬は二度目の測量に出発した。本州のうち、伊豆半島以東の太平洋岸の海岸線を巡る測量であった。このときの経費も持ち出しが大半であったが、幕府勘定奉行連署の先触《さきぶ》れが出されており、蝦夷地測量時よりも行く先々の受け入れには便宜提供がなされる手筈は整えられていた。ただし、幕領を測量した前回とは異なり、大名領内の測量には新たな不都合が生じたことと推察できるのである（第二次測量）。江戸に戻ったのは十二月であった。

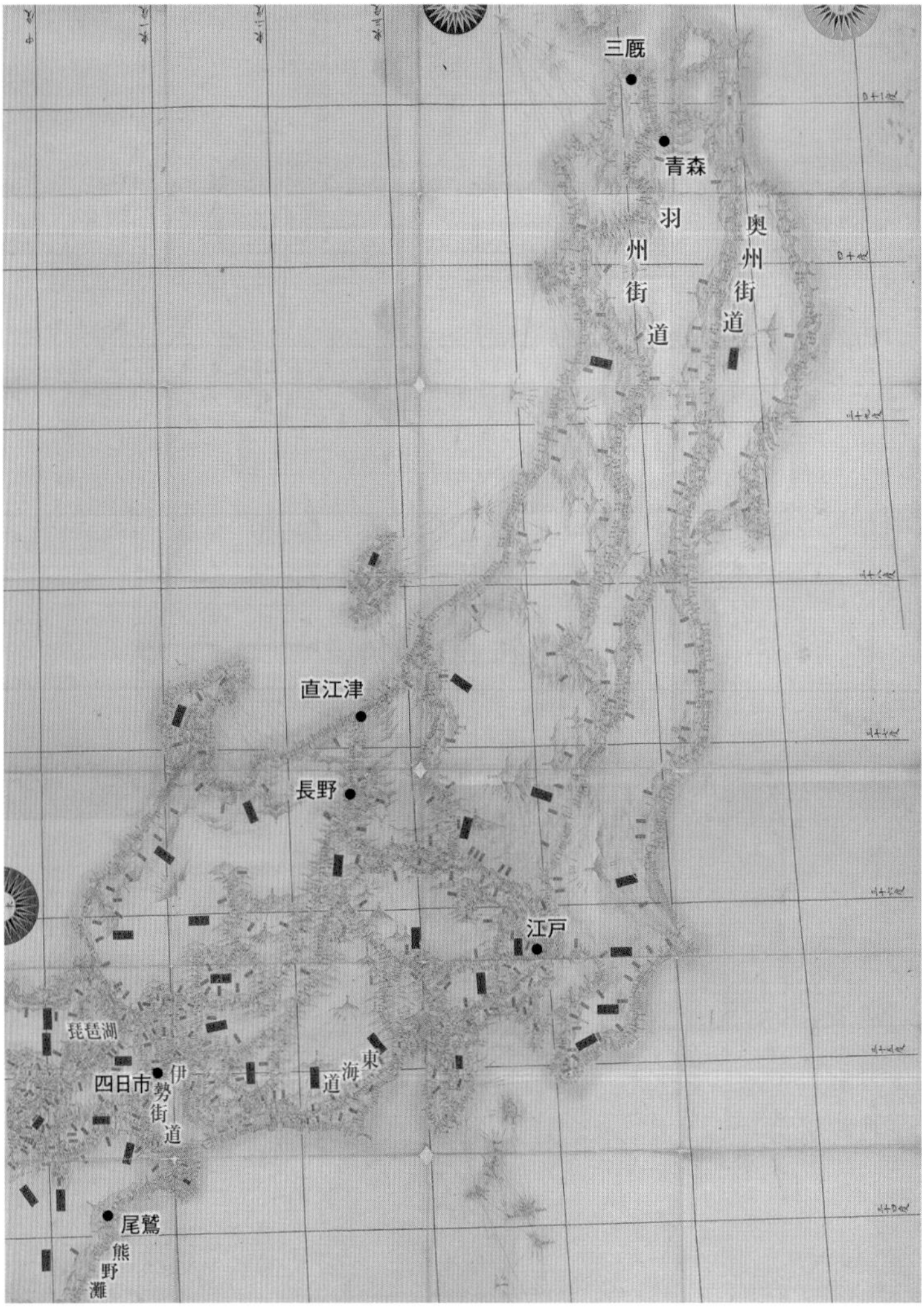

△大日本沿海輿地全図「小図」本州東部（加工して作成）（東京都立図書館蔵）

このほぼ半年後、一八〇二（享和二）年旧暦六月、忠敬は越後《えちご》国以北の日本海側の海岸線に沿った測量をするため、江戸を発った。奥州街道、羽州街道を経て青森から三厩へ赴き、そこから日本海側の海岸線を直江津《なおえつ》までたどり、長野を経て、江戸に戻っている。江戸帰着は十月下旬であった。このとき、手当は蝦夷地測量から比較すれば三倍余に増額され、また公用人馬の使用が認められ、人足五人・馬三疋《ひき》などを無賃で使うことができた（第三次測量）。

その翌年一八〇三（享和三）年旧暦二月、忠敬は東海地方から北陸地方の海岸線の測量に出発し、十月に戻った。これで、琵琶湖以東の測量は一段落した（第四次測量）。

忠敬は、ここまでの測量をまとめて、日本東半部沿海地図として、一八〇四（文化元）年八月に幕府へ献上した。これは、翌月に将軍家斉《いえなり》の上覧するところとなった。幕府の正史である『文恭院殿御實紀《ぶんきょういんどのごじっき》』巻三七には「天文方より呈せし日本國中繪圖《えず》外殿へ臨せられ観給ふ。」と記されている。将軍の上覧は忠敬の処遇を大きく変えた。幕臣に取り立てられ、西国の測量が命じられたのであった。

西日本の測量

琵琶湖以西の測量は、一八〇五（文化二）年二月から一八一四（文化十一）年五月までの足かけ十年間に、四回に分けて行われた。この始期に、忠敬は還暦を過ぎており、終わったときには古稀《こき》を過ぎていた。それぞれの期間は、短いときで一年間、長いときで二年半に及んだ。江戸には三度戻っているが、その滞在は合計して二年余に過ぎなかった。

一八〇五（文化二）年二月、忠敬一行は江戸を発ち、東海道を西へ向かっている。この時から、行く先々へは幕府から先触れが出され、それを承《う》けたそれぞれの地の領主たちは、幕命を帯びた一行に対し遺漏《いろう》なきように遇していくことになった。忠敬は、四日市宿で東海道を離れ、紀伊半島を海岸沿いに周回していった。途中、伊勢の山田に着いたのは四月二十二日であった。そこから志摩半島から尾鷲《おわせ》に至るまで約二か月をかけているから、地元の支援を受けながらであっても、リアス海岸で海岸線が入りくんでいた熊野灘を臨む峻険の地の測量は難航したのであろう。この紀伊半島海岸線の測量ののち、琵琶湖岸を三十八日かけて一周したが秋は終わりになっていた。当初の予定から、すでに大幅に遅れていた。そこで、山陰地方へ廻る当初の予定を変更して、中国地方の瀬戸内側を西へ向かうことになった。翌一八〇六（文化三）年二月初

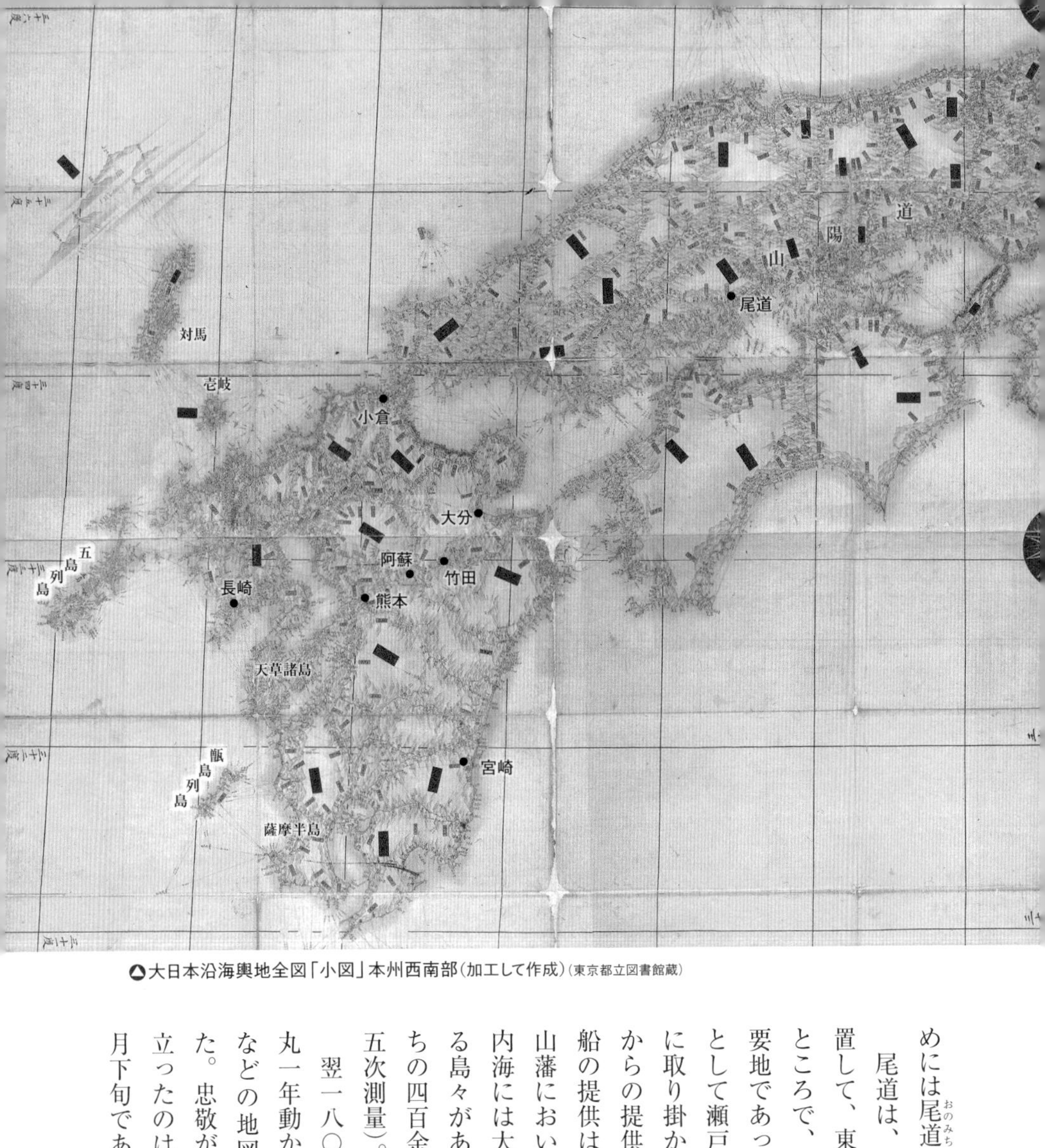

△大日本沿海輿地全図「小図」本州西南部（加工して作成）（東京都立図書館蔵）

めには尾道《おのみち》に至っている。

尾道は、瀬戸内海のほぼ中央に位置して、東西からの潮流のぶつかるところで、古来から瀬戸内海水運の要地であった。一行は、ここを起点として瀬戸内海に浮かぶ島々の測量に取り掛かった。船は、芸州《げいしゅう》浅野家からの提供であった。測量のための船の提供は、芸州藩の西側にある徳山藩においても同様であった。瀬戸内海には大小合わせて約三千とされる島々があるが、忠敬一行はそのうちの四百余に足跡を残している（第五次測量）。

翌一八〇七（文化四）年、忠敬は丸一年動かなかった。近畿中国地方などの地図を作成するためであった。忠敬が、西国を目指して再び旅立ったのは一八〇八（文化五）年正月下旬であった。淡路島、四国を一

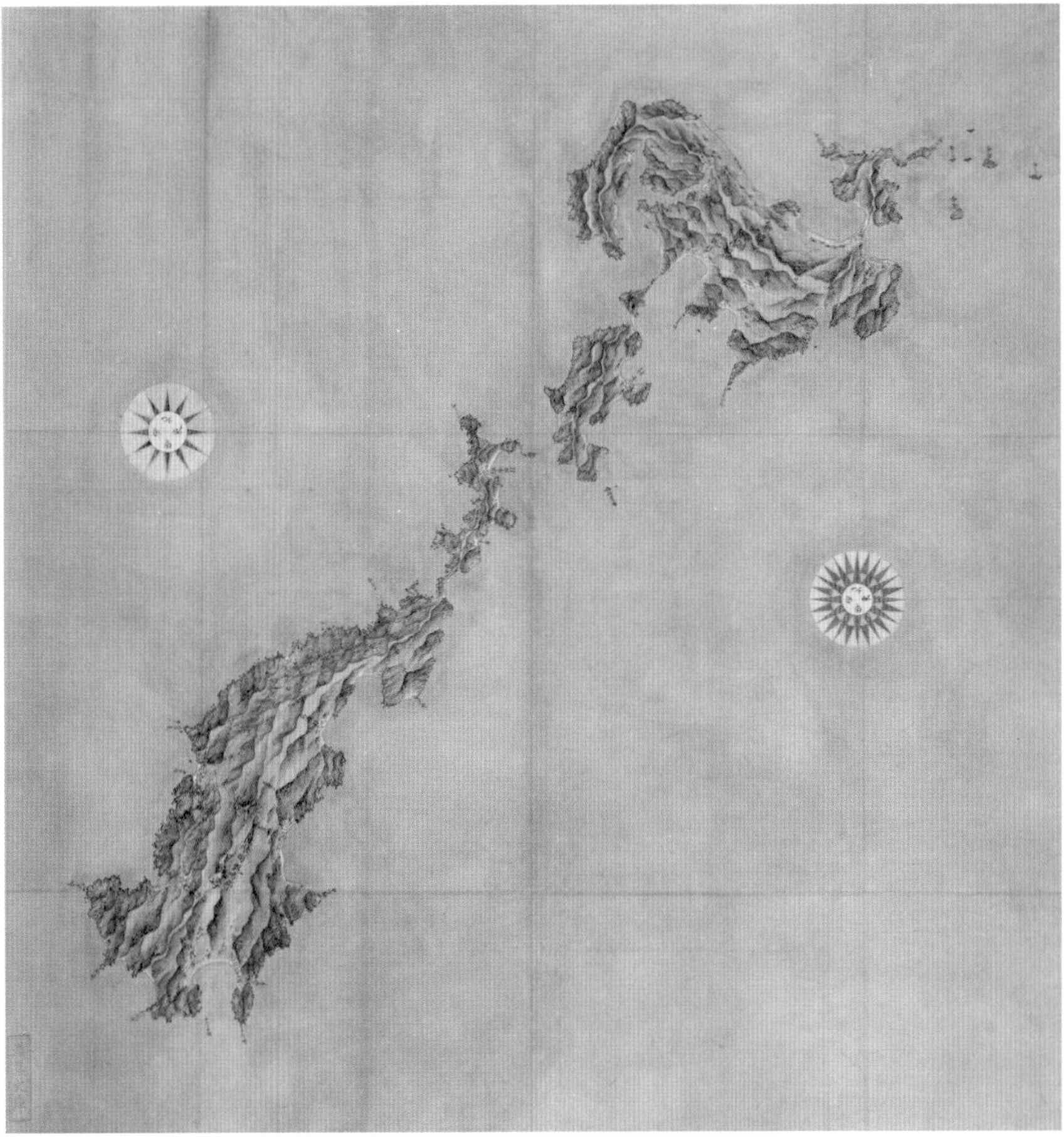

▲九州沿海図「大図」第十五 甑島（東京国立博物館蔵）

周して、伊勢街道を測量し、江戸には一八〇九（文化六）年一月に戻った（第六次測量）。

一八〇九（文化六）年の秋半ば過ぎ、忠敬は再び江戸から西国へ向かった、一行は十八名であった。小《こ》倉《くら》から九州東岸に沿って、大分、宮崎、薩摩《さつま》半島へと南下し、甑島《こしきしま》列島、天草諸島へ渡り、熊本、阿蘇《あそ》、竹田、大分を経由し、本州に戻った。中国地方では、これまでは踏査することのなかった内陸部の陸路をたどりながら東へ戻り、一八一一（文化八）年五月に江戸へ戻った。これまでの海岸線測量から、内陸部の主要な交通路をも測量の対象としたことが新しい動きであった（第七次測量）。

一八一一（文化八）年の十一月末、忠敬は四度目の西国を目指した

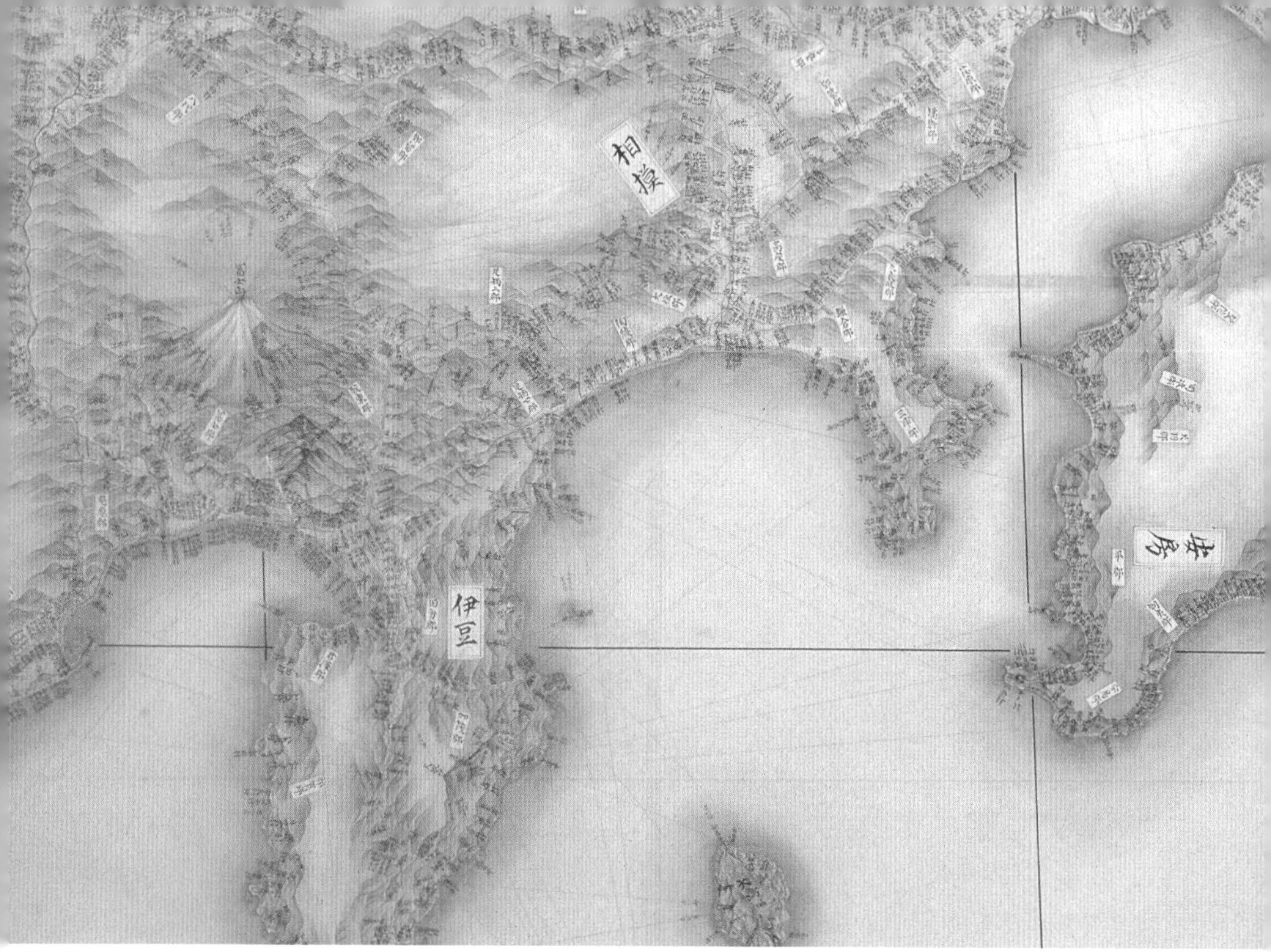

△大日本沿海輿地全図「中図」関東　中図は正確な縮尺の測線（朱）が描かれ、絵画的に美しい仕上がりが特徴である。（国立国会図書館蔵）

旅に出発した。このときの測量は、日程九百日を超えるものとなる。東海道、山陽道を経て小倉に入った後、薩摩へ急ぎ、屋久島、種子島の測量に取り掛かり、その後、北上し、壱岐《いき》、対馬、五島列島、長崎を測量（➡p.112図）、江戸へ帰着したのは、一八一四（文化十一）年五月下旬であった（第八次測量）。

九州の測量は二度にわたり、海岸線はもとより、周辺の島嶼《とうしょ》部、さらに主要街道までを対象とした密度の濃いものであった。忠敬は幕臣として、幕命を帯びた測量であるだけに、この時期における幕府の海外への関心の程度を示すものとして、この行動を捉えることができる。

江戸および近郊の測量

この翌一八一五（文化十二）年、江戸市中の測量（二月）に併行して、江戸西郊から伊豆半島さらに伊豆七島の測量が命じられた。忠敬は、すでに古稀を迎え、病がちであったにもかかわらず江戸の測量に携わっていたこともあって、伊豆七島

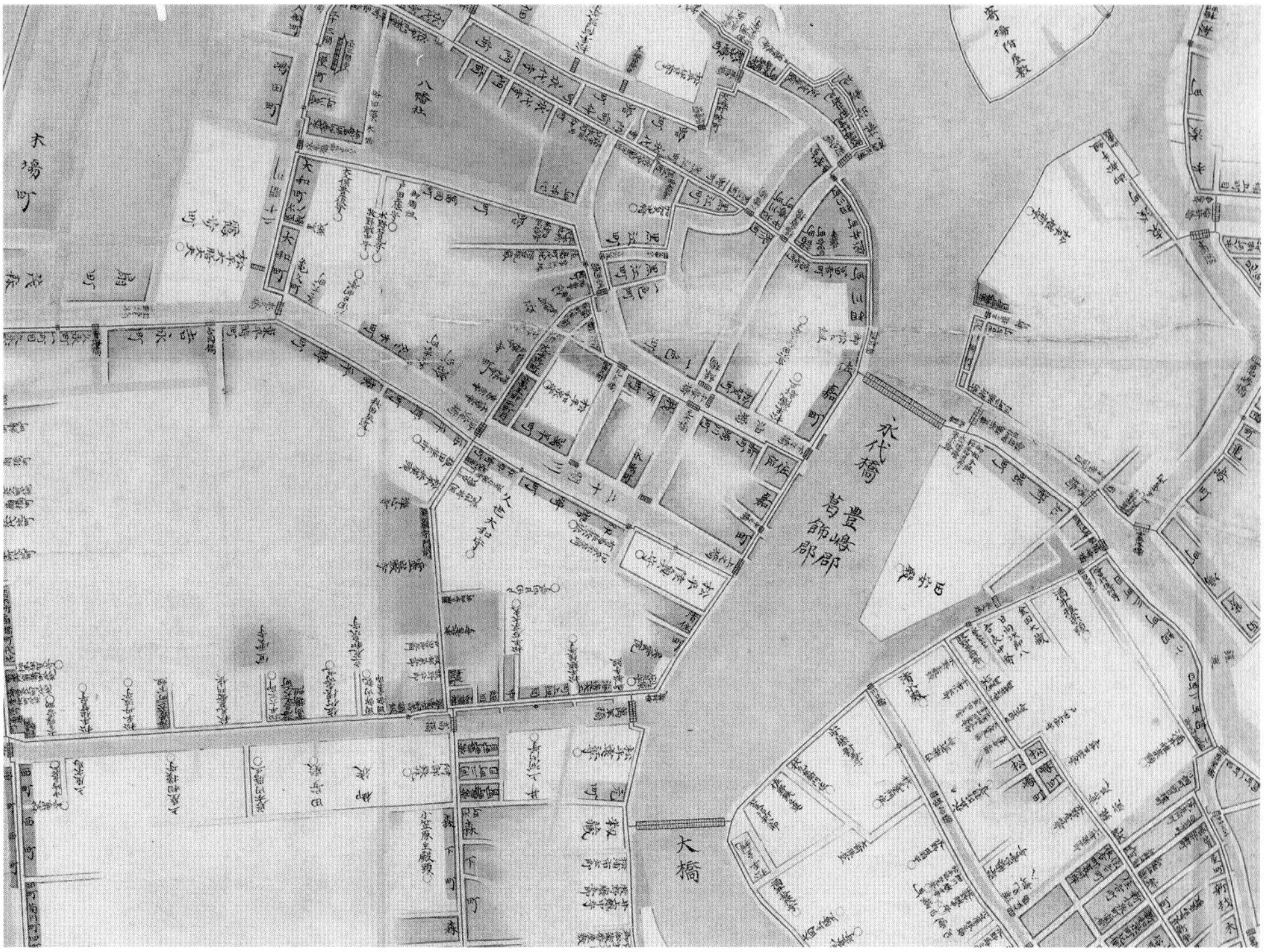

△江戸府内図（6000分の1×0.7）（国土地理院蔵　江戸實測図〔南〕）

の測量には出向かなかった。

四月に一行は、小田原から三島を通り下田へ向かった。そこで船を仕立てて三宅島、次いで八丈島へ出かけた。そこから三浦半島の三崎へ戻り、風待ちをしながら御蔵島《みくらじま》、神津島《こうづしま》、新島《にいじま》、利島《としま》へと出かけていった。最後は下田へ戻り、伊豆半島東岸から富士山麓、さらに江戸西郊の測量を済ませて、江戸に戻ったときには出発からほぼ一年が経過していた（第九次測量）。一八一六（文化十三）年閏八月から十月にかけて江戸測量が再び行われた（第十次測量）。

忠敬が測量現場に立った日数は延べ三千七百三十六日（百二十六か月余り）で、それは隠居後の歳月の二分の一弱を占めた。自身の移動行程は約三万五千km（江戸と京都を東海道で三十四往復余に相当）に及んだ。

忠敬の測量成果が、「大日本沿海輿地全図」および「大日本沿海実測録」として集成されたのは、忠敬の没後三年を経た一八二一（文政四）年であった。

column
女性たちの生き様 ❾

測量を支えた「栄《えい》」

家業に精励し、隠居後に天文学を学んだ伊能忠敬。３人の妻に先立たれ、第二の人生を歩み出したところに出会ったのが「エイ」だった。

「エイ」の存在はかねてから知られていたものの、その実態はしばらく不明で「遊女」などとされていたことも。しかし近年の研究で漢学者「大崎栄《おおさきえい》」であることがわかった。江戸時代の『諸家人名録《しょかじんめいろく》』では栄を「学者」として紹介している。栄は、忠敬の親友の朱子学者・久保木清淵《くぼきせいえん》に学んでおり、２人は久保木を介して出会ったようだ。

56歳で日本各地の測量を始めた忠敬だが、測量をしながら地図を製作していくには相当な労力と知識と時間が必要だった。そこで、学のある栄が大いに彼を助けたと考えられている。

忠敬の師・高橋至時は、友人に宛てた手紙に忠敬の内妻についてこのように書いている。

「勘解由《かげゆ》(忠敬のこと)の内妻は、才女のように見受けられる。漢文の素読を好み、四書五経の白文を苦もなく読む。算術もできる。絵図面を描くのもうまい。象限儀の目盛りなど見事に仕上げる」。さらに、この女性が地図製作で立派に仕事をし、忠敬は幸せ者だと書いていることから、観測助手として栄が多大なる力を発揮したことがわかる。リスキリングののち、偉業を成し遂げたのは、忠敬の努力はもちろんのこと、人知れず活躍した才女の功があったのだ。

しかしながら、第一次測量後、栄は漢詩の勉強に専念するため忠敬のもとを去っている。その後、一人慎ましやかに暮らしながら、女流漢詩人「大崎小窓」として漢詩作りに励んだという。そして、1818(文政元)年、忠敬と栄は同じ年にこの世を去った。死後、栄の漢詩仲間は『五山堂詩話《ござんどうしわ》』という漢詩叢書《かんしそうしょ》に栄の作品を残している。

人生で交差した２人は、ともに夢を見て、最後は別々の場所で、各々志した道をまっとうした。

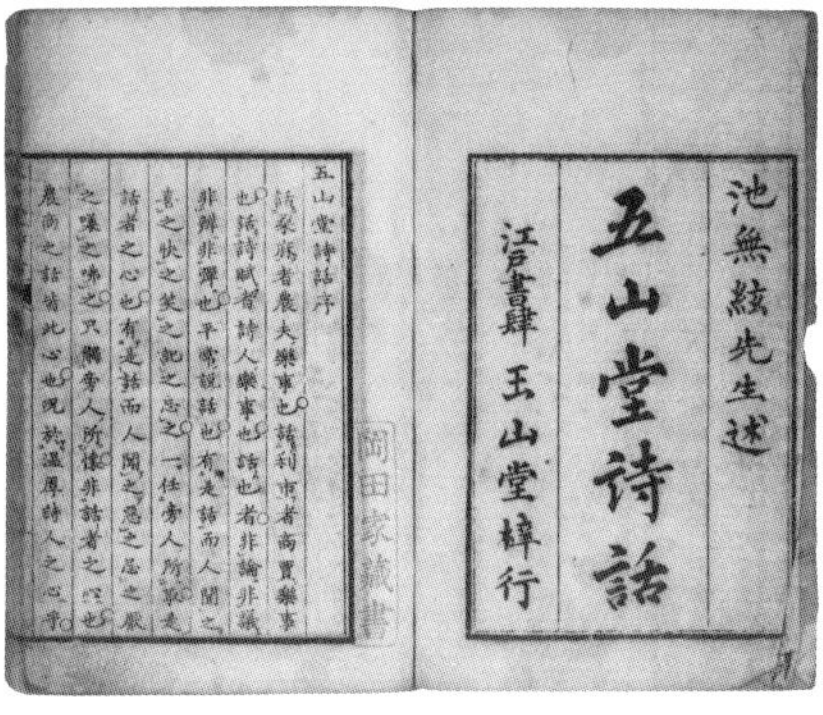

『五山堂詩話』(弘前市立弘前図書館蔵)

新選組
——多摩農民の期待を背負った人たち

湯浅　隆

八木邸（京都市中京区）

biography

新選組略年表 / 同時代の出来事

年	新選組略年表	同時代の出来事
一八三四年	近藤勇生まれる	
一八三五	土方歳三生まれる	
一八五八	近藤と土方、出会う	四月　井伊直弼大老に就任 六月　日米修好通商条約調印
一八六〇		三月　桜田門外の変（江戸）❶
一八六二		一月　坂下門外の変（江戸）❷ 八月　生麦事件（横浜）❸
一八六三	浪士隊の上洛（江戸〜京都）❹ 三月　新選組結成（京都）❺ 近藤勇・芹沢鴨らは、会津藩に嘆願書を提出し、壬生浪士組（後の新選組）を結成 八月　八月十八日の政変❿　公武合体派が急進尊攘派を京都から追放	五月　下関事件（長州藩）❻ 六月　奇兵隊結成（長州藩）❼ 七月　薩英戦争（薩摩藩）❽ 八月　天誅組の変（大和）❾
一八六四	六月　池田屋事件（京都）⓬ 七月　禁門の変（京都）⓭　新選組は九条河原で宿陣後、御所堺町御門に出陣	三月　天狗党の乱（水戸藩）⓫ 七〜十二月　第一次長州征討（長州藩）⓮ 八月　四国艦隊下関砲撃（長州藩）⓯
一八六六		一月　薩長同盟（薩摩藩・長州藩）⓰ 六〜八月　第二次長州征討（長州藩）⓱
一八六七	近藤勇、御目見以上の格になる（三十二歳）	十月　大政奉還（京都）⓲
一八六八	一月　鳥羽・伏見の戦い（京都）（戊辰戦争開始）⓳　新選組は淀千両松で敗れ撤退 一月　大坂から江戸へ帰還⓴ 三月　甲州勝沼の戦い（勝沼）㉒ 四月　近藤勇処刑される（江戸）㉕ 流山で捕えられ、板橋で斬首される（三十三歳） 五月　沖田総司死す（江戸）㉖ 十月　土方ら蝦夷地へ出帆㉙	一〜三月　赤報隊の偽官軍事件（信濃）㉑ 三月　江戸開城（江戸）㉓ 五月　奥羽越列藩同盟㉔ 五月　彰義隊の戦い（江戸）㉗ 八〜九月　会津戦争（会津）㉘
一八六九	五月　土方歳三死す（箱館）㉚ 五稜郭の戦い（箱館戦争）で戦死（三十四歳）	五月　五稜郭の戦い（箱館）㉛ 旧幕府海軍が降伏し戊辰戦争終結

数字はP.122-123の地図参照

東京都
武蔵野
神奈川県
練馬区
近藤勇の墓
寿徳寺
荒川区
寿徳寺の境外墓地に近藤勇の墓と新選組隊士供養塔がある。板橋刑場が設けられたところ。
西武拝島線
西東京市
西武新宿線
小平市
豊島区
小石川植物園
武蔵野市
国分寺市
小金井市
中央本線
中野区
文京区
東京ドーム
試衛館跡
新宿区
千代田区
立川市
国立市
井の頭公園
杉並区
青梅街道
新宿御苑
皇居
府中市
三鷹市
日野市
大國魂神社
近藤勇生家跡
国道20号
代々木公園
敷地は7000㎡あったといわれる。
京王井の頭線
渋谷区
近藤が天然理心流4代目の襲名披露試合を行ったところ。
京王線
調布市
小田急線小田原線
世田谷区
目黒区
港区
稲城市
狛江市
馬事公苑
自然教育園
多摩市
よみうりランド
多摩区
近藤・土方・沖田らが小島鹿之助のもとで出稽古に訪れたところ。資料館には近藤の稽古着や沖田の年賀状などが保管されている。
東急大井町線
品川区
小田急多摩線
高津区
小野路宿
小島資料館
麻生区

△東京周辺の新選組ゆかりの地

新選組隊士供養塔　1876（明治9）年、旧隊士永倉新八らの尽力で近藤刑死の地近くに供養塔が建てられた。およそ45cm角の石柱で高さ4ｍ弱、正面に近藤勇と土方歳三の名、向かって右の側面に戦死者39名の名、左の側面には病没か切腹した隊士71名の姓名が刻まれている。

近藤勇

土方歳三（函館市中央図書館蔵）

新選組の担い手と支えた人たち

新選組は、江戸から京都に赴いた浪士組のなかから生まれた。そして、離合集散と粛正を繰り返しながら、時局に従い江戸から東北へ逃れ、箱館で霧散した。幕末から維新期のわずか六年だけの集団である。この間に、多くの人々の出入りがあって、登場してはわずかな活動で消えていった、準主役級の人々の変転は目まぐるしい。されど新選組は、天然理心流の道場である江戸牛込の試衛館に集った人々、近藤勇《こんどういさみ》を取り巻く群像を主役に語られることが多い。ここでも、近藤勇・土方歳三《ひじかたとしぞう》の足跡に絞りたい。

天然理心流は、江戸時代後期になって独立した流派

139°24′
139°25′
立川市
国立市
南武線
日野宮神社
栄町
多摩川
立日橋
日野橋
35°41′
佐藤彦五郎が、近藤勇や土方歳三の出会いの場となった天然理心流道場を開いた。
日野本町
青柳
稲荷神社
矢川
府中用水
井上源三郎資料館
旧甲州街道
日野八坂神社
ひの
新選組隊士の奉納した額。
日野宿交流館
日野宿本陣
旧国道20号線
こうしゅうかいどう
日野
泉
宝泉寺
井上源三郎の墓。
大昌寺
佐藤彦五郎の妻の墓所。
佐藤彦五郎新選組資料館
日野の名主、佐藤彦五郎の資料を展示。
中央自動車道
中央本線
多摩モノレール
大坂上
神明
萬福寺
石田大橋
新選組のふるさと歴史館
新選組のほか、日野宿や甲州道中の資料を多数展示。
日野市
実践女子大
日野市役所
安養寺
まんがんじ
宮
伊十郎屋敷跡
とうかん森
土方歳三少年が幼い頃に遊び場としたところ。
土方歳三資料館
土方歳三生誕地。2024年現在休業中。
石田
多摩平
上田北野神社
上田
石田寺
土方歳三墓所。
川辺堀之内
新井橋
日野高
35°40′
東豊田
延命寺
浅川
高幡橋
新井
高幡
落川
若宮神社
善生寺
日野大仏
土方家の菩提寺。
高幡不動
土方歳三像
たかはたふどう
京王電鉄京王線
南平
南平八坂神社
0
500m
程久保川

△東京都日野市周辺の新選組ゆかりの地

誠

新選組袖章（京都・霊山歴史館蔵）

池田屋事件直前の新選組組織図

- 局長
  - 近藤勇
- 副長
  - 土方歳三
  - 山南敬助
- 勘定役並小荷駄役（物資輸送）
  - 岸島芳太郎
  - 尾崎弥兵衛
  - 河合耆三郎
  - 酒井兵庫
- 調査並監査（情報収集）
  - 島田魁
  - 川島勝司
  - 林信太郎
- 助勤（小隊長）
  - 沖田総司
  - 永倉新八
  - 原田左之助
  - 藤堂平助
  - 井上源三郎
  - 尾形俊太郎
  - 齋藤一
  - 山崎烝
  - 谷三十朗
  - 松原忠司
  - 安藤早太郎

を名乗った。近藤勇は、多摩《たま》郡上石原《かみいしはら》村の農家に生まれ、三代近藤周助《しゅうすけ》の養子となり四代目を継いだ。これが一八六一（文久元）年であることからしても、名だたる名門とは言いがたいだろう。同流の門弟たちには、多摩地方の在方《ざいかた》に居て農作業や商いに携わる傍らで剣術を嗜《たしな》む人たちが多かった。土方歳三も、そうした出自の一人であった。

多摩地方は、幕府の直轄領であり、また江戸近郊の畑作地帯であった。ここから、野菜をはじめとする消費物資、さらには奉公人たちを江戸市中へ送り続け、その成り立ちを支えていた。徳川様のお膝元という意識は、江戸の町人だけではなく、多摩の農民たちにも浸透していた。

近藤は、二年後の一八六三（文久三）年に、試衛館に集った面々を誘って浪士隊に参じ、京に上る。このとき道場主の近藤でさえ、さしたる処遇はされなかった。この折、京都に上ることなく、東国に居続けて、近藤らが京で活動するための支援をし続けた面々も、多摩一帯の富裕層が多かった。

政治変革を志す者が集まった幕末の京都

幕末の政局、それは〝内憂外患〟という言葉に端的に示される。日本列島に住む人々は、中国文化の翻訳から次第に離れ、独自性を色濃くした文化の諸活動に励んでいたため、欧米の圧倒的な武力を背景とした開国への要求の前には非力であった。この社会状況と時期を一にして湧き起こってきた、尊王攘夷の動きは、幕府の正統性を揺るがすまでになってきた。

この局面を幕府と朝廷とが協調することで乗り切ろうとした十四代将軍家茂《いえもち》は、京都へ出向くことになった。浪士隊はこの警固に携わるため、関東地方の浪士を募り結成された。一八六三（文久三）年二月八日、総勢二百二十七人の浪士たちは、中山道を経由して上《じょう》洛《らく》の途についた。ここに集った浪士たちの出自・系譜は多岐にわたり、心中の思いもさまざまであった。

近藤・土方ら京へ

近藤勇も、土方歳三も、試衛館道場に集ったほかの面々も、全員が平隊士として京に上った。浪士隊の大多数は、煽動者清河八郎《きよかわはちろう》に踊らされたこともあって、京へ着くとすぐさま江戸へ引き返していった。したがって、京の地に踏みとどまった者は当初の一割にすぎなかった。主導する立場は、水戸藩浪人の芹沢鴨《せりざわかも》、また試衛館道場主近藤勇であった。

浪士隊は、当時の京都所司代会津藩主松平容保《まつだいらかたもり》お預かりとなり、当時にあっては市街地郊外にあたる壬生《みぶ》村名主宅を屯所とした。この年の秋にかけて隊士の増員をはかり、揃いの装束として、浅葱《あさぎ》色に袖口を山形に白く染め抜いた羽織を誂《あつら》えた。同年八月十七

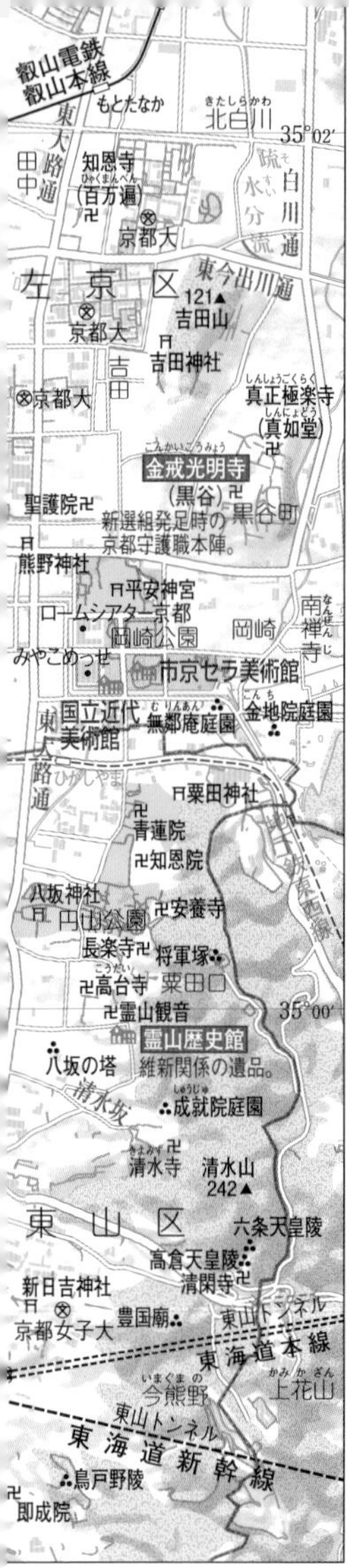
叡山電鉄叡山本線
もとたなか
北白川
35°02′
東大路通
田中
知恩寺（百万遍）
京都大
疏水分流
白川通
左京区
東今出川通
121
吉田山
京都大
吉田神社
吉田
京都大
真正極楽寺（真如堂）
金戒光明寺
（黒谷）
聖護院
新選組発足時の京都守護職本陣。
黒谷町
熊野神社
平安神宮
ロームシアター京都
岡崎公園
岡崎
南禅寺
みやこめっせ
市京セラ美術館
国立近代美術館
無鄰庵庭園
金地院庭園
東山路通
粟田神社
青蓮院
知恩院
八坂神社
円山公園
安養寺
長楽寺
将軍塚
高台寺
粟田口
霊山観音
35°00′
霊山歴史館
維新関係の遺品。
八坂の塔
清水坂
成就院庭園
清水寺
清水山
242
東山区
六条天皇陵
高倉天皇陵
清閑寺
新日吉神社
京都女子大
豊国廟
東山トンネル
東海道本線
今熊野
上花山
東山トンネル
東海道新幹線
鳥戸野陵
即成院

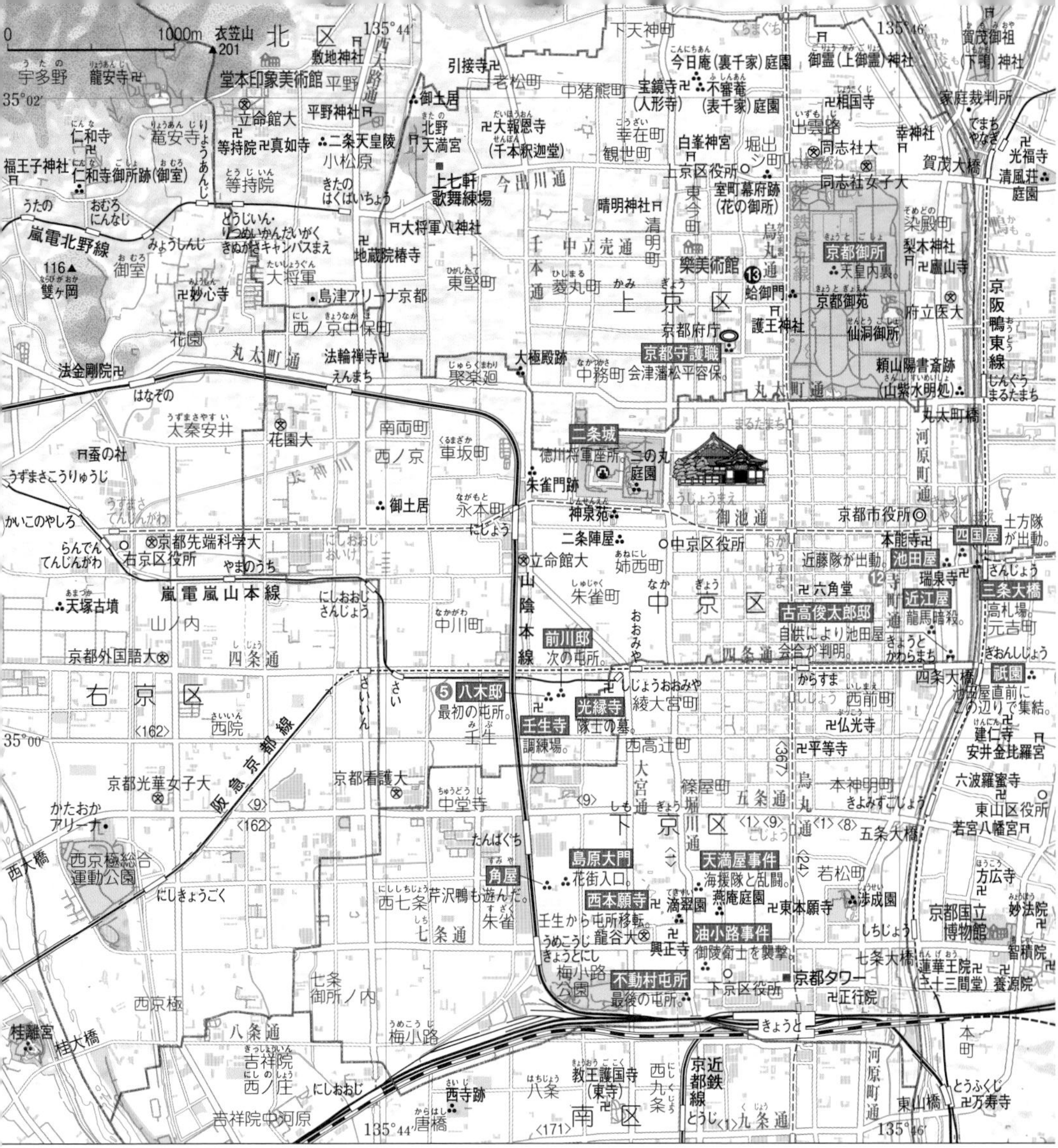

△京都市の新選組ゆかりの地
※図中の⑤⑫⑬はp.117の年表の番号

日夜から十八日朝にかけて、幕府側陣営に組み入れられ、京都御所の警固に携わった。総勢五十名ほどであった。朝、引き上げに際して武家伝奏《てんそう》から「新選組」の名を賜った。

「池田屋騒動之址」の石碑(京都市中京区)
新選組が尊王攘夷派を襲撃した旅籠「池田屋」があった。現在は石碑が残るのみ。

五稜郭（北海道函館市） 星型をした日本最大の西洋式保塁。

蝦夷
札幌
鷲ノ木
乙部
江差
二股口
函館
松前
30 31
青森
24 奥羽越列藩同盟
（東北25藩、越後6藩）
秋田藩
秋田
盛岡藩
盛岡
出羽
陸奥
宮古
庄内
佐渡
仙台藩
仙台
29
米沢藩
米沢
白石
長岡
高田
越後
28 会津
会津藩
白河
上野
下野
宇都宮
濃
21
下諏訪
水戸藩
水戸
11
勝沼
22
武蔵
常陸
流山
甲斐
相模
駿河
東京
下総
横浜
3
1 2 4
23 25 26 27
上総
伊豆
安房

新選組の盛衰の軌跡
（1863～1869年）

新選組の盛時とその後

翌一八六四（元治元）年六月五日、池田屋事件（新選組による尊攘派志士襲撃、→p.121図）が新選組にとっての盛時であった。このの ち、隊士も増え、それに伴い屯所は西本願寺へ移された。また、一八六七（慶応三）年六月十日、幕臣への取り立てがなされ、近藤勇は御目見《おめみえ》以上の格となった。

しかしながら、文言の信憑性《しんぴょうせい》は不詳であるが、〝壬生の人切り狼《おおかみ》〟と揶揄《やゆ》されたこともあったそうである。対して、新選組を高く評価する文言は聞かない。これは、新選組が実際にそうであったのか、それとも関東から来た刀剣集団が京を荒らし回ったことへの反感か、つまびらかではない。

一八六八（慶応四）年正月における鳥羽・伏見の戦い以降の新選組は哀れである。すでに、近藤勇は銃撃され大坂に退いており、正月に新選組は組織としても崩壊する。そして、為すところなく大坂から船で江戸へ落ち延びる。

近藤と土方の最期

江戸へ逃げ戻った新選組は、甲陽鎮撫隊《こうようちんぶたい》として甲府を目指すが、勝沼付近にて惨敗する。近藤勇は流山に逃れ官軍に降伏するが、板橋刑場（➡p.118図）にて斬首された。切腹により武士としての最期としたかったであろうが、それは認められてはいない。板橋は、江戸から中山道を通行する際の最初の宿。江戸市中と地方との境界とされ、見送り人はここで戻った。また、地方からの旅人はここで衣服を改めて江戸へ入った。罪人としての近藤は、江戸へ入ることが許されず、ここの刑場で処断された。

一方、近藤と別れた土方は、四月に江戸開城がなされると、戦いの続く地を求めて北関東の宇都宮、さらには会津、日本海側の庄内など東北の各地を転戦し、仙台に至った。この仙台で、旧幕府海軍を率いた榎本武揚《えのもとたけあき》と出会った。十月、榎本らと仙台を発し、軍艦にて北へ向かい蝦夷地《えぞち》の鷲ノ木《わしのき》に上った。そして五稜郭《ごりょうかく》へ向かい占領、さらには年末にかけ松前《まつまえ》に進み松前城を落とし、残党を江差《えさし》まで追った。

翌一八六九（明治二）年四月、新政府軍が乙部《おとべ》に上陸すると、二股口《ふたまたぐち》にて防戦にあたった。翌五月、新政府軍が五稜郭に向かって進撃してくると、防戦のために出撃し、一本木関門あた

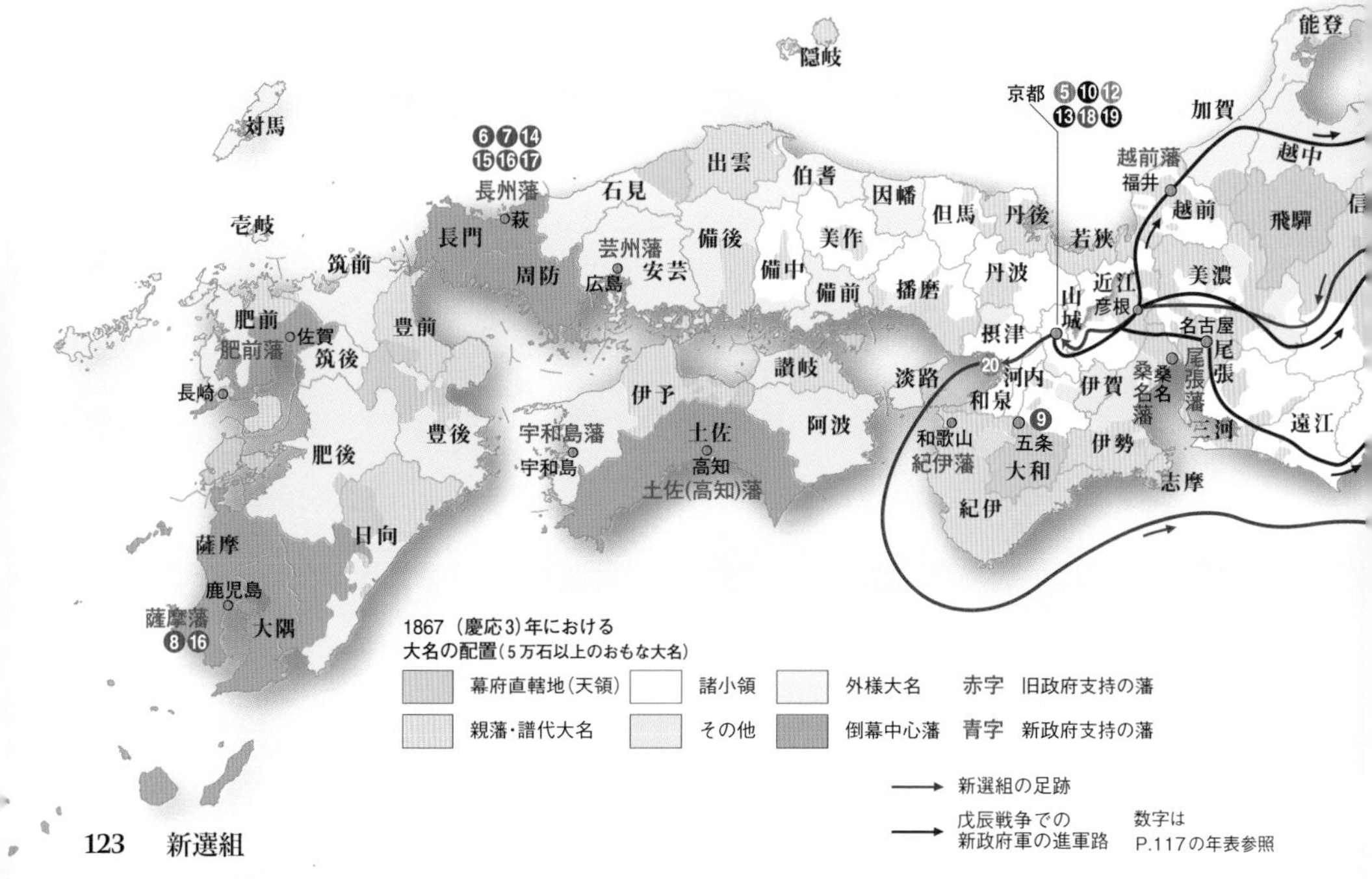

隠岐
対馬
壱岐
長州藩
萩
長門
周防
石見
出雲
伯耆
因幡
但馬
丹後
若狭
京都
加賀
能登
越中
越前藩
福井
越前
飛騨
美濃
芸州藩
広島
安芸
備後
備中
美作
備前
播磨
丹波
山城
近江
彦根
名古屋
尾張
尾張藩
桑名
桑名藩
三河
遠江
筑前
肥前
佐賀
肥前藩
筑後
豊前
長崎
摂津
河内
和泉
伊賀
伊勢
志摩
大和
五条
和歌山
紀伊藩
紀伊
淡路
讃岐
阿波
伊予
土佐
高知
土佐(高知)藩
宇和島藩
宇和島
豊後
肥後
日向
薩摩
鹿児島
薩摩藩
大隅
1867（慶応3）年における
大名の配置（5万石以上のおもな大名）
幕府直轄地（天領）
諸小領
外様大名
赤字 旧政府支持の藩
親藩・譜代大名
その他
倒幕中心藩
青字 新政府支持の藩
新選組の足跡
戊辰戦争での新政府軍の進軍路
数字はP.117の年表参照

りにて被弾、戦死した。その場所も埋葬地も、いまだ判然としない。

箱館における戦いののち、旧幕府側の戦死者約八百名の遺体は放置されたままであった。侠客《きょうかく》柳川熊吉《やながわくまきち》は、これらを集めて埋葬したという。

新選組のその後

近藤や土方は、京都に上ったのちも、多摩との音信は絶やさなかった。新選組の前線基地が壬生であり西本願寺であったとしたら、多摩地方は頼りになる後方支援基地であっただろう。江戸時代を、徳川将軍家の膝元に居るとして過ごしてきた多摩の支援者たちは、自らの分身として近藤らの奮闘を見守ったことだろう。

御一新は、状況を一変させた。維新戦役の犠牲者のうち、明治政府によって官軍とみなされた人たちは、招魂社《しょうこんしゃ》（のちの靖國《やすくに》神社）に祀《まつ》られた。この神社に祀られた人々は、太平洋戦争期までは国民こぞっての崇拝対象とされていった。これに対し、賊軍としての犠牲者は打ち捨てられた。新選組も賊軍とみなされ、慰霊は多摩の人々によらなければならなかった。

明治期以降、和魂洋才《わこんようさい》は国の指針になり、それ以前の日本を含む東アジアは、長い停滞に沈んだ時期で、一刻も早く抜け出さなければならない、とされていく。この動きを是とする世相にあって、歴史の歯車を逆回ししようとした集団は、悪役の汚名に甘んじざるを得ない。新選組は、人斬りのみに猪突猛進《ちょとつもうしん》した蒙昧《もうまい》の徒の代表例とされていった。講談・演劇・文芸に、新選組は悪役として登場し、市井の人々は共感をもって、この像を受け入れた。この新選組像は、子母澤寛《しもざわかん》の『新選組始末記―新選組三部作』に描かれている。

新選組にかかるこの評価は、二十世紀半ばを過ぎると大きく変わり始めた。新しい動きの基層には、地球規模での方向転換がある。明治期以降、産業面で西欧近代型工業社会を追随してきた日本にも、「進歩」の在り方への疑念が生じ、それは一九六〇年代からの公害への注目に触発され、地球の環境問題に向けられていくことになる。同時期、西欧諸国に

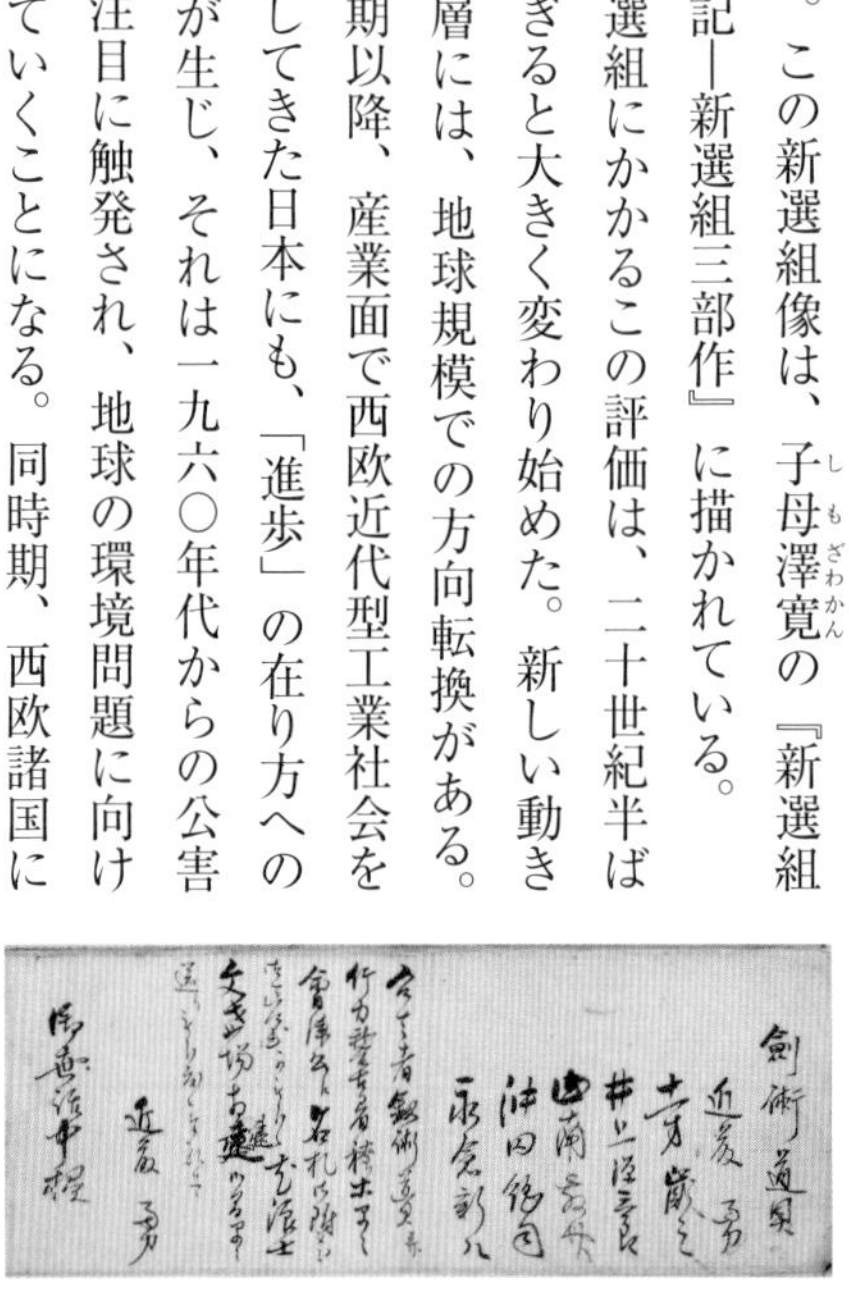

近藤勇書状（部分）「志大略相認書《こころざしたいりゃくあいしたためがき》」と題された1863（文久3）年の書状。故郷に宛てて支援を願う内容で、近藤、土方、井上、山南、沖田、永倉と多摩以来の同志の名がみえる。（個人蔵、協力・新選組のふるさと歴史館）

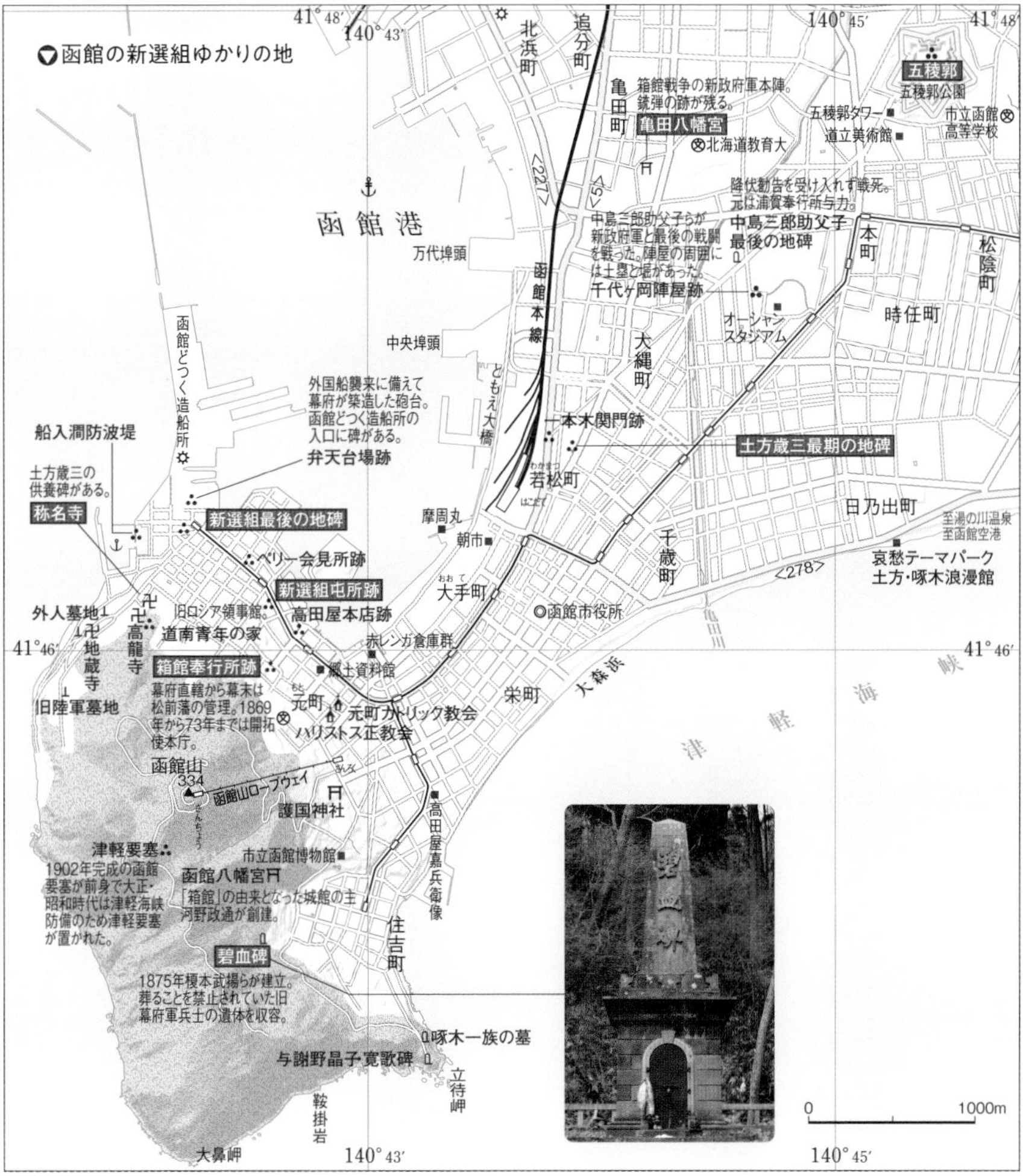

おいても、西欧型近代化の途を人類共通のプログレスとしてきた十九世紀半ば以降の使命感を相対化して見直そうという視座が登場した。

地球全体におけるこの動きのなか、日本でも近代社会へのベクトルを絶対視するのではなく、相対化して見直そうという考え方が浸透していく。この思潮は、新選組の再評価にもつながっていった。それは、司馬遼太郎の『燃えよ剣』を嚆矢《こうし》として社会全般に広がり、次第に受け入れられていった。司馬のこの作品に主役として登場した土方歳三は、それまでの人物像を一変するものであった。これ以後、市井の人々は、新選組を巷間に流布していたイメージの確認としてではなく、自己の考え方のもとに捉えようとして現在に至っている。

column
女性たちの生き様 ⑩

醜女《しこめ》だから結婚？ 近藤勇の妻「つね」

つねは、徳川御三家、清水家家臣・松井八十五郎《まついやそごろう》の長女として生まれた。23歳の時、近藤勇と見合い結婚をし、２年後、娘のたまを産む。家族で過ごした時間はつかの間、翌年の1863（文久３）年、勇は上洛し新選組（壬生浪士組）を結成した。

ここから、別居生活が始まる。勇は京都で美人と名高い芸妓など、数々の女性と浮名を流し、子どもまで産ませたとの噂が耳に入ってくる。つねは気が気でなく「京都へ行きたい」と何度も申し出るが、勇が拒むので、義兄・五郎に愚痴をこぼしていた。

そんな勇だが、つねを正妻に選んだ理由は「器量が良くないから」だったとか。「つねが相手なら男だらけの新選組も現《うつつ》を抜かすことはないから留守を任せた」「醜女は貞淑だから妻にした」など、何とも失礼な逸話が残る。

勇の本心はわからないが、新選組の局長の妻としてふさわしい女性だったことだけは間違いないようだ。

つねは、一橋家の祐筆《ゆうひつ》を務める才女で、武士の娘として誇り高き女性だった。幕府に危機が迫るなか、会津藩預かりの幕臣となり、家を留守にすることを覚悟していた勇。そこで、近藤家を任せられる人を選んだのだろう。農民の出の自身とは対照的に、武家の出で誇り高く安定感のあるつねの器を見込んだのではないだろうか。

勇は戊辰戦争のさなか、新政府軍により斬首に処せられ、死後は賊軍として扱われた。それでもつねは夫を誇りに思い、再婚せず勇の実家・宮川家で過ごした。その後の人生では自殺未遂をしたり、娘のたまに先立たれたりと、苦労を重ね54歳で逝去した。ともに過ごした時間は限られ、子孫も途絶えた。ただ、つねが勇のために一針一針刺繍《ししゅう》したとされるどくろの稽古着は、現在も残っている。決死の勇を応援し、じっと耐え抜いたつねと、それを着て稽古に励んだ勇……時代の節目を懸命に生きた夫婦の姿が瞼《まぶた》に浮かぶようだ。

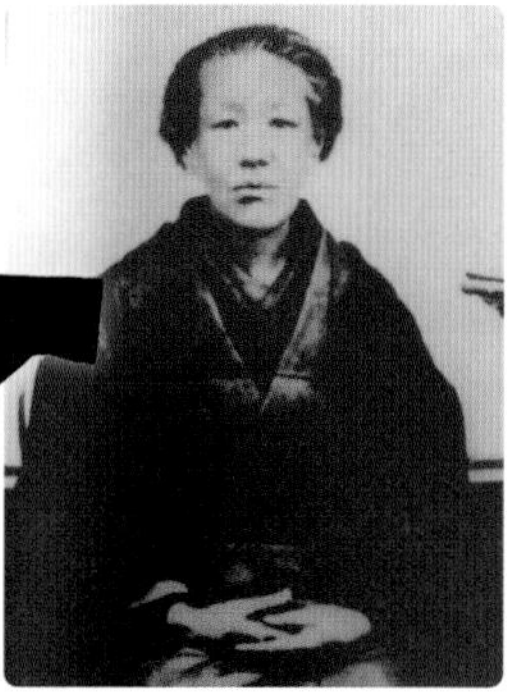

つね（写真上）が刺繍したとされるどくろの稽古着（写真左）

（小島資料館蔵）

西郷隆盛

——維新の巨星

原口 泉

西郷隆盛銅像（鹿児島市城山町）

biography and footprints

西郷隆盛略年表

一八二七年 鹿児島に生まれる

一八四四 郡方書役助となる（十七歳）

一八五四 島津斉彬に随行し江戸へ

一八五八 僧月照と入水、西郷のみ助かる

一八五九 奄美大島、沖永良部島へ流される

一八六四 禁門の変で長州勢を撃退

一八六六 薩長同盟成立

一八六八 戊辰戦争開始、江戸城無血開城（四十一歳）

一八七一 新政府の参議となる

一八七三 征韓論に敗れ下野

一八七七 西南戦争、戦いに敗れ城山に死す（五十歳）

同時代の動き

一八三七年 大塩平八郎の乱

一八四〇 アヘン戦争

一八四一 天保の改革

一八五三 米使節ペリー浦賀に来航

一八五八 日米修好通商条約調印

一八六一 米、南北戦争

一八六七 大政奉還、王政復古

一八六八 明治維新

一八七五 江華島事件

＊赤文字は海外の動き

西郷隆盛の足跡を訪ねて

西郷隆盛生誕の地〈鹿児島市加治屋町〉

私学校跡〈鹿児島市城山町〉

西郷洞窟〈鹿児島市城山町〉
死の直前まで籠もっていた

南洲墓地〈鹿児島市上竜尾町〉
西郷をはじめとする
多数の西南戦争戦死者の墓

西郷蘇生の家〈鹿児島市吉野町〉
月照と入水、蘇生した家

西郷南洲潜居跡〈鹿児島県龍郷町〉
奄美大島流島時の住居

熊本城〈熊本市中央区〉 西南戦争の激戦地

西南戦争戦没者慰霊之碑〈熊本市北区〉

西郷・勝会見之地碑〈東京都港区芝〉
薩摩藩邸があったところ

銅像〈東京都上野恩賜公園、鹿児島市城山町〉

西郷隆盛像（東京都上野恩賜公園、1898（明治31）年高村光雲作）
上野の銅像は、薩摩《さつま》絣《がすり》姿で庶民的人気の高さを表している。これに対し、鹿児島市城山町の銅像（1937（昭和12）年安藤照作、127ページ）は、陸軍大将の軍服姿でずっしりとした重厚感がある。

西郷の幼少期

「慶応の功臣にして明治の賊臣」。明治維新第一等の功労者西郷隆盛は、西南戦争で悲劇の「賊将」となった。

不世出の革命家西郷は、一八二七（文政十）年十二月七日、父吉兵衛《きちべえ》隆盛《たかもり》、母マサの長男として鹿児島市の下加治屋町《したかじやまち》に生まれた。家格は城下士では最下級の小姓組《こしょうぐみ》であった。幼名を小吉といい、六歳にして松本《まつもと》覚兵衛《かくべえ》に儒書を学び、八歳頃から藩校造士館《ぞうしかん》に通い始めたものと思われる。一八三七（天保八）年、十歳で初御目見得《おめみえ》を果たし、吉之助《きちのすけ》、隆永《たかなが》と名乗る。小さい頃から身体が大きく、巨大な目をしていたので「太眼《うどめ》サア」「太身《うどみ》サア」と親しまれ、薩摩武士の地域共同体である郷中《ごじゅう》のリーダーとして頭角を現す。そのため、ほかの郷中の上級武士から目を付けられ、十二、三歳の頃、喧嘩《けんか》をしかけられて右肘《ひじ》を負傷。剣が使えなくなったので学問と胆力で身を立てることを決意する。

貧乏所帯

一八四四（弘化元）年、十七歳で初めて出仕、郡方《こおりかた》書役助《かきやくたすけ》となる。年貢徴収の書記役補助である。西郷は、二十七歳まで農村を巡回し、直接百姓に接した。西郷の儒教主義的愛民思想は、この百姓とのふれあいを通して形成されたといえる。郷中では、一八四七（弘化四）年、二十歳のとき二才《にせ》頭《がしら》に推され、後輩の面倒をよくみた。西郷は困っている友人を見捨てず、頼まれたら必ず期待に応えてやるという親分肌の度量を備えていた。二十一歳の頃から島津家の菩提《ぼだい》寺である福昌《ふくしょう》

◀鹿児島市の西郷隆盛ゆかりの地

寺《じ》の無参禅師《むさんぜんし》に付き、二十三歳の頃には大久保利通とともに誓光寺《せいこうじ》の住職となった無参のもとに通い、禅の修行を積んだ。この頃、伊東猛右衛門《いとうもえもん》について陽明学も学んだ。一八五〇（嘉永三）年、家督をめぐる世《せい》子《し》・島津斉彬《しまづなりあきら》派とお由羅《ゆら》の子久光《ひさみつ》派とのお家騒動で、西郷家が用頼《ようたのみ》として仕えていた日置《ひおき》領主家の赤山靱負《あかやまゆきえ》など、清廉潔白の正義派が多数処罰された。赤山から血染めの装束を形見として与えられた熱血漢の西郷は、社会に対する義憤をたぎらせ、政治に開眼していく。事件に連座し貧困のドン底にあった大久保家の世話を

磯庭園《いそていえん》から望む桜島　磯庭園は正式名称を仙巌《せんがん》園《えん》といい、島津家代々の別邸があった。

み、利通との友情も深めた。

一八五一（嘉永四）年、島津斉彬が藩主となり、広く下級武士から意見を徴すると、西郷は積極的に農政改革の意見書を提出し、斉彬の眼にとまる。翌一八五二（嘉永五）年、二十五歳で伊集院須賀《いじゅういんすが》と結婚するが、祖父龍右衛門と両親の三人を失うという不幸に見舞われた。翌年家督を相続（禄高四十一石余、屋敷二百五十九坪半）、家内人数十三人の貧乏所帯であった（七人兄弟、祖母、従者の家族五人）。

斉彬との出会い

一八五四（安政元）年一月、二十七歳で中小姓《ちゅうごしょう》に抜擢《ばってき》され、斉彬の江戸参府に随行、江戸藩邸勤務を命ぜられる。同年四月庭方役《にわかたやく》になり、斉彬側近の情報秘書役として水を得た魚のように江戸で活躍する。この頃、水戸藩の藤田東湖《ふじたとうこ》にしばしば面会し尊王の教えを受けた。翌一八五五（安政二）年暮れ、越前藩の橋本左内《はしもとさない》に初めて会い、ともに国事に奔走する。この間、西郷の留守家族は加治屋町の甲突川《こうつき》対岸、上之園《うえのその》の借家へ引っ越し、妻須賀も離縁して実家に帰るほどの困窮ぶりであった。

一八五八（安政五）年七月、京都で斉彬の訃報《ふほう》に接し、殉死を決意する。西郷は、以前、江戸で斉彬が重い病に罹《かか》ったときも死を覚悟したことがある。斉彬の病はお由羅派の呪咀《じゅそ》によるものと西郷は信じていたので、終生お由羅の子久光とは反《そ》りが合わなかった。

京都清水寺《きよみずでら》の勤皇僧月照《げっしょう》に諭《さと》された西郷は、安政の大獄の嵐のなか、幕府の捕吏《ほり》が迫った月照をひとまず薩摩にかくまうことにする。しかし、斉彬亡きあと保守的になっていた藩は、月照を「日向《ひゅうが》送り」に決定したが、これは実質的な死刑を意味した。十一月十六日未明、錦江《きんこう》湾（鹿児島湾）は花倉《けくら》の沖に月照を抱いて入水《じゅすい》自殺をはかるが、西郷だけが蘇生、月照は不帰の人となった。西郷は菊池源吾《きくちげんご》と改名をして奄美大島への潜居《せんきょ》を余儀なくされる。龍郷《たつごう》に過ごすこと二年余り、島妻愛加那《あいかな》（➡p.138）を娶《めと》り、一男一女をもうける。

大久保利通との友情

一八六二（文久二）年、大久保の久光（藩主忠義の父）へのとりなしにより、赦免されて久光の率兵上京

龍郷町（奄美大島）の西郷南洲潜居跡
勤皇派の僧・月照をかくまった西郷を幕府の手から隠すため、薩摩藩は西郷を奄美大島に逃がした。その折、1859（安政6）年1月から2年余りを過ごした住居。

128°
130°
鹿児島
錦江湾
種子島
鹿児島
屋久島
30°
吐噶喇列島
東シナ海
西郷南洲潜居跡
大島
（奄美大島）
龍郷町
喜界島
西郷南洲翁
上陸記念碑
28°
奄美群島
徳之島
沖永良部島
大平洋
与論島
西郷南洲記念館
沖縄
那覇
0
100km

奄美群島の西郷隆盛ゆかりの地

の先発を命ぜられるが、久光の上京を機に勤皇《きんのう》の志士たちが京都で挙兵をして幕府を討つ動きを察知した西郷は、暴発を抑えるため下関での待機命令を無視して独断京都へ向かう。久光は激怒、再び徳之島、そして沖永良部島《おきのえらぶ》へ罪人として流されるという試練に立たされた。斉彬は「西郷は独立の気性が強く、自分でなければ使えない」と言っていたが、感情の激しすぎる西郷も、沖永良部島の座敷牢で人生を達観し、「敬天愛人」の境地に達したものと思われる。島の役人土持政照《つちもちまさてる》と義兄弟の契《ちぎ》りを結び、役人の心得や社倉の法などを教えた。西郷は前後二回、五年間も激動の時期に奄美に閉じ込められ、初めて学問への造詣《ぞうけい》を深め、同じ流人の書家川口雪篷《かわぐちせっぽう》と親しく交わり、川口の手ほどきで詩作や書に開眼する。

　西郷が再び政界に召還されるのは一八六四（元治元）年、久光・

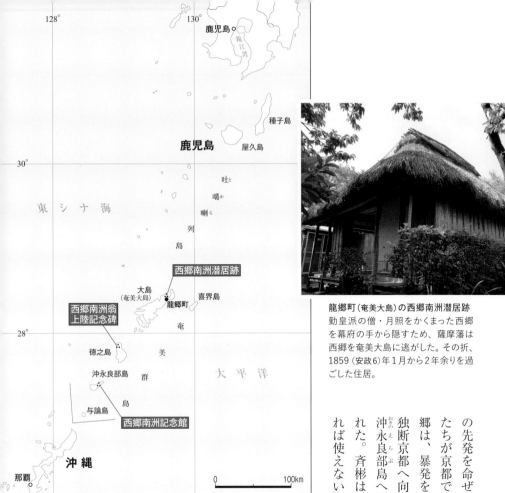

大久保の公武合体運動が行き詰まり、薩摩が尊攘派の敵として評判を落としている時であった。西郷の召還は、精忠組《せいちゅうぐみ》同志の運動と安政期に西郷が政界において勤皇派として名が知られていたからであろう。

倒幕への動き

禁門の変では軍賦《ぐんぶ》役（司令官）として会津藩と組んで御所を守護、初めて戦の天才的采配ぶりを発揮、さんざんに長州勢を打ち破った。この年、西郷は、初めて土佐の坂本龍馬、幕臣の勝海舟に会い、幕府の政権担当者としての無能を思い知らされ、以後朝廷を中心とした新国家づくりのために薩摩代表として超人的な活躍をみせる。十月側役《そばやく》に昇進し、第一次長州征討総督の参謀長となった西郷は、外圧の危機に瀕しているときに長州を滅ぼしてはならないと判断し、自ら敵地に乗り込み、長州人は長州人によって裁かせるという結着を付ける。しかし、あくまで長州を討とうとする幕府に対して、西郷はこれを私闘とみなし、断固出兵を拒否。逆に一八六六（慶応二）年一月、坂本の仲介で薩長同盟を結んでいた（➡p.144）。第二次長州征討では、長州のために薩藩名義で英国から武器や軍艦を購入し引き渡している。一八六七（慶応三）年には大久保とともに武力倒幕の胆《はら》を決めていた。

このように中央で活躍することの多かった西郷が薩摩藩家老・岩山八郎太の次女イト（➡p.138）と結婚したのは一八六五（元治二）年である。イトは鹿児島の留守宅で愛加那の子二人と三人の実子を立派に養育した。

一八六八（慶応四）年一月の鳥羽・伏見に始まる戊《ぼ》辰《しん》戦争では、三千五百の薩兵を率いて、約一万五千の旧幕府・会津・桑名軍に圧勝。征討参謀として東海道を進み、三月十三日と十四日の両日、勝海舟と会談して、四月十一日に江戸城無血開城を果たした。東北諸藩の抵抗も九月二十七日の庄内藩帰順で一応平定。厳罰を覚悟していた庄内藩は西郷のはからいによる寛大な処分にあい、戦後はかえって西郷の徳を慕うようになった。

西郷の武士としての真骨頂は、圧倒的不利な状況を胆力によって勝利に導く采配ぶりと、敗者に対する寛大な処置に表れているといえよう。西郷人気の理由の一つはここにある。庄内藩士が私学校に入学し、西南

大政奉還と戊辰戦争　戊辰戦争は、新政府軍と旧幕府軍との間で約1年半続いた内戦。「鳥羽・伏見の戦い」から始まり、「箱館戦争」で旧幕府軍の降伏により終結。国内の統一が完成した。

乙部
箱館
0　100km
東征軍の主な進路
旧幕府軍の主な退路
赤字 新政府支持の藩
青字 旧幕府支持の藩
青森
弘前
弘前藩
秋田
秋田藩
盛岡
盛岡藩
宮古
新庄藩
鶴岡
庄内藩
仙台藩
仙台
山形藩
米沢
米沢藩
新潟
新発田藩
会津藩
若松
二本松藩
長岡
長岡藩
高田
高田藩
棚倉藩
富山藩
加賀藩
大聖寺藩
松代藩
宇都宮藩
前橋藩
水戸藩
古河藩
土浦藩
高崎
下諏訪
忍藩
佐倉藩
越前藩
甲府
江戸
小浜藩
大垣藩
彦根藩
尾張藩
小田原藩
淀藩
京都
桑名藩
駿府
大坂
津藩
浜松藩
郡山藩
紀伊藩

箱館戦争

1869(明治2)年5月

旧幕府海軍の榎本武揚や元新選組副長の土方歳三《ひじかたとしぞう》らが五稜郭に籠城《ろうじょう》するも敗北。戊辰戦争終わる。

庄内藩の降伏

1868(慶応4)年

「奥羽越列藩同盟」とともに新政府軍と戦った庄内藩が降伏を申し出たが、西郷隆盛の指示で寛大な処分となった。

会津《あいづ》戦争

1868(明治元)年8～9月

東北諸藩のうち、徹底抗戦を続ける会津藩を東征軍が攻撃、会津藩は会津若松城に籠もるが降伏。

西郷隆盛と勝海舟の会見

1868(慶応4)年3月13～14日

東征軍の西郷と旧幕臣の勝が江戸の薩摩藩邸で会談し、江戸城開城と総攻撃中止を決定。

大政奉還

1867(慶応3)年10月14日

徳川慶喜は、倒幕の密勅《みっちょく》に先んじて政権を返還し、政治の主導権をにぎろうとした。

鳥羽・伏見の戦い

1868(慶応4)年1月

慶喜が辞官納地を拒み大坂城に退くと、薩摩藩が挑発、京都郊外で旧幕府軍と衝突した。

「江戸開城談判」
（結城素明作、聖徳記念絵画館蔵）

戦争でも西郷に従い、のちに『南洲翁遺訓』を刊行したのはそのためである。西郷は、箱館戦争（➡p.125図）に参加するため箱館に向かうが、一八六九（明治二）年五月、五稜郭《ごりょうかく》の榎本武揚《えのもとたけあき》軍はすでに降伏しており、すぐに東京に引き返した。

こうして西郷と大久保の絶妙のコンビにより戊辰戦争は終結した。西郷は新政府に残留を要請されたにもかかわらず帰鹿、武《たけ》村に屋敷を構え、門閥の打破・家格の廃止・私領の返上などを内容とする藩政改革にあたった。この頃の西郷は清廉な生活を持することで、維新政府の役人の腐敗堕落を批判していた節がある。

しかし、再び請われて中央政府に出仕した西郷は、参議として廃藩置県を断行、初めて中央政府の政治的・軍事的基礎をつくった。一八七一（明治四）年十一月岩倉使節団（➡p.163図）として大久保・木《き》戸《ど》孝允《たかよし》ら政府要人が大挙欧米視察に出かけると、留守政府をあずかり、その後の日本近代化の礎となる学制発布・太陽暦採用・徴兵令布告・地租改正条令布告などの改革を遂行した。

しかし、征韓論議のなかで、自らを遣韓使節に推したところで、岩倉使節団が相ついで帰国、大久保ら内治優先派と対立する。西郷に「征韓」の主体的意図はなかったと思われるが、国際政治の現実を直視してきた大久保らは、西郷の派遣は開戦につながる恐れがあり、北は樺太《からふと》帰属問題でロシアと対立し、南は琉球帰属問題で清国と対立している現在、朝鮮でことを構えるには国力が十分でないと判断した。一八七三（明治六）年十月二十二日、遣韓の閣議決定を岩倉具視《ともみ》に土壇場で覆された西郷は、陸軍大将を除く全ての官職を辞して下野した。

西南戦争

一八七四（明治七）年、西郷は自分に従って帰鹿した近衛兵を中心とする鹿児島士族のために、私学校を鹿児島（鶴丸）城内に設立、明治政府の中央集権化政策によって武士の特権を奪われつつある不平士族に一定の方向性を与えようとはかった。このため、明治政府の地租改正・秩禄処分などの近代化政策は鹿児島県ではことごとく無視され、鹿児島県はあたかも独立国家の観を呈した。

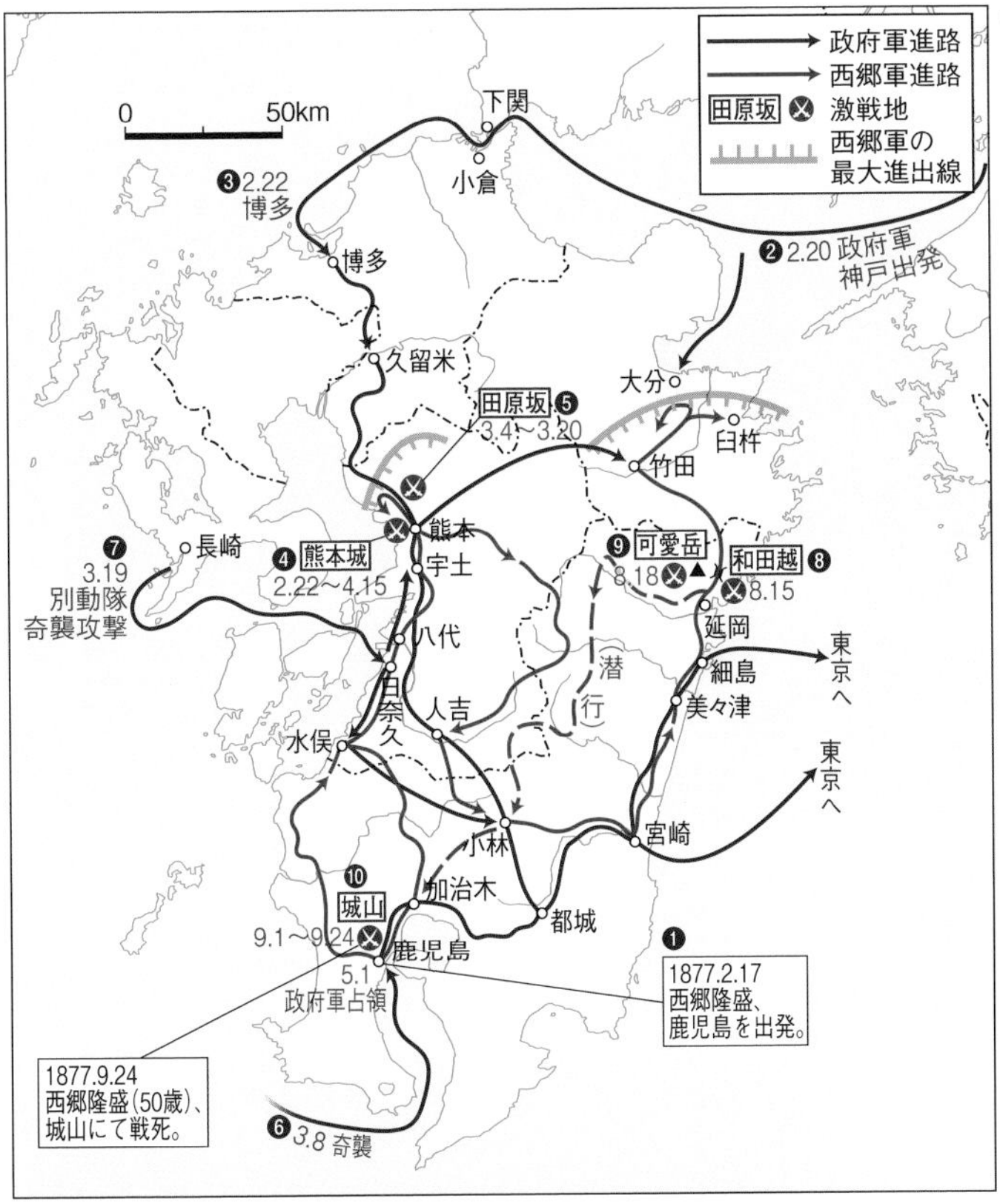

政府軍進路
西郷軍進路
田原坂 激戦地
西郷軍の最大進出線
0 50km
下関
小倉
❸2.22 博多
博多
❷2.20 政府軍 神戸出発
久留米
大分
田原坂❺ 3.4～3.20
臼杵
竹田
熊本
❼ 3.19 別動隊 奇襲攻撃
長崎
❹熊本城 2.22～4.15
宇土
❾可愛岳 8.18
和田越❽ 8.15
延岡
八代
東京へ
細島
潜行
美々津
白奈久
人吉
水俣
東京へ
宮崎
小林
❿城山
加治木
都城
9.1～9.24
鹿児島
❶
5.1 政府軍占領
1877.2.17 西郷隆盛、鹿児島を出発。
1877.9.24 西郷隆盛(50歳)、城山にて戦死。
❻3.8 奇襲

◀西南戦争

私学校も明治政府からは武装した政治結社とみなされ、一八七六（明治九）年十二月、川路《かわじ》利良《としよし》大警視は鹿児島に密偵二十一人を派遣した。これを西郷暗殺団とみた私学校生徒は、一八七七（明治十）年一月、政府が鹿児島の武器弾薬の移動を始めたとき、草牟田《そうむた》の武器弾薬庫（➡p.129図）を襲った。ここで、西郷の去就が注目されたが、西郷は「政府へ尋問の廉《かど》これあり」との名目で出動を決意、二月十五日から十七日にかけて私学校生徒一万三千人を主力とする薩軍が北上した。

鹿児島(鶴丸)城の石垣に残る砲弾の痕　楼門入口の枡形《ますがた》石垣には、西南戦争時の政府軍による激しい攻撃によってできた砲弾の跡が残っている。

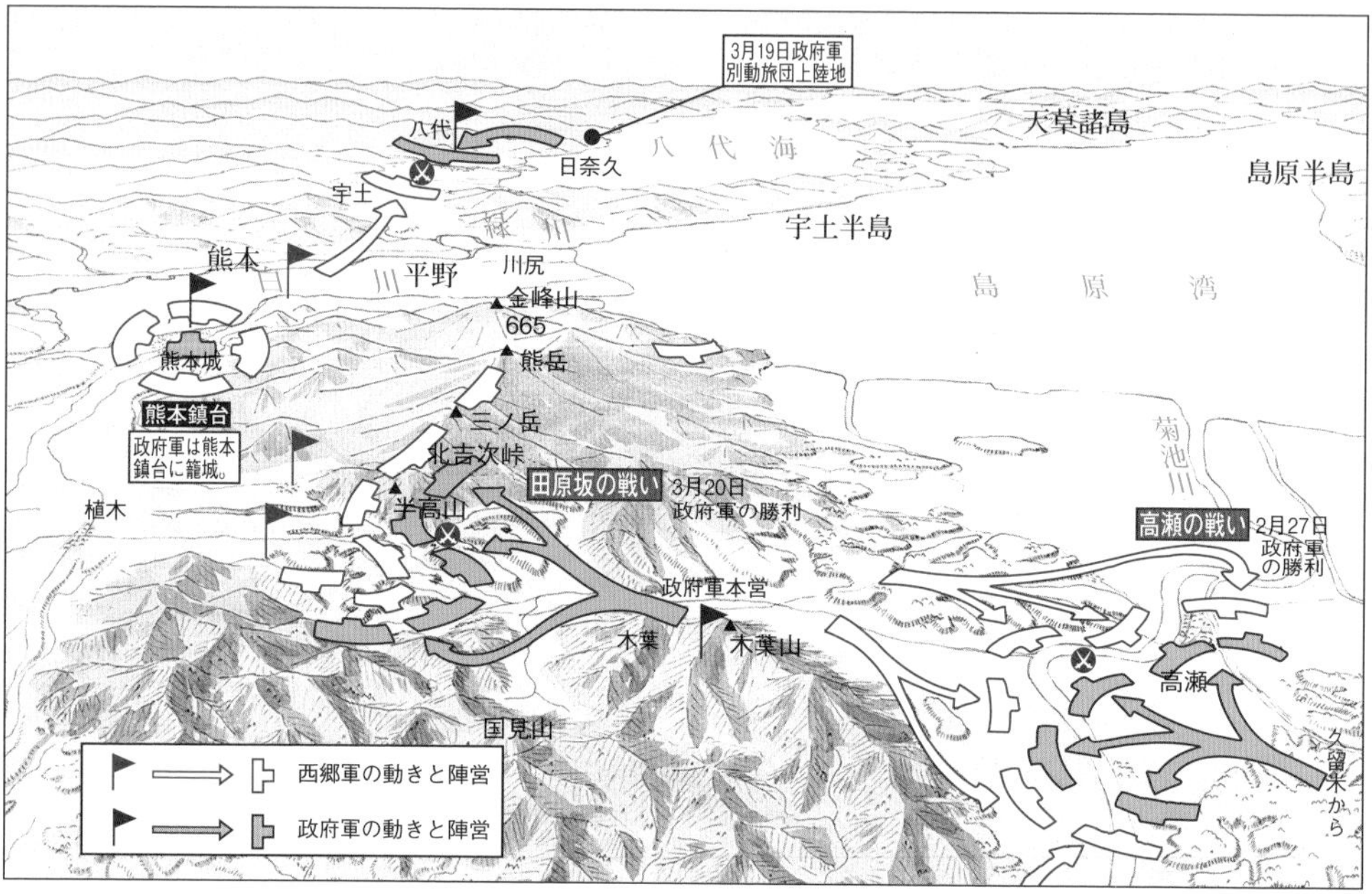

3月19日政府軍
別動旅団上陸地
八代
日奈久
八代海
天草諸島
島原半島
宇土
宇土半島
熊本
平野
川尻
島原湾
金峰山
665
熊本城
熊岳
熊本鎮台
三ノ岳
政府軍は熊本
鎮台に籠城。
北吉次峠
田原坂の戦い
3月20日
政府軍の勝利
菊池川
植木
半高山
高瀬の戦い
2月27日
政府軍
の勝利
政府軍本営
木葉
木葉山
高瀬
国見山
久留米から
西郷軍の動きと陣営
政府軍の動きと陣営

△田原坂の戦い 1877(明治10)年3月4～20日　西南戦争では、熊本を中心に田原坂の戦いに代表される戦闘が幾度も起こっている。主なものは、西郷軍による熊本鎮台(熊本城)攻撃戦、高瀬攻防戦、田原坂の戦い、政府軍別動旅団の日奈久上陸後の戦いなどである。別動旅団の熊本鎮台解放によって戦争の大勢は決し、西郷軍は敗退する。(画・文／藤井尚夫)

田原坂(熊本県熊本市)　“雨は降る降る、人馬は濡れる越すに越されぬ田原坂”で有名なこの坂は、両側が断崖で曲がりくねっており天然の要害となっていた。ここに薩摩軍は布陣し政府軍を迎え撃ったが、死闘を繰り返したのちに敗走、西南戦争の帰趨は決した。

　こうして始まった西南戦争の経過は壮絶を極めた。薩軍に加担した熊本・宮崎・大分など九州各県の党薩隊を加えて三万人、対する政府軍は鎮台兵を主力とした六万人。しかし熊本城は落ちず、田《た》原坂《ばるざか》の戦いに敗れた西郷軍は宮崎に転戦したが、結局、故郷の城山に籠もり、九月二十四日壊滅した。西郷五十歳であった。

　こうして七か月に及ぶ国内最大にして最後の内戦は、西郷の悲劇的最期で幕を閉じた。双方の戦死者それぞれ六千人以上、合わせて約一万三千人。九州を焼き尽くした戦争であった。これにより明治政府に対する武力闘争は終わりを告げる。

鹿児島城山の戦い（城山決戦）　1877（明治10）年9月1日、薩摩軍は鹿児島に入り城山を政府軍から奪回して立て籠もった。政府軍は4万ともいわれる大軍で城山を取り囲み、9月24日に総攻撃をかけた。数時間の戦闘ののち、西郷は別府晋介の介錯により自刃。（「鹿児島城山戦争之図」鹿児島市立美術館保管）

「敬天愛人」

西郷は、死後、反政府のシンボルとして自由民権運動のなかで大衆の味方として英雄化していく。西郷は確かに鹿児島県に士族軍事体制を敷いたが、国民皆兵となっても、国を守る気概をあくまで士族層に期待したのであろう。そして中央で活躍する大久保のために、また鹿児島士族の出番があると信じていたのかもしれない。大久保は閣議の最中、西郷自決の回覧メモを受け取った。大久保はこのメモを最後まで大事に取っておいた。

日清・日露の戦争の前にいつも西郷が救国の英雄として浮かび上がってくるのは、西郷の行動の目標が「万国対峙《たいじ》」にあったからであろう。西郷の詩中にある「児孫《じそん》の為に美田を買わず」「命もいらぬ名誉もいらぬ官位もいらぬ金もいらぬ」という遺訓は、西郷の人気を高め、西郷はやがて神格化する。西郷は、「敬天愛人」を体現するかのごとく自らの運命を天に任せ、天が人を愛するように自分も人を愛し、潔く死地についた。

column
女性たちの生き様⑪

西郷どんと３人の妻

西郷隆盛の１人目の妻・須賀は、家格が高い伊集院家の箱入り娘。近所でも評判の美人で、西郷の一目惚れだった。ところが、結婚してすぐに西郷の祖父と両親が亡くなり、若夫婦に重責がかかる。さらに翌年、西郷は念願の江戸勤務を命じられ、残された須賀はますます生活が困窮した。見かねた実家から呼び戻され、わずか２年ほどで離縁。儚《はかな》い結婚生活だったが、この間に西郷は立身出世の機を摑《つか》んだのだ。

２人目の妻、愛加那とは奄美大島で潜居中に出会う。絶望の淵に立たされていた西郷は、次第に島民と信頼関係を築き、世話役の娘・愛加那と結ばれた。西郷は愛加那を、膝の上に乗せたり撫《な》でたりと、周囲が目のやり場に困るほど溺愛していたそうだ。約１年後には長男・菊次郎が誕生。２人目も授かり新居が完成するという幸せのさなか、藩から召還命令が届いた。待ちに待った召還だったが、島妻は本土に連れていくことが許されず、結婚生活は終わりを告げる。子どもたちはのちに西郷家に引き取られ、愛加那は独りで暮らした。

３人目の妻・糸子は自ら嫁ぎたいと申し出るほど西郷を慕っていた。寅太郎《とらたろう》、午次郎《うまじろう》、酉三《とりぞう》の３人の子どもに恵まれ、愛加那の子どもと、西郷の弟の子どもも分け隔てなく育てる良妻賢母だった。

西郷が出世しても鼻にかけず、大家族を守りよく働くので、女中と間違われることも。その人柄は坂本龍馬も「西郷吉之助の家内も吉之助も大いによい人」と書くほどだ。西郷は、料理上手な糸子をよく褒め、それを聞いた糸子は顔を赤らめるという温かな夫婦関係を築いた。西南戦争で西郷が自決すると、残された糸子は山中で暮らし、子どもたちを立派に育て上げた。やがて、西郷は大赦で復権し、菊次郎は京都市長に、寅太郎は陸軍大佐となった。

波瀾万丈《はらんばんじょう》の人生を送った西郷。その人生には、立身出世の機に立ち会い、絶望の淵から救い、家族を守った妻がいたのだ。

2人目の妻　愛加那
（龍郷町教育委員会蔵）

3人目の妻　糸子
（西郷南洲顕彰館蔵）

坂本龍馬

——政権交代の立役者

有安丈昌

桂浜公園内の坂本龍馬像（高知市）

biography and footprints

坂本龍馬略年表

一八三五年　高知城下本町に生まれる
一八五三　江戸で千葉道場に入門（十九歳）
一八六一　土佐勤皇党に加わる（二十七歳）
一八六二　脱藩、勝海舟に入門（二十八歳）
一八六三　勝海舟の海軍塾塾頭となる（二十九歳）
一八六四　西郷隆盛と会う（三十歳）
一八六五　亀山社中設立（三十一歳）
一八六六　薩長同盟を成立させる
寺田屋で幕吏の襲撃を受ける（三十二歳）
一八六七　亀山社中を海援隊に改称
後藤象二郎に船中八策を授ける
近江屋にて暗殺される（三十三歳）

同時代の動き

一八三九年　蛮社の獄
一八四〇　アヘン戦争
一八四一　天保の改革
一八五三　米使節ペリー浦賀に来航
一八五八　安政の大獄
一八六〇　桜田門外の変
一八六一　米、南北戦争
一八六七　大政奉還

＊赤文字は海外の動き

坂本龍馬の足跡を訪ねて

坂本龍馬誕生地〈高知市上町〉

龍馬の銅像〈高知市浦戸（桂浜公園内）、京都市東山区（円山公園内）〉

寺田屋〈京都市伏見区南浜町〉

坂本龍馬・中岡慎太郎遭難之地（近江屋跡）〈京都市中京区河原町〉

坂本龍馬の墓〈京都市東山区（京都霊山護國神社内）〉

枕流亭〈山口市香山《こうざん》町（香山公園内）〉
薩長同盟の密約を交わしたところ

長崎市亀山社中記念館（亀山社中跡）・亀山社中資料展示場〈長崎市伊良林〉

高知県立坂本龍馬記念館〈高知市浦戸城山〉

高知市立龍馬の生まれたまち記念館〈高知市上町〉

至高松
こうち
〒中央郵便局
こうちえきまえ
33°34'
北本町
相生町
高知病院
高知橋
こうちばし
山田橋
山田獄舎跡
中江兆民誕生地
はすいけまちどおり
はりまや町
武市半平太邸跡
武市瑞山(半平太)道場跡
はりまや橋
龍馬の遠縁で、土佐勤王党を結成。龍馬をはじめ多くの門下生が通う。
<493>
はりまやばし
とさでん桟橋線
堺町
長岡謙吉邸跡
海援隊士として活躍し、龍馬の死後は解散まで海援隊長。維新後は新政府に出仕。
唐人町
潮江橋
雑喉場橋
九反田橋
覚心寺
土居町
うめのつじ
塩屋崎町
さんばしどおりいっちょうめ
至桂浜

龍馬の生い立ち

坂本龍馬は一八三五（天保六）年十一月十五日、高知城下の本町筋で郷士《ごうし》（下士）、坂本家の末子として生まれた。

坂本龍馬（上野彦馬撮影、高知県立坂本龍馬記念館提供）

本家の才谷屋《さいたにや》は城下きっての豪商で、坂本家も郷士とはいえ裕福で教養のある家だった。この環境が、優しくて先見性があり、差別を嫌い、自由で経済に明るい龍馬を育てたのであろう。

幼少期は、泣き虫・鼻たれ・小便たれなどと腕白坊主たちにからかわれ、塾も辞めさせられる落ちこぼれであった。これも金持ちのお坊ちゃんで、過保護に育てられたが故のことではなかったろうか。

十四歳の時、近所の道場に入門して剣の腕前を上げ、一八五三（嘉永六）年十九歳の時、江戸の千葉道場に入門し、さらに腕を上げた。この年、黒船の来航で品川沿岸の警備に動員され、動員解除後には佐久間象山《さくましょうざん》の塾に入り砲術も学んだ。二十歳になって土佐に帰国し、中浜（ジョン）万次郎（土佐の漂流漁民で、アメリカに渡り貴重な体験をした）を取り調べた河田《かわだ》小龍《しょうりょう》から、のちの亀山社中創立のヒントを授かった。二十二～二十四歳、江戸に再遊学。

二十五歳の時、土佐の砲術家・徳弘孝蔵《とくひろこうぞう》の正

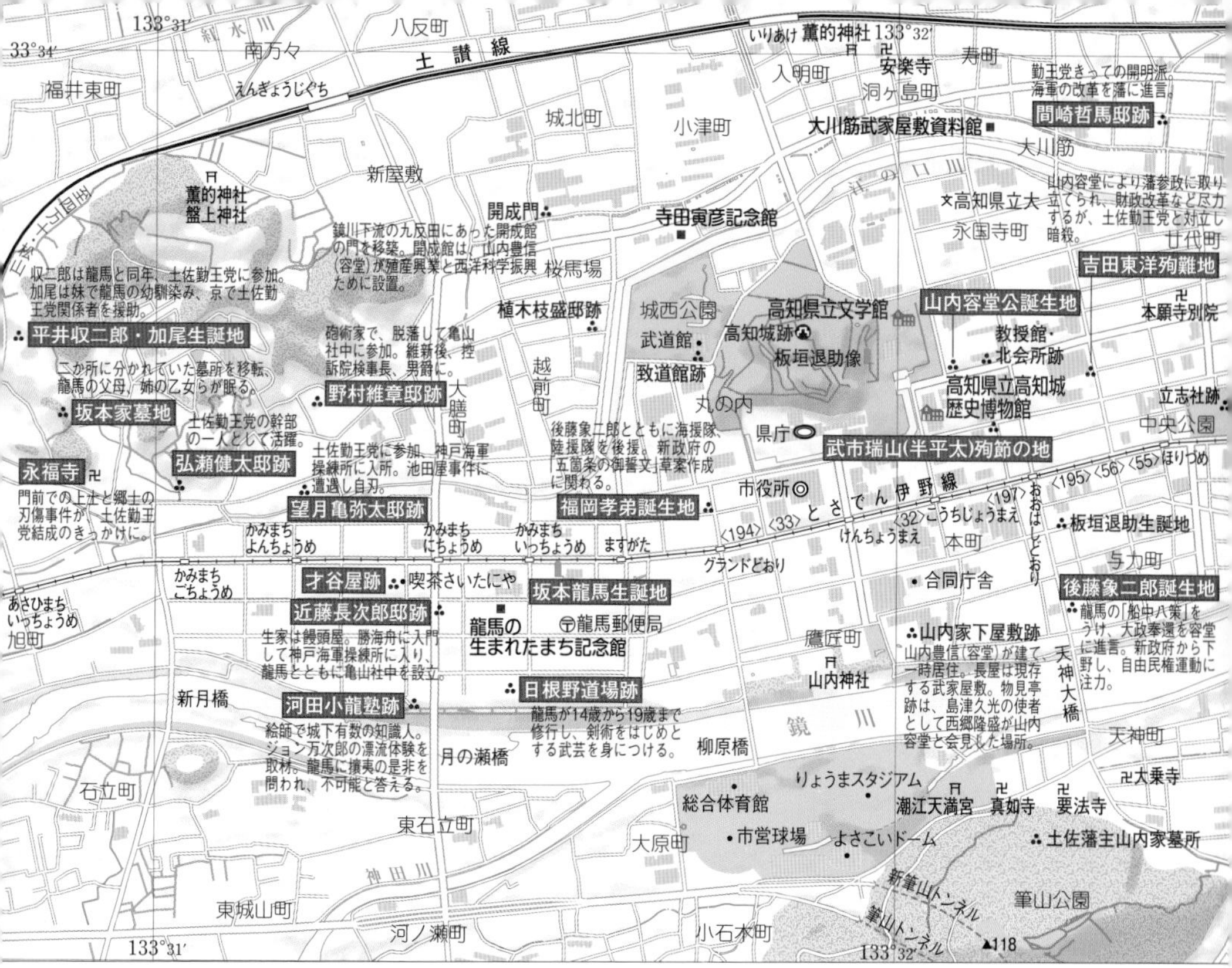

土讃線
八反町
南万々
福井東町
えんぎょうじぐち
城北町
小津町
いりあけ
薫的神社
安楽寺
寿町
入明町
洞ヶ島町
勤王党きっての開明派。海軍の改革を藩に進言。
間崎哲馬邸跡
大川筋武家屋敷資料館
大川筋
新屋敷
薫的神社
盤上神社
開成門
寺田寅彦記念館
山内容堂により藩参政に取り立てられ、財政改革など尽力するが、土佐勤王党と対立し暗殺。
高知県立大
永国寺町
廿代町
吉田東洋殉難地
鏡川下流の九反田にあった開成館の門を移築。開成館は、山内豊信（容堂）が殖産興業と西洋科学振興のために設置。
桜馬場
収二郎は龍馬と同年、土佐勤王党に参加。加尾は妹で龍馬の幼馴染み、京で土佐勤王党関係者を援助。
平井収二郎・加尾生誕地
植木枝盛邸跡
城西公園
高知県立文学館
山内容堂公誕生地
本願寺別院
高知城跡
武道館
板垣退助像
教授館・北会所跡
砲術家で、脱藩して亀山社中に参加。維新後、控訴院検事長、男爵に。
二か所に分かれていた墓所を移転。龍馬の父母、姉の乙女らが眠る。
坂本家墓地
野村維章邸跡
越前町
大膳町
致道館跡
丸の内
高知県立高知城歴史博物館
立志社跡
土佐勤王党の幹部の一人として活躍。
弘瀬健太邸跡
後藤象二郎とともに海援隊、陸援隊を後援。新政府の「五箇条の御誓文」草案作成に関わる。
県庁
中央公園
武市瑞山（半平太）殉節の地
永福寺
土佐勤王党に参加、神戸海軍操練所に入所。池田屋事件に遭遇し自刃。
ほりづめ
門前での上士と郷士の刃傷事件が、土佐勤王党結成のきっかけに。
望月亀弥太郎跡
福岡孝弟誕生地
市役所
とさでん伊野線
こうちじょうまえ
おおはしどおり
板垣退助生誕地
かみまち よんちょうめ
かみまち にちょうめ
かみまち いっちょうめ
ますがた
グランドどおり
けんちょうまえ
本町
与力町
かみまち ごちょうめ
才谷屋跡
喫茶さいたにや
坂本龍馬生誕地
合同庁舎
後藤象二郎誕生地
あさひまち いっちょうめ
旭町
近藤長次郎邸跡
龍馬の生まれたまち記念館
龍馬郵便局
龍馬の「船中八策」をうけ、大政奉還を容堂に進言。新政府から下野し、自由民権運動に注力。
生家は饅頭屋。勝海舟に入門して神戸海軍操練所に入り、龍馬とともに亀山社中を設立。
鷹匠町
山内家下屋敷跡
山内豊信（容堂）が建て、一時居住。長屋は現存する武家屋敷。物見亭跡は、島津久光の使者として西郷隆盛が山内容堂と会見した場所。
山内神社
天神大橋
新月橋
河田小龍塾跡
日根野道場跡
龍馬が14歳から19歳まで修行し、剣術をはじめとする武芸を身につける。
絵師で城下有数の知識人。ジョン万次郎の漂流体験を取材。龍馬に攘夷の是非を問われ、不可能と答える。
鏡川
柳原橋
月の瀬橋
天神町
石立町
りょうまスタジアム
大乗寺
総合体育館
潮江天満宮
真如寺
要法寺
東石立町
大原町
市営球場
よさこいドーム
土佐藩主山内家墓所
新筆山トンネル
筆山トンネル
筆山公園
東城山町
河ノ瀬町
小石木町

△高知市の坂本龍馬ゆかりの地

式門下生となった。二十七歳の時、親戚関係にあたり、親友でもあった武市瑞山《たけちずいざん》の土佐勤皇党《とさきんのうとう》（江戸で結成され、土佐藩の勤皇統一を目指した）に加盟した。

龍馬脱藩へ

龍馬は、要人暗殺の計画など過激になった土佐勤皇党に疑問を抱き、一八六二（文久二）年二月に党を抜ける。さらに三月、土佐では志を果たせないと考え、脱藩という藩主への背信行為を決行する。龍馬二十八歳である。二十四日、同志の沢村惣之丞《さわむらそうのじょう》と高知を出、檮原《ゆすはら》、愛媛の大《おお》洲《ず》、長浜、山口の三田尻《みたじり》を経て四月一日に下関《しものせき》に着いた（p.143図上）。

さらに河田小龍から聞いた科学施設（反射炉など）や情勢を見聞するため、薩摩《さつま》を目指したが入国を拒まれた。

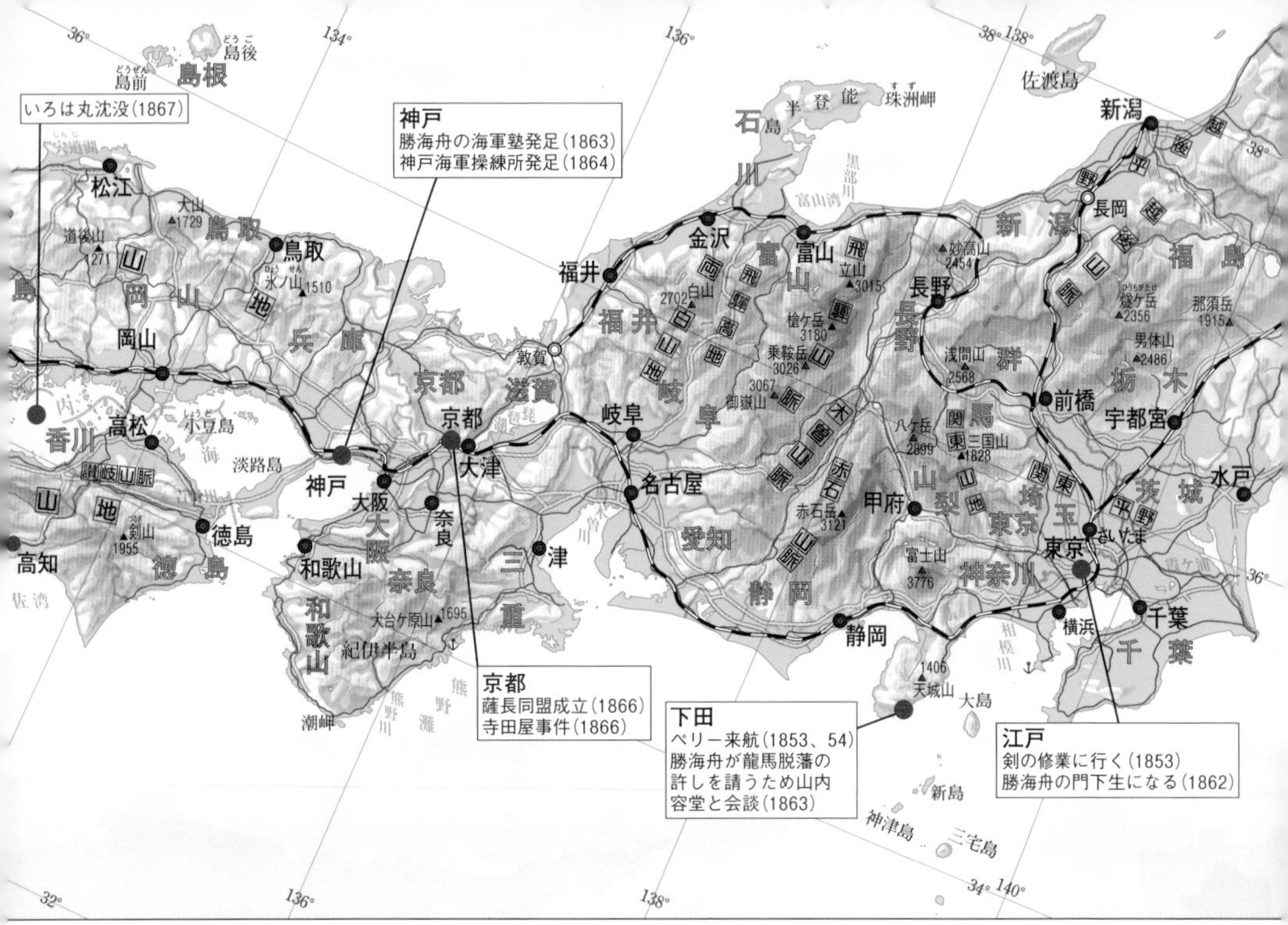
いろは丸沈没(1867)
神戸
勝海舟の海軍塾発足(1863)
神戸海軍操練所発足(1864)
京都
薩長同盟成立(1866)
寺田屋事件(1866)
下田
ペリー来航(1853、54)
勝海舟が龍馬脱藩の許しを請うため山内容堂と会談(1863)
江戸
剣の修業に行く(1853)
勝海舟の門下生になる(1862)
島根
鳥取
岡山
兵庫
香川
徳島
高知
大阪
和歌山
奈良
京都
滋賀
三重
愛知
岐阜
福井
石川
富山
長野
新潟
群馬
栃木
福島
茨城
埼玉
東京
神奈川
千葉
山梨
静岡
佐渡島
大島
新島
神津島
三宅島

△坂本龍馬の東奔西走

天下無二の軍学者・勝海舟に会う

その後大坂、伏見、京を経て江戸に行き一八六二（文久二）年八月、千葉定吉《ちばさだきち》の道場に草鞋《わらじ》を脱いだ。定吉の息子重太郎《じゅうたろう》との縁で、龍馬は一介の脱藩浪人の身ながら、政治総裁職の松平春嶽《まつだいらしゅんがく》との面会がかなう。さらに春嶽の紹介で、十月頃、軍艦奉行並《ぶぎょうなみ》の勝海舟に会う。勝の識見に感服した龍馬は、勝の一の弟子となり、一八六三（文久三）年には神戸海軍操練所の設立に関わった。

姉乙女《おとめ》に宛てた手紙には、「天下無二の軍学者である勝麟太郎《かつりんたろう》大先生の門人になっている。兵庫（神戸）に海軍学校をつくり、大蒸気船で四・五百人の仲間と訓練し、そのうちに土佐へ参ります」と書いて、鼻高々であった。

この頃、龍馬は勝の力で西郷隆盛らとの面識や、土佐藩から脱藩の許し（第一回目）を得ている。一八六四（元治元）年の池田屋事件（➡p.146図）、禁門の変（蛤《はまぐり》御門《ごもん》の変）を機に幕府は勝の軍艦奉行職を解き、兵庫の操練所もわずか一年足らずで閉鎖された。しかし、龍馬が操練所で習得した知識や技術・人脈はやがて国を動かす大きな力となり、花開いていく。

日本初の商社「亀山社中」を興す

勝の失脚後、一八六五（慶応元）年五月、長崎の「亀山」の地で「社中」を結成した。社中は商業活動にとどまらず、政治的・軍事的側面をもつ日本最初の総合商社であった。構成員は、勝の門下生を中心とした三十人ほどの浪士と水夫で、隊員の給料は、薩摩藩から支給された。給与が月給制で隊長の龍馬も部下も皆同額であった。

社中の初仕事は、長州藩の依頼で長崎のグラバー商

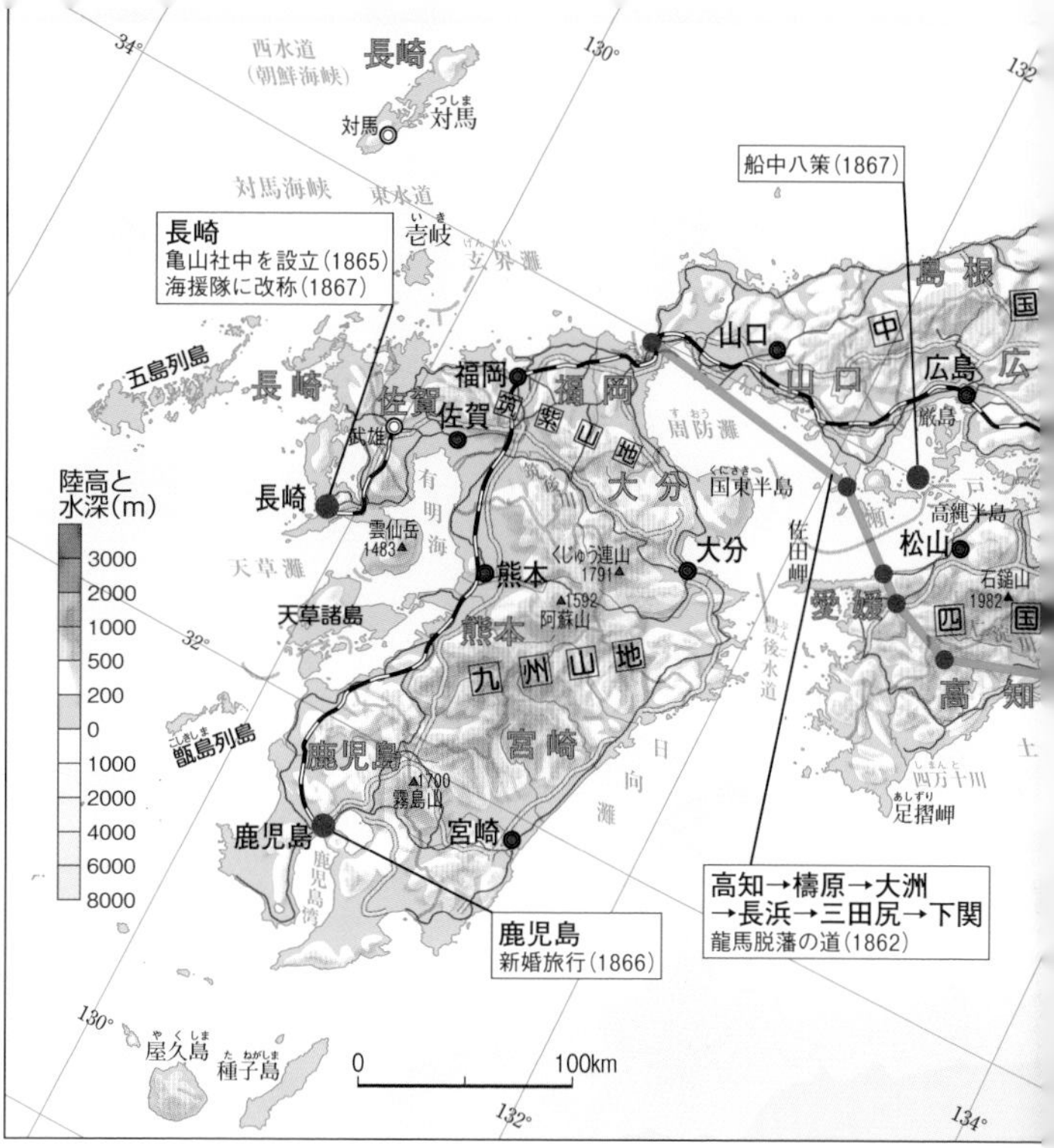

会（↓p.143図下）から洋式銃七千三百挺（総額九万二千四百両）を買う大仕事であった。しかし、その後グラバーは巨大化してゆき、社中との取り引きはこの一回限りであった。

密約・薩長同盟なる

薩長同盟成立の様子　龍馬は西郷と木戸の仲介役を果たした。（創造広場アクトランド提供）

一八六四（文久四）年、長州藩は下関で四国連合艦隊の報復を受け、その前年、薩摩藩は鹿児島湾で英艦隊と交戦して攘夷《じょうい》の無謀さを思い知らされる。その後、両藩いずれも攘夷から倒幕へと傾くが、下関での征長戦争や禁門の変（↓p.146図）などで対立が激化し、互いに憎悪の念を抱いていた。

この頃、西洋の列強諸国は、極東地域で植民地政策を進めており、戦いで国内が二分すれば日本も清国の二の舞になりかねなかった。龍馬は、日本がその轍《てつ》を踏まないために「薩長両藩を連合させ、その勢いで両藩が幕府に退陣を迫る。それを受けて将軍慶喜《よしのぶ》は自ら進んで大政を奉還し、政治は公議によって行う」という筋書きを描いた。

龍馬はその筋書きを実現させるため、無謀とも思える二藩の和解に向け奔走を始める。周到な根回しの末、一八六五（慶応元）年五月、龍馬は中岡慎太郎と組んで、京都で薩摩の西郷・長州の木戸《きど》孝允《たかよし》に同盟締結を説く。曲折を経て一八六六（慶応二）年一月二十一日、京の薩摩藩邸（↓p.146図）で、木戸、小松帯刀《こまつたてわき》、西郷が出席し坂本龍馬が立ち会って「薩長同盟」が成立した（↓p.132）。同盟は密約で文書化されていなかったので、後日木戸は、龍馬に確認のための手紙を送り、裏書きを求めている。手紙には六項目の合意内容とともに龍馬への謝辞も記してある。

ところで、ほかの同盟成立への行動がいずれも失敗したなかで、なぜ龍馬だけは成功させることができたのだろう。実は交渉の裏側で、龍馬ならではの秘策をめぐらせていた。

当時薩摩藩は兵糧米《ひょうろうまい》が不足し、長州藩は幕府に対抗するための武器艦船が欲しかった。しかし外国（グラバー）からの購入は、幕府の許可が下りないのでできない。そこで龍馬は、「薩摩藩が長州藩のために自藩の名義で武器艦船を購入する。長州藩はその対価に見合う米を薩摩藩に贈る。その間の世話は、龍馬の亀山社中がする」というバーター取引を成立させ、すでに両藩は、龍馬に足を向けて寝られない状況になっていた。

寺田屋で襲撃を受ける

一八六六（慶応二）年一月二十三日、龍馬は警護役の長府藩士・三吉慎蔵《みよししんぞう》の待つ伏見の常宿「寺田屋」に深夜帰宅し、風呂から上がって二階にいた。その時、一階で入浴中の女中・龍《りょう》（➡p.150）に幕吏の槍先が向かってきた。龍は後日「着物を着る間もなく、夢中で裏梯《うらばし》子《ご》を駆け上り、急を知らせました」と語っている。慎蔵は得意の槍で龍馬は短銃で応戦したが、龍馬は負傷し弾倉を落としてしまう。応戦不能とみた三吉が「武士らしく割腹を……」と言うと、龍馬は「命あっての物種ヨ」と応え、ともに敗走したという。

龍は、とっさの機転で薩摩藩邸に走り、急を告げた。龍馬は、救援に駆けつけた薩摩藩士のおかげで九死に一生を得た。のちに龍馬は、姉乙女への手紙で龍の介護ぶりを「この龍女おればこそ、龍馬の命は助かりたり」と伝えている。

この後二人は祝言をあげる。媒酌は中岡慎太郎であったとも西郷隆盛であったともいわれる。二人は西郷の勧めを受け、幕吏の追跡回避と傷の養生を兼ねて

寺田屋（京都市伏見区）　龍馬の定宿。今も部屋が残る。

薩摩に向かった。

一八六六（慶応二）年二月二十九日京都を出発し三月四日大坂、同六日下関、同九日長崎を経て三月十日に鹿児島に着いた。それからの約一か月間、日当山《ひなたやま》温泉や塩浸《しおびたし》温泉、霧島温泉などをめぐり、カステラ持参で天孫降臨の高千穂《たかちほ》の峰にも登り、小松帯刀邸などに滞在したとされる。

坂本龍馬お龍新婚湯治碑
（鹿児島県霧島市）

京都市の坂本龍馬ゆかりの地

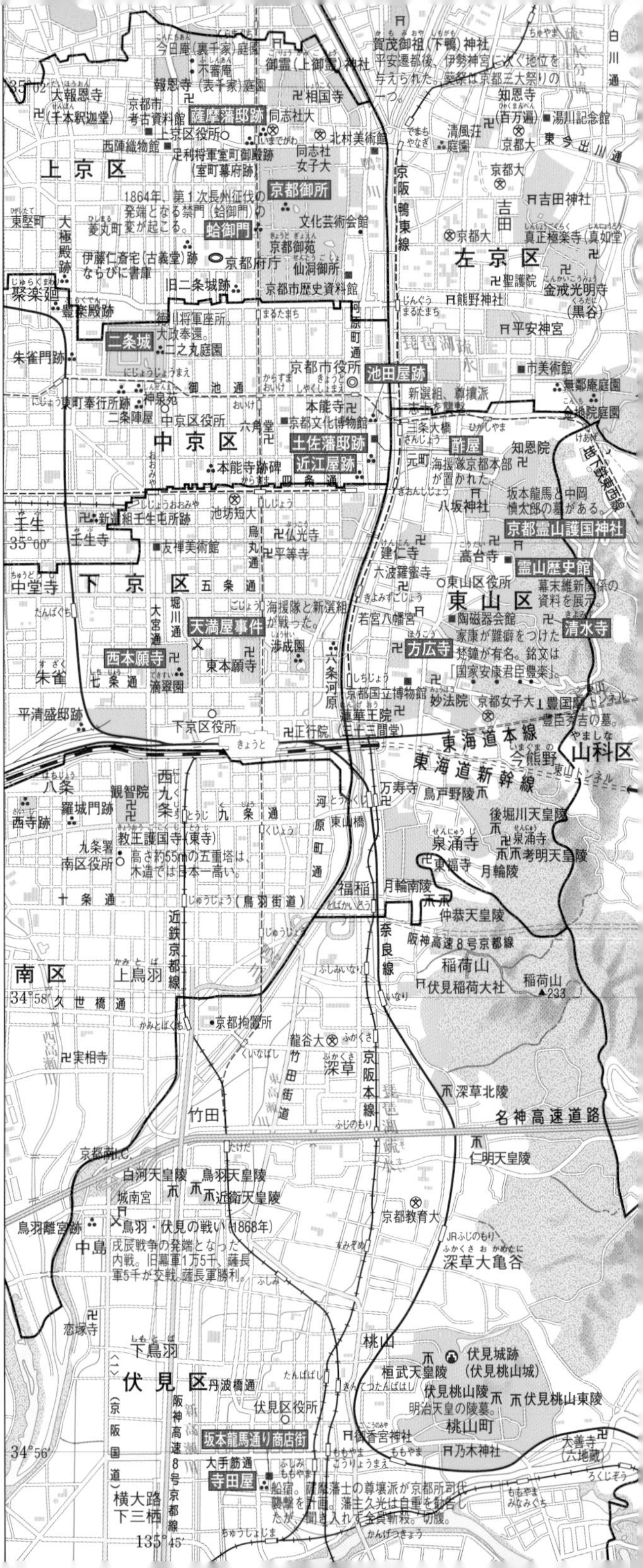

脱藩以来、東奔西走を続けた龍馬にとっては、夢のような旅だったろう。当時は男女が連れ立って旅行する風習はなかったので、これが日本で最初の新婚旅行だといわれている。

社名更新、「海援隊」へ

一八六七（慶応三）年四月、出資者が土佐藩に変わり、亀山社中は名称のみ「海援隊」と改めた。仕事内容は、「運輸・射利（営利）・開拓・投機・土佐藩への応援」などで、当時武士が卑《いや》しんでいた商業活動であった。また和英辞典を発行し、万国公法（国際的な法律）の出版も企画した。

　海援隊の初仕事は、蒸気船「いろは丸」で食料や武器弾薬を輸送することであった。同年四月二十三日、「いろは丸」は、長崎を出港して大坂へ向かう途中、瀬戸内海の讃岐・三崎沖で紀州藩の蒸気船「明光丸《めいこうまる》」に衝突され、沈没した。相手は御三家の紀州藩、対するは土佐藩でしかも乗組員は浪人集団。歯が立つ相手ではなかった。長崎で行われた賠償交渉（日本最初の海難審判）で龍馬は、歌を流行らせて世論を味方につけたり、藩の要人を介入させたり、英国水師提督の判断を求めたり、国際法（万国公法）を持ち出したりしてなんと完勝を収めた。

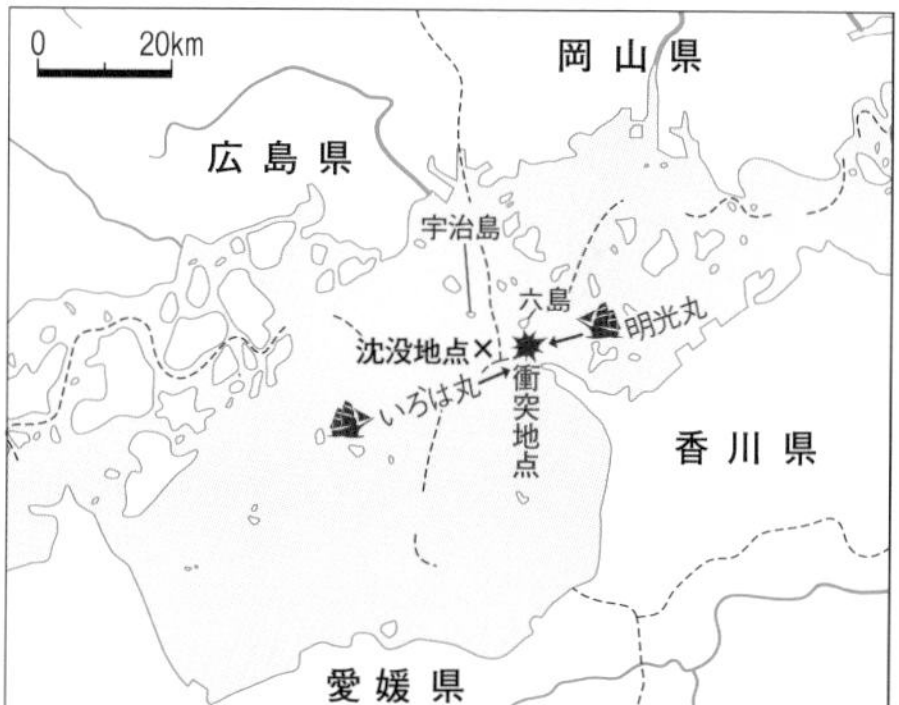

いろは丸航路図

　海援隊にも苦境の時代があった。その際やむなく水夫に暇を出したが、ほとんどの者が去らなかった。また幕府からのスカウトにも誰も応じなかった。

大政奉還のシナリオ・船中八策

一八六七（慶応三）年六月九日、龍馬は長崎から兵庫へ出発した土佐藩船「夕顔丸」に土佐藩参政・後藤《ごとう》象二郎《しょうじろう》と乗り合わせていた。

　この頃、土佐では武力討幕派が力をもっており、藩論が統一されていなかった。また薩摩でも武力倒幕の準備が進んでいた。龍馬は、倒幕戦が始まれば、都は流血と灰じんの町と化し、国力は一層疲弊して列強の思う壺《つぼ》になると心配していた。

二人は、山内容堂《やまうちようどう》（前土佐藩主で将軍の盟友）の面目を潰さずに、将軍徳川慶喜に大政を奉還させる方法や奉還後の政策を論じ合った。その際龍馬は後藤に「船中八策」を示した。

第一条　幕府は政権を朝廷に返し、政令は朝廷から出す。
第二条　二院制の議会を設けて公議で決める。
第三条　人材を登用し、行政を改革する。
第四条　外国との国交樹立と平等条約を結ぶ。
第五条　新法典を制定する。
第六条　海軍を拡充する。
第七条　帝都を守る近衛兵を置く。
第八条　金銀の交換率を外国と公平にする。

のちに後藤は容堂を説き、船中八策を薩長による武力倒幕を避ける妙案として採用させ、土佐藩の大政奉還路線が決まった。

薩摩や公家、芸州などの賛同も得て十月三日に幕府へ建白書を提出した。十四日、政権は無血で朝廷に返還された。

維新前夜、龍馬落命

片手に余る変名を操って日本の選択・日本の夜明けのために奔走した龍馬。一八六七（慶応三）年十一月十五日深夜、京都の醤油商「近江屋」（➡p.146図）に見張りを置き、二階の一室で陸援隊長の中岡慎太郎と話をしていた。同席していた従僕が龍馬の好物であるシャモ鍋用のシャモを調達しに外出し、その後見張り番が、刺客を帰ってきた従僕と間違えて上げてしまった。龍馬は「ほたえな！（土佐弁で静かにしろの意）」と一喝したが、時すでに遅し。不意打ちにあった龍馬は三太刀目で頭を割られ脳漿《のうしょう》が吹き出し、絶命。慎太郎も二日後、そのあとを追った。

落命したこの日は、龍馬三十三歳の誕生日であった。

暗殺で直接手を下したのは、元京都見廻組の今井信《いまいのぶ》郎《お》とする歴史家が多いが、ほかにも名があがる。黒幕は、西郷の薩摩藩か、いろは丸事件を恨んだ紀州藩か、藩是をないがしろにされた土佐藩か、幕藩体制を潰された幕府か、説は多い。

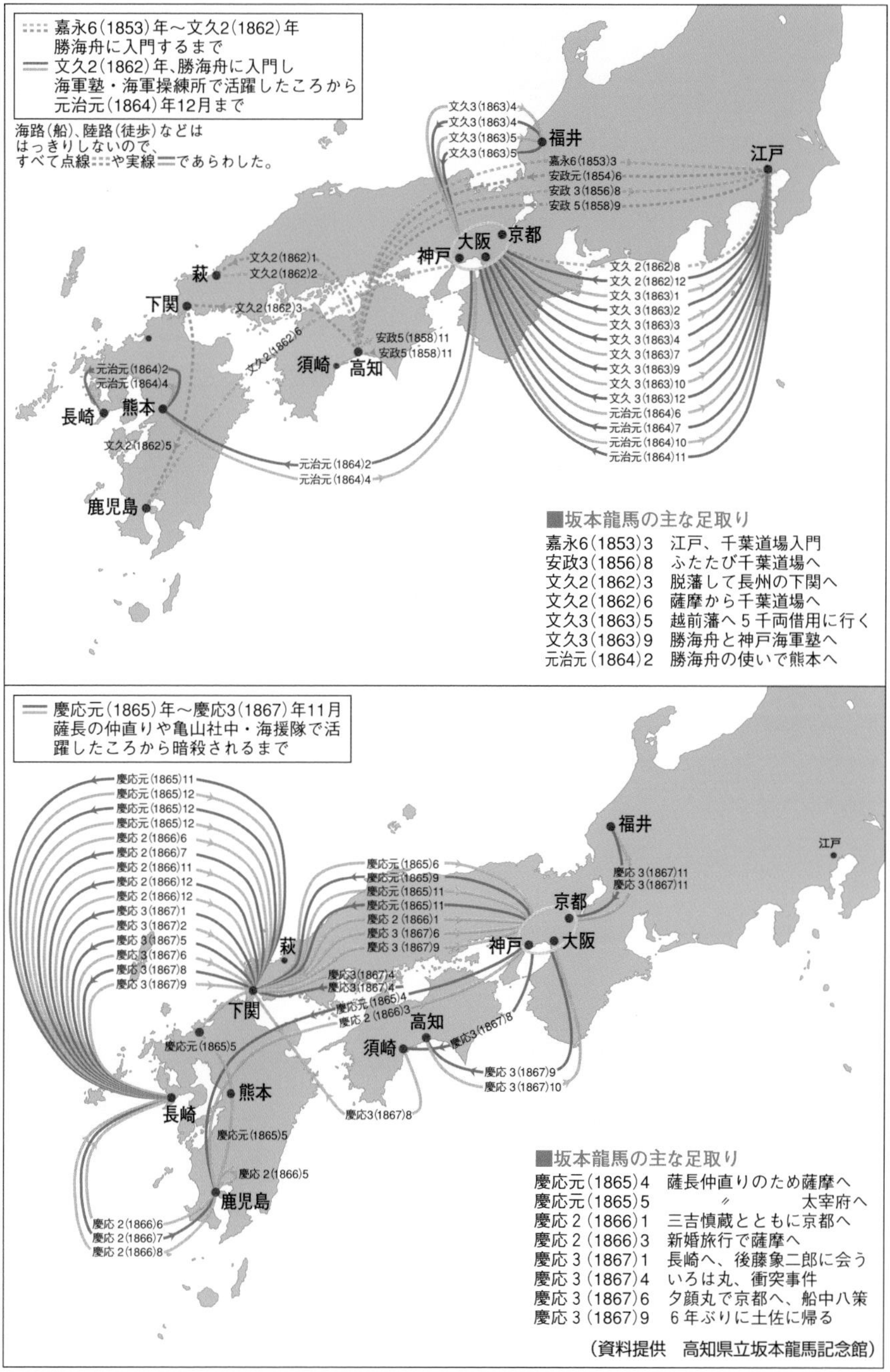
嘉永6(1853)年〜文久2(1862)年
勝海舟に入門するまで
文久2(1862)年、勝海舟に入門し
海軍塾・海軍操練所で活躍したころから
元治元(1864)年12月まで
海路(船)、陸路(徒歩)などは
はっきりしないので、
すべて点線や実線であらわした。
福井
江戸
京都
大阪
神戸
萩
下関
須崎
高知
長崎
熊本
鹿児島
■坂本龍馬の主な足取り
嘉永6(1853)3　江戸、千葉道場入門
安政3(1856)8　ふたたび千葉道場へ
文久2(1862)3　脱藩して長州の下関へ
文久2(1862)6　薩摩から千葉道場へ
文久3(1863)5　越前藩へ５千両借用に行く
文久3(1863)9　勝海舟と神戸海軍塾へ
元治元(1864)2　勝海舟の使いで熊本へ
慶応元(1865)年〜慶応3(1867)年11月
薩長の仲直りや亀山社中・海援隊で活
躍したころから暗殺されるまで
■坂本龍馬の主な足取り
慶応元(1865)4　薩長仲直りのため薩摩へ
慶応元(1865)5　〃　太宰府へ
慶応２(1866)1　三吉慎蔵とともに京都へ
慶応２(1866)3　新婚旅行で薩摩へ
慶応３(1867)1　長崎へ、後藤象二郎に会う
慶応３(1867)4　いろは丸、衝突事件
慶応３(1867)6　夕顔丸で京都へ、船中八策
慶応３(1867)9　６年ぶりに土佐に帰る
(資料提供　高知県立坂本龍馬記念館)

◯坂本龍馬の足取り

column
女性たちの生き様⑫

龍馬を支えた妻「お龍」

「まことにおもしろき女」と、龍馬を笑わせ、命を救い、大きな夢に寄り添ったお龍。

1841(天保12)年、京都の町医者のもとに生まれ、裕福な生活を送っていた。しかし、安政の大獄で父が捕まると生活は困窮し、妹が女郎に売られそうになる。すると、刃物を持って立ち向かい妹を取り返したという、気骨のある女性だ。

龍馬と出会ったのは、京都の旅館で働いていたときのこと。龍馬に名前を告げると「自分と一緒だ」と笑い、すぐに２人は恋仲になった。寺田屋事件で龍馬は、お龍の機転で命拾いをし「お龍のおかげで助かった」と乙女に報告するほど、絶大な信頼を寄せていた。この後、２人は祝言を挙げ、夫婦となったのだ。

事件後、船で薩摩まで、日本人初の「新婚旅行」へ。甲板で瀬戸内海を眺めるお龍に「天下が鎮静したら、汽船をこしらえて日本の沿岸を回ろうか」と龍馬が声をかけた。すると、お龍は「家などいりません。丈夫な船があればたくさん。外国の隅々まで回ってみたいです」と言い返したので「突飛な女だ」と笑ったそうだ。「突飛な女じゃからこそ君は助かった」と西郷隆盛も大笑い。龍馬はそんなお龍にぞっこんだったが「賢婦人とは言えない」と、友人らからの評価は今ひとつ。奥ゆかしい女とはかけ離れた、この時代には稀《まれ》に見る大胆な女性だったのだろう。

龍馬が暗殺されると、お龍は人を頼り転々とした後、大道商人の西村松兵衛と再婚し、西村ツルとして横須賀で暮らした。ただ、龍馬を忘れられず、酒浸りで落ちぶれた晩年を送り、1906(明治39)年66歳で逝去。松兵衛らが建てた墓碑には「阪本龍馬之妻龍子之墓」と刻まれ、龍馬の妻としてこの世を終えた。

一緒に世界が見たいと無邪気に笑う、突飛な女。だからこそ龍馬が惚《ほ》れたのだ。強固な古い時代を龍馬がこじ開けることができたのは、そんなお龍がそばにいたからだったと思わせる。

最晩年のお龍
(「東京二六新聞」1904年12月15日)

渋沢栄一

——経済と道徳の両立を目指した実業家

小川原正道

JR深谷駅（埼玉県）　深谷産の煉瓦が使われた東京駅舎を模している。

biography and footprints

渋沢栄一略年表

一八四〇年　武蔵国血洗島村に生まれる
一八五八　従妹千代（尾高惇忠の妹）と結婚（十八歳）
一八六四　一橋家御用談所下役に命じられる
一八六七　パリ万博使節団に随行しフランスに渡航
一八七三　第一国立銀行開業（三十三歳）
一八七八　東京株式取引所開業（三十八歳）
一九〇一　日本女子大学校開校（六十一歳）
一九〇九　渡米実業団長として渡米（六十九歳）
一九三一　死去。上野の谷中霊園に埋葬（九十一歳）

同時代の動き

一八四〇年　アヘン戦争
一八五八　日米修好通商条約締結
一八六四　四国艦隊下関砲撃
一八七三　遣欧使節団帰国
一八八九　大日本帝国憲法発布
一八九四　日清戦争
一九〇四　日露戦争
一九一四　第一次世界大戦

*赤文字は海外の動き

渋沢栄一の足跡を訪ねて

旧渋沢邸「中の家（なかんち）」〈埼玉県深谷市〉

尾高惇忠生家〈埼玉県深谷市〉
学問の師、尾高惇忠の生家

富岡製糸場〈群馬県富岡市〉

第一国立銀行跡〈東京都中央区〉
銀行発祥の地、現みずほ銀行

日本煉瓦製造株式会社〈埼玉県深谷市〉

東京証券取引所（旧：東京株式取引所）
〈東京都中央区〉

旧東京養育院〈東京都板橋区〉
現・東京都健康長寿医療センター

青淵澁澤榮一像
〈東京都千代田区（常盤橋公園内）〉

一橋大学（旧：商法講習所）〈東京都国立市〉

渋沢栄一記念館〈埼玉県深谷市〉

渋沢史料館〈東京都北区（飛鳥山公園内）〉

渋沢栄一（渋沢史料館蔵）

「近代日本経済の父」とよばれて

商人として、実業家として、さらには社会事業家として日本はもとより世界をかけめぐったのが、渋沢栄一である。幕末に生まれて徳川家に仕え、若くして財政運営の才能を発揮した渋沢は、維新後、大蔵省勤務を経て実業家となり、数多くの企業や団体を設立、その経営に当たった。利益を追求するだけでなく、日米関係の親善や慈善活動、教育事業にも力を入れ、道徳と経営の両立を目指した。その九十一年の生涯をたどっていこう。

「商人」の原点

渋沢栄一は、一八四〇（天保十一）年に渋沢市郎《いちろう》右衛門《えもん》の三男として武蔵《むさし》国血洗島《ちあらいじま》村に生まれた。父は藩主から名字帯刀を許された武士気質《かたぎ》の人物で、慈善精神に富み、周囲にも深切に世話を焼き、農業のほか藍玉《あいだま》の製造販売で成功して資産を築き、母のえいも慈善精神から患者の面倒をよく見た。こうした気風が、渋沢の性格形成に影響を与えたといわれている。

父の藍玉製造と販売を助けながら、書法や四書五経、剣術などを学んだ渋沢は、江戸に出て儒学者・海保魚《かいほぎょ》村《そん》の塾生となり、千葉道場で剣術を学びながら、尊王攘夷《じょうい》の志士として成長していく。一八六三（文久三）年には階級制度を打破すべく、武器を収集して高崎城を乗っ取り、横浜を焼き討ちにする計画を練ったが、攘夷の無謀さを知った同志によって止められている。

静岡での実践とパリ万博

決起計画により捕らえられる可能性のあった渋沢は、家を出て塾生時代に知遇を得た一橋《ひとつばし》家の用人、平《ひら》

△深谷周辺の渋沢栄一ゆかりの地（「深谷」「高崎」1：50000を加工（明治40年測量、大日本帝國陸地測量部）×0.6）

岡円四郎《おかえんしろう》の家来となり、京に上った。一橋慶喜《よしのぶ》は当時、将軍後見職として優秀な人材を集めており、渋沢は一橋家の外交を担う「御用談所《ごようだんしょ》」の下役となり、領内の木綿や硝石《しょうせき》などの栽培・製造を奨励し、藩札を発行して現金化させるなど、商才を発揮していった。

そんななか、慶喜の弟・昭武《あきたけ》が一八六七（慶応三）年にパリで開催される万国博覧会に派遣されることとなり、渋沢は随行員に選ばれて、書記と会計を担当することになる。横浜を発《た》った一行は上海に寄港し、渋沢は西洋人が中国人を酷使する様子を目の当たりにして、西洋との差を実感した。万博では、貨幣経済や経

渋沢栄一にチャンスをくれた徳川慶喜

徳川幕府最後の将軍、慶喜は、水戸藩主・徳川斉昭《なりあき》の七男として生まれ、早くから将軍の後継者と期待されて将軍後見職となった。慶喜に引き立てられた渋沢は、遠慮なく意見を具申する信頼関係を構築し、後年、『徳川慶喜公伝』を編さんするなど、国難を一身に引き受けたとして慶喜を評価した。

洋装姿の渋沢（渋沢史料館蔵）

済振興に関わる蒸気機関や軍備、貨幣、工芸品、芸術作品などに特に関心を寄せ、欧米では国家間の「相忌相悪《あいいみあいにくむ》」が「貿易の自在」や「人民の経済の道」によって「世界太平に帰し」ていることに着眼して※、近代的なインフラを共有する必要性を学んでいる。

官界から実業界へ

帰国すると、すでに大政奉還によって幕府は消滅しており、渋沢は徳川家が支配する静岡藩の勘定組頭となった。一部の豪商が資本を独占する体制を嫌った渋沢は、穀や茶、繭などを購入し、旧幕臣に製茶や養蚕に従事するよう貸し付けている。

一八六九（明治二）年に民部省租税正《そぜいのかみ》に任じられた渋沢は、度量衡《どりょうこう》や租税制度、貨幣・禄制改革、鉄道敷設、銀行・会社制度などを手がけてスピード出世を遂げた。しかし、国営企業の採算が取れないことを感じ、民間の実業界に人材を集める先陣を切るべく、大蔵省を辞め、一八七三（明治六）年に自らが主導してきた第一国立銀行が開業すると、その総監役（のち、頭取）に就任した。このとき、『論語』を思い出し、その教訓に従って実業家としての人生を送りたいと考えた。

数々の企業に関わる

第一国立銀行を出発点として実業家となった渋沢は、新たな貸付先企業として、王子《おうじ》製紙会社や東京瓦《ガ》斯《ス》会社、日本鉄道会社、東京海上保険会社、大阪紡績会社などの設立に携わり、日本経済の近代化に大きく貢献することになる。渋沢が設立や経営に関与した企業はおよそ五百社に上ったが、誰もが経済活動に乗り出せる事業の推進を求め、事業利益を独占する財閥を形成することはなかった。一八七八年には東京商法会議所（現・東京商工会議所）を設立している。

日本の金融街として知られる兜町《かぶとちょう》には、第一国立銀行（現・みずほ銀行）や、渋沢が三井組などと設立した東京株式取引所、渋沢の事務所などがあった。渋沢

※『航西日記　巻之四』渋沢栄一、杉浦譲著（1871（明治4）年）より

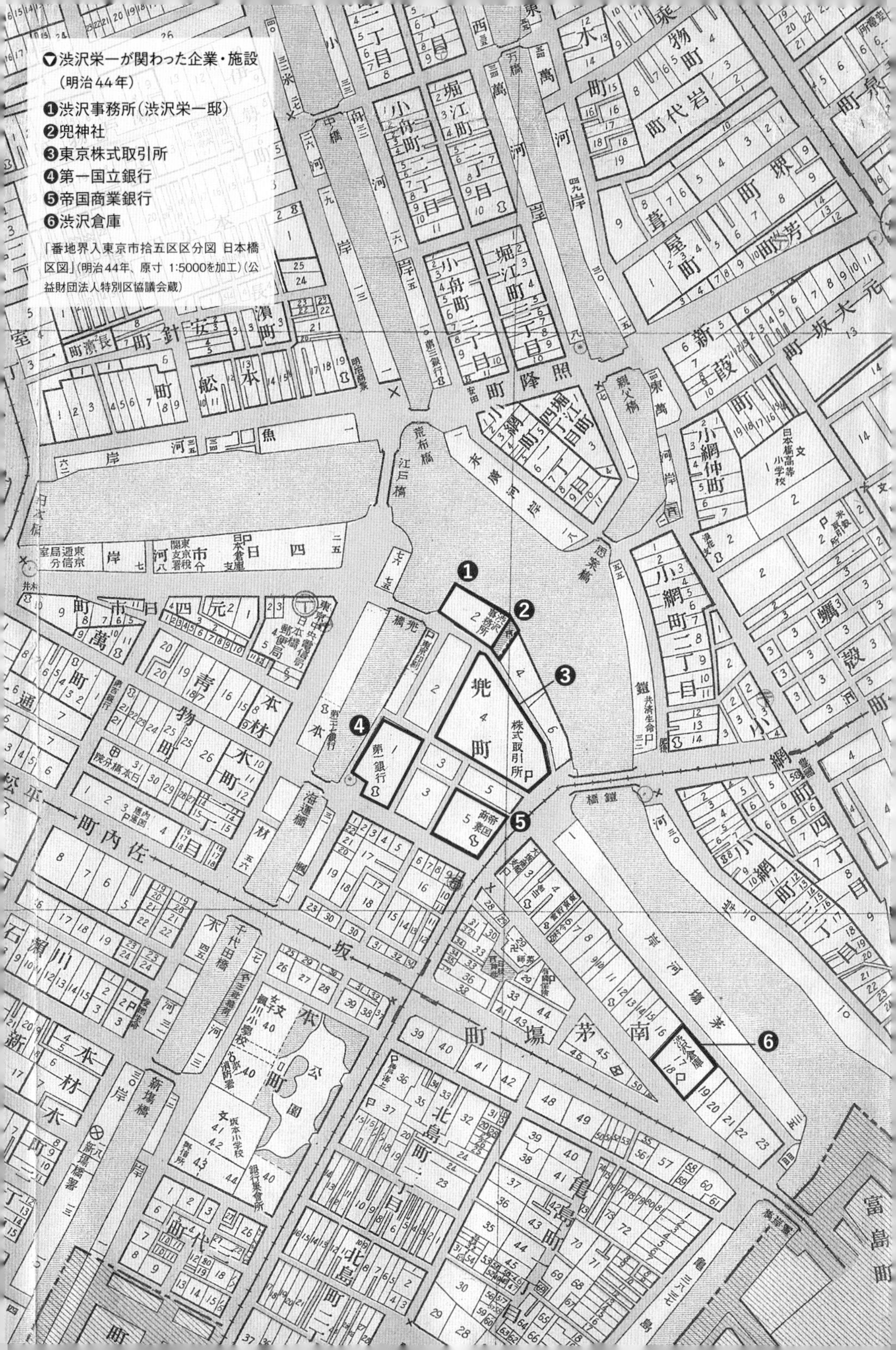

▼渋沢栄一が関わった企業・施設（明治44年）

❶渋沢事務所（渋沢栄一邸）
❷兜神社
❸東京株式取引所
❹第一国立銀行
❺帝国商業銀行
❻渋沢倉庫

「番地界入東京市拾五区区分図 日本橋区図」（明治44年、原寸 1:5000を加工）（公益財団法人特別区協議会蔵）

は朝にこの事務所に出勤して来客に対応し、役員を務める各社を回って会議などをこなして、晩餐《ばんさん》会で演説し、別荘に帰宅する、といった毎日を送った。

世界的視野のもとに

渋沢は、日米関係をはじめとする外交問題に取り組んだ「国民外交」家として知られている。一九〇二（明治三十五）年には欧米視察に臨んで、セオドア・ローズヴェルト米国大統領と会見し、一九〇九（明治四十二）年、日本の実業団を率いて渡米、全米各都市を訪問して、ウィリアム・タフト大統領などの政治家や実業家と会見・面会した。当時アメリカ西海岸で発生していた日本人移民問題を沈静化させて日米関係の親善を深め、通商関係を発展させるのが目的だったが、大学や福祉施設なども見学し、富豪が公益・慈善事業に貢献する重要性を学んだ。

その後も渋沢は、一九一五（大正四）年にパナマ太平洋博覧会を視察すべく渡米し、ウッドロー・ウィルソン大統領と会見、翌年に日米関係委員会、一九一七（大正六）年には日米協会を発足させ、第一次世界大

▼渡米実業団の行程（1909年）

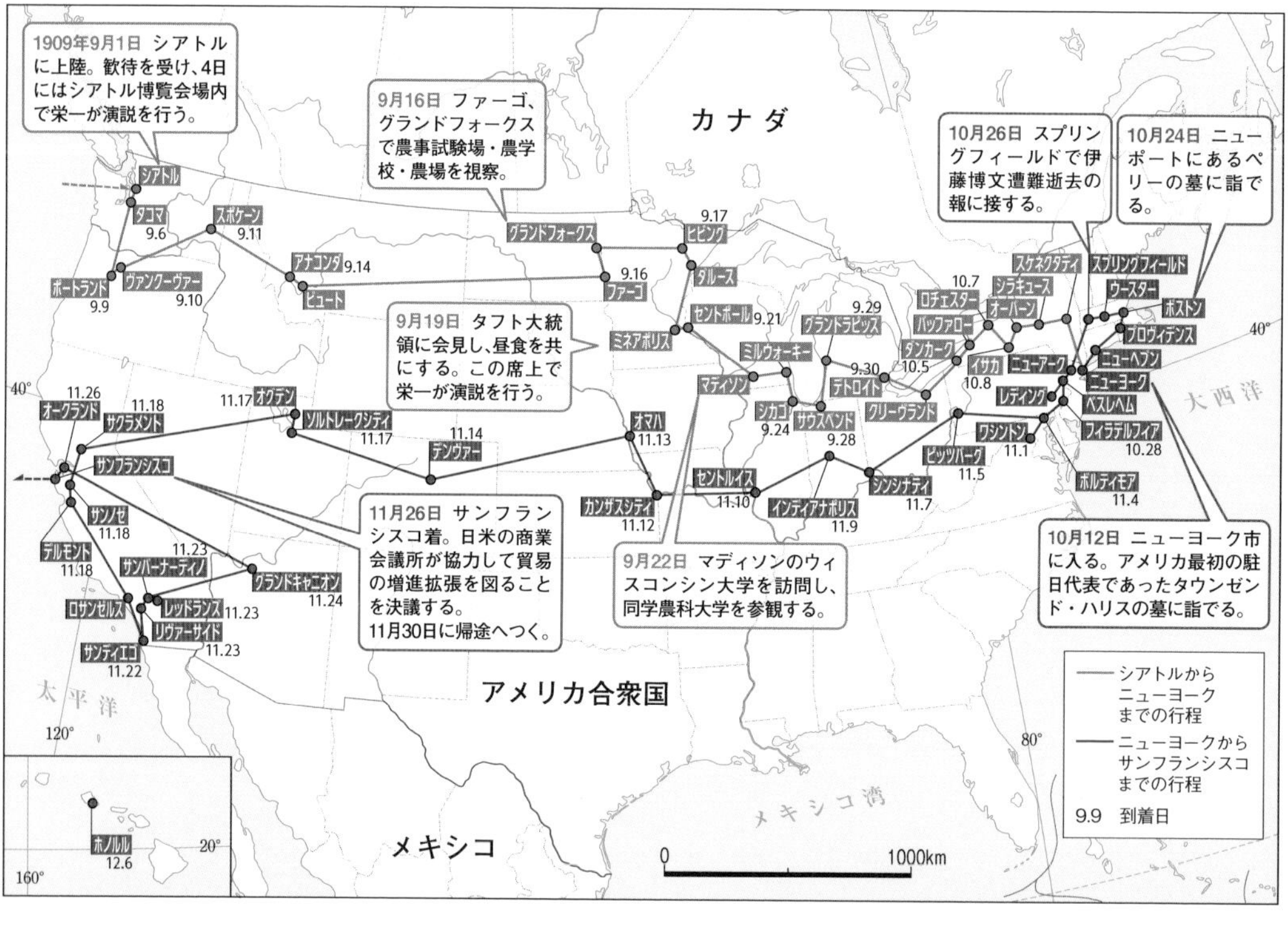

1909年9月1日 シアトルに上陸。歓待を受け、4日にはシアトル博覧会場内で栄一が演説を行う。
9月16日 ファーゴ、グランドフォークスで農事試験場・農学校・農場を視察。
9月19日 タフト大統領に会見し、昼食を共にする。この席上で栄一が演説を行う。
10月26日 スプリングフィールドで伊藤博文遭難逝去の報に接する。
10月24日 ニューポートにあるペリーの墓に詣でる。
10月12日 ニューヨーク市に入る。アメリカ最初の駐日代表であったタウンゼンド・ハリスの墓に詣でる。
9月22日 マディソンのウィスコンシン大学を訪問し、同学農科大学を参観する。
11月26日 サンフランシスコ着。日米の商業会議所が協力して貿易の増進拡張を図ることを決議する。
11月30日に帰途へつく。
カナダ
アメリカ合衆国
メキシコ
太平洋
大西洋
メキシコ湾
シアトル
タコマ 9.6
スポケーン 9.11
ポートランド 9.9
ヴァンクーヴァー 9.10
アナコンダ 9.14
ビュート
グランドフォークス
ファーゴ 9.16
ヒビング 9.17
ダルース
セントポール 9.21
ミネアポリス
ミルウォーキー
マディソン
シカゴ 9.24
サウスベンド 9.28
グランドラピッズ 9.29
デトロイト 9.30
クリーヴランド
ロチェスター
バッファロー 10.7
ダンカーク 10.5
スケネクタディ
シラキュース
オーバーン
イサカ 10.8
ニューアーク
レディング
スプリングフィールド
ウースター
ボストン
プロヴィデンス
ニューヘブン
ニューヨーク
ベスレヘム
フィラデルフィア 10.28
ワシントン 11.1
ボルティモア 11.4
ピッツバーグ 11.5
シンシナティ 11.7
インディアナポリス 11.9
セントルイス 11.10
カンザスシティ 11.12
オマハ 11.13
デンヴァー 11.14
ソルトレークシティ 11.17
オグデン 11.17
サクラメント 11.18
オークランド 11.26
サンフランシスコ
サンノゼ 11.18
デルモント 11.18
グランドキャニオン 11.24
サンバーナーディノ 11.23
ロサンゼルス
レッドランズ 11.23
リヴァーサイド 11.23
サンディエゴ 11.22
ホノルル 12.6
40°
120°
80°
20°
160°
0
1000km
シアトルからニューヨークまでの行程
ニューヨークからサンフランシスコまでの行程
9.9 到着日

戦後の一九二〇（大正九）年には日本国際連盟協会が設立され会長に就任した。渋沢は、自分は「国際的なこと」に通じてはいないが、日本の国際的地位の向上に伴って「鎖国的では駄目」になっており、国際連盟の力で戦争を抑止できるならば、その議論を「空論」に走らせてはならないと自問して、この会長職を引き受けたと回想※している。

一九二一（大正十）年、渋沢はワシントン会議の視察のため渡米してウォレン・ハーディング大統領と会見したが、堀越善重郎《ほりこしぜんじゅうろう》や増田明六《ますだめいろく》といった次世代の実業家も随行しており、豊富な国際経験に基づく「国民外交」の系譜を継承させようとする姿勢がうかがえる。

日米の親善を目指して

渋沢は、人形の交換を通じた日米関係の親善、というユニークな取り組みもしている。一九二七（昭和二）年、日本国際児童親善会が渋沢を会長として「親善人形歓迎会」を催し、アメリカの子どもと日本の子どもの間で人形の交換が行われた。渋沢はその席で、この取り組みが全国に広がって国際的な友好関係が広がってほしいとしたうえで、三つ子の魂百までといわれるが、日米関係を健全にするには子ども同士を仲良くさせなければならず、自分はサンタクロースの役を引き受けたい、と語っている。

人形を抱く渋沢（渋沢史料館蔵）

このほか、一九一六（大正五）年には東京商業会議所に日米関係委員会を設けて日米間の交流を促進し、移民問題を解決するべく、日米両国政府に連合高等委員会を設置するよう提案するなど、日米関係の親善に努めた。一九二五（大正十四）年に設立された太平洋問題調査会でも中心的役割を担い、排日移民法によって悪化した日米の相互理解と関係を再構築する役割を期待されることになる。

慈善・宗教・教育

渋沢は社会事業にも熱心に取り組み、困窮した人々

※『竜門雑誌』第437号・大正14年2月「国際的平和と其他二問題」より

を支援する東京養育院の院長となったほか、宗教間の相互理解・協力を目指す帰一協会《きいっきょうかい》に参加して宗教や道徳の振興を支援し、社会秩序の安定に努めた。労働争議の調停のために協調会の設立に関与し、「流汗鍛錬《りゅうかんたんれん》、同朋相愛」を目指す修養団もサポート、妻・千代（➡p.160）を感染症で喪《うしな》った経験から、日本結核予防協会の運営にも携わっている。

実業教育を推進し、現在の一橋大学となる商法講習所をはじめ、大倉商業学校、浅草商業補習学校、京華商業学校、横浜商業学校、高千穂高等商業学校など、数多くの商業学校の設立・運営に貢献し、渋沢が関わったフィランソロピー（慈善、奉仕）分野の団体の活動は約六百に及んでいる。

一九一一（明治四十四）年、商法講習所の後身である東京高等商業学校の卒業式で渋沢は、一八七五（明治八）年に商法講習所が設立された頃は商業教育が軽視されていたが、その後実業教育が「官」「民」ともに進んできたと感慨を述べたうえで、民間の商工業が未《いま》だ弱く、政府からの指導や援助、妨害に左右されており、このままではすべての事業が「官営」になってしまうのではないか、と懸念する演説をしている。民間における実業と教育の発展による「官尊民卑」の打破こそが、渋沢が生涯追求したテーマであった。

「理想」の街をつくる

欧米視察を経験した渋沢は、第一次世界大戦を経て東京の人口が増加し、住宅不足に陥ってホワイトカ

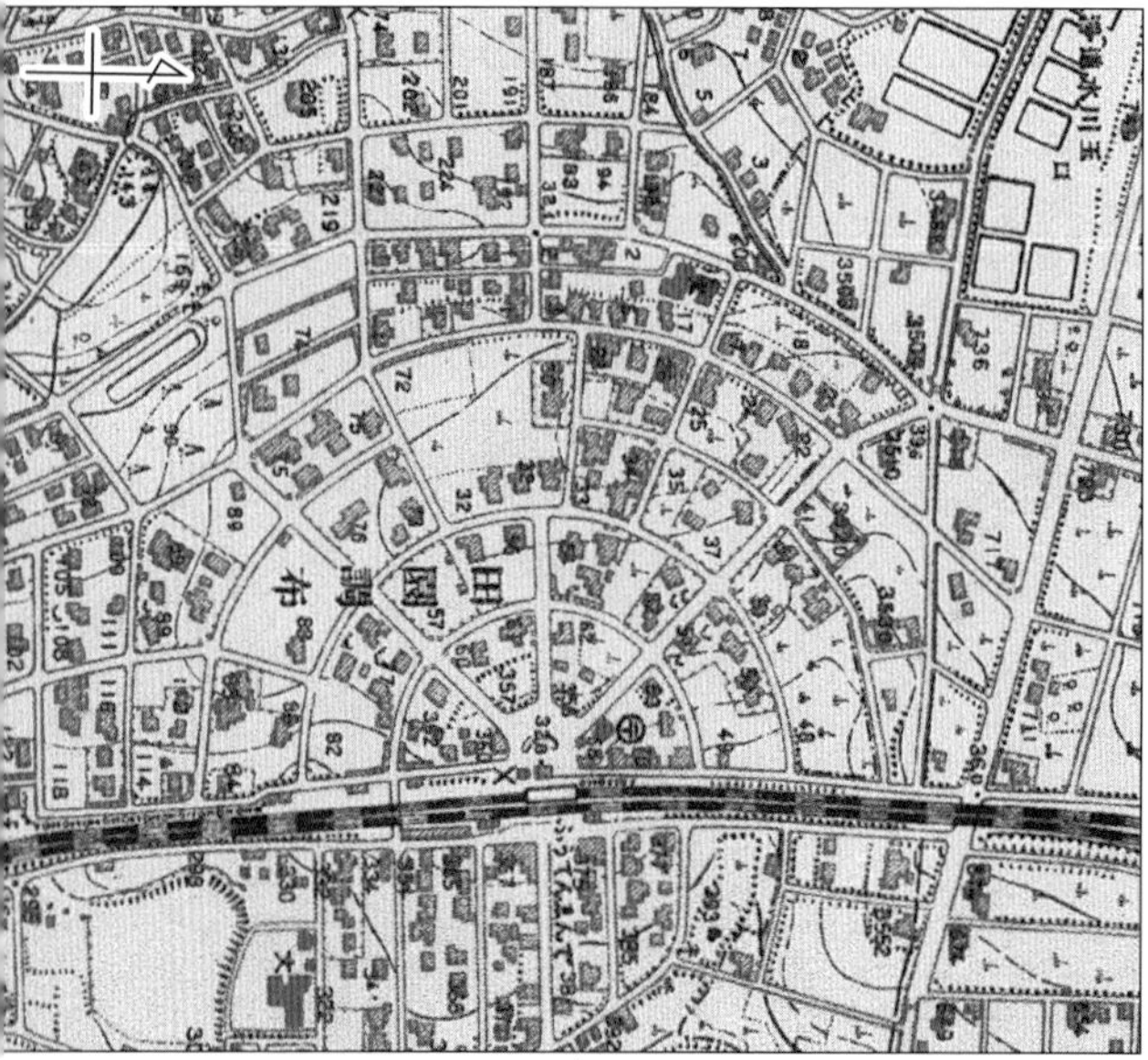

△昭和4年測図の田園調布地図
（「田園調布」1：10000を加工（大日本帝國陸地測量部、原寸））

ラーの生活が脅かされていると感じるようになる。職場と住居が近接している東京では、商業地域を庭園や台所が占めて、風紀衛生上の問題が起きている、とも認識していた。そんななか、朝鮮で西洋の田園都市をモデルとした住宅地開発に取り組んだ畑弥右衛門《はたやえもん》が、東京に郊外住宅地を開発したいと渋沢に相談し、一九一八（大正七）年、東京に「理想的」な住宅地をつくることを目指して田園都市株式会社が設立され、現在の田園調布である多摩川台地区が開発されることになる。

渋沢の四男・秀雄《ひでお》が欧米の諸都市を視察し、その意見を受けて、広場や池、公園、自動車通行用の道路などを備え、分譲地を生け垣で分けるという「町ぐるみ公園」が設計され、調布駅（現・田園調布駅）の西側には、エトワール凱旋門広場で採用された放射状の道路が敷設された。駅を起点に放射状に道路が延びる構造で、採算を度外視した設計だったが、渋沢の理想が体現されて、現在もその姿が残されている。

一九一六（大正五）年、渋沢は代表作となる『論語と算盤《そろばん》』を出版し、「論語と算盤は甚だ遠くして甚だ近いもの」と道徳と経済の合一を説いた。一九二七（昭和二）年、田園都市の関係者が渋沢を招いて歓迎会を催した際、渋沢は祝辞で、地方の人々が「安逸《あんいつ》」に流れず、「驕泰《きょうたい》」に陥らず、「義」と「利」を両立させて「模範的住宅地」を形成してほしいと語った。経済と道徳の両立を追い求めた渋沢の理想の姿が、そこにあったのである。

△現在の田園調布駅周辺

column
女性たちの生き様⑬

「千代」「兼子」と多くの女性たち

「婦人関係以外は一生を顧みて俯仰《ふぎょう》天地に愧《は》じない」と、日本資本主義の父・渋沢栄一は語ったという。

多くの功績を残したものの、女性関係だけはやや引け目があったようだ。

栄一は18歳の時、1歳年下の従妹・千代《ちよ》と結婚。千代は『論語』を学んだ聡明な女性で、栄一を側で支え続けた。千代が41歳で他界したのち、大富豪の娘で事業を継ぐも没落した兼子《かねこ》を後妻に迎えた。生涯2人と結婚したが、女性関係はそれだけではなかった。

千代(渋沢史料館蔵)

千代との婚姻生活の中では「大内くに」という妾がおり、なんと千代と同居。2人は同時期に子どもが産まれ、皆で仲良く暮らしていたそうだ。千代とくにが一緒に写る写真もあるほど、堂々とともに暮らしていたことがわかる。

兼子と再婚後も別の妾を迎えたことが知られ、ほかにも芸者や女中など多くの女性と関係があったという。正妻との子は4男3女の7人だが、栄一の子は20〜30人、いやそれ以上ともいわれ、最後に庶子(認知した妾の子)が生まれたのは68歳の時だったとか。

そんな栄一を見て、兼子は「大人《たいじん》(栄一のこと)も儒教とはうまいものを見つけなさったよ。あれが聖書だったらてんで守れっこないものね」と、倫理に背いた男女関係を禁ずるキリスト教と、性道徳の教訓がほとんどない儒教を比較して、ぼやいていたという。今なら、「不倫」だと世間から叩かれそうなものだが、江戸時代末期から明治初期の当時、妾を持つことは富裕層としての成功の証でもあった。伊藤博文はじめこの時代の歴史に名を連ねる人物には多く妾がいたようだ(ただ、一夫一婦制を重んじた福沢諭吉は生涯一人を愛したが)。

さらに、栄一は女子教育に熱心で「女性は社会の一員で国家の構成要素だ」と言い、女性にも男性にも同じ国民としての才能や知恵、道徳を与え助け合っていかなければならないと説いている。

若干派手ではあったようだが、時代背景も含め、女性の素晴らしさや聡明さをよく知るが故の栄一らしい大きな愛情だったのかもしれない。

津田梅子
―海を渡る

髙橋裕子

「アメリカ留学―津田梅子」(守屋多々志作)　一番左の女の子が津田梅子。

biography and footprints

津田梅子略年表

一八六四年	江戸牛込南御徒町《おかちまち》に生まれる
一八七一	岩倉使節団に随行しアメリカへ留学(六歳)
一八七三	キリスト教の洗礼を受ける(八歳)
一八八二	アメリカより帰国(十七歳)
一八八五	伊藤博文の薦めで華族女学校の教授補に(二十歳)
一八八九	再留学し、ブリンマー大学に入学(二十四歳)(一八九二年帰国)
一八九八	アメリカ・デンヴァーで開催の万国婦人クラブ連合大会に出席。ヘレン・ケラーを訪ねる(三十三歳)
一八九九	イギリス滞在中、ナイチンゲールと会見(三十四歳)
一九〇〇	女子英学塾(現・津田塾大学)を創設(三十五歳)
一九二九	脳出血のため死去(六十四歳)

同時代の動き

一八六七年	大政奉還
一八八六	学校令公布
一八八九	大日本帝国憲法発布
一八九〇	教育に関する勅語発布
一八九四	日清戦争
一九〇四	日露戦争
一九〇九	伊藤博文暗殺
一九一四	第一次世界大戦
一九二三	関東大震災
一九二五	普通選挙法公布/治安維持法公布
一九二九	世界大恐慌

*赤文字は海外の動き

津田梅子の足跡を訪ねて

津田塾大学〈東京都小平市〉
津田梅子記念交流館、津田梅子資料室がある

津田梅子墓所〈東京都小平市〉
津田塾大学キャンパス内にある

大山墓所〈栃木県那須塩原市〉
夫・大山巌とともに捨松の墓がある

津田塾大学発祥の地のプレート
〈東京都千代田区〉
"Tsuda College Founded Here in 1900"と書かれたプレートがある

実践女子大学(旧:桃夭女塾)
〈東京都日野市〉

華族女學校遺蹟碑
〈東京都千代田区〉
参議院議長公邸東側の門前にある

女子高等教育のパイオニア

津田梅子は一九〇〇（明治三十三）年の女子英学塾（現・津田塾大学）の開校式式辞で「不思議な運命で私は幼い頃米国へ参りまして、米国の教育を受けました」と述べている。七歳から十七歳まで、およそ十年にわたる人格形成期に梅子はアメリカで成長した。その後も二度目の留学で三年間アメリカで過ごし、私塾創設の前にも一年間をアメリカ・イギリスで過ごした。さらに二度の長期にわたる海外滞在を経験している。海外に渡航するたびに成長し、自己を見直し、日本社会への貢献を考えた。梅子の海外渡航の足跡をたどりながら、彼女がどのようにしてパイオニアとしてのビジョンを持ち得たのか探ってみよう。

初の官費女子留学生

一八七一（明治四）年十一月、津田梅子はわずか六歳で太平洋を渡り、アメリカのワシントンD.C.に留学する運びとなった。アメリカの女性たちの地位の高さに圧倒された黒田清隆《くろだきよたか》が、同年一月から、アメリカに駐在していた森有礼《もりありのり》に相談し、政府に女子留学生を派遣する提案を行ったことが発端だ。黒田は当時、北海道の開拓次官で開拓事業のために欧米の視察に来ていた。西洋の女性たちのありようを見た黒田は、近代国家を設立するために人口の半分を占める女性を忘れるべきではないと考えた。そこで年若い少女を選びアメリカに派遣し、家庭生活を通して母や妻の役割を学び、女子教育についての知見を得るべく計画した。八月に帰国したのち、黒田はすぐに政府に上奏し、計画は認められた。急いで募集するも応募者はなかった。

洋装の梅子（7歳）（上）留学の免許状（左）（津田塾大学津田梅子資料室蔵）

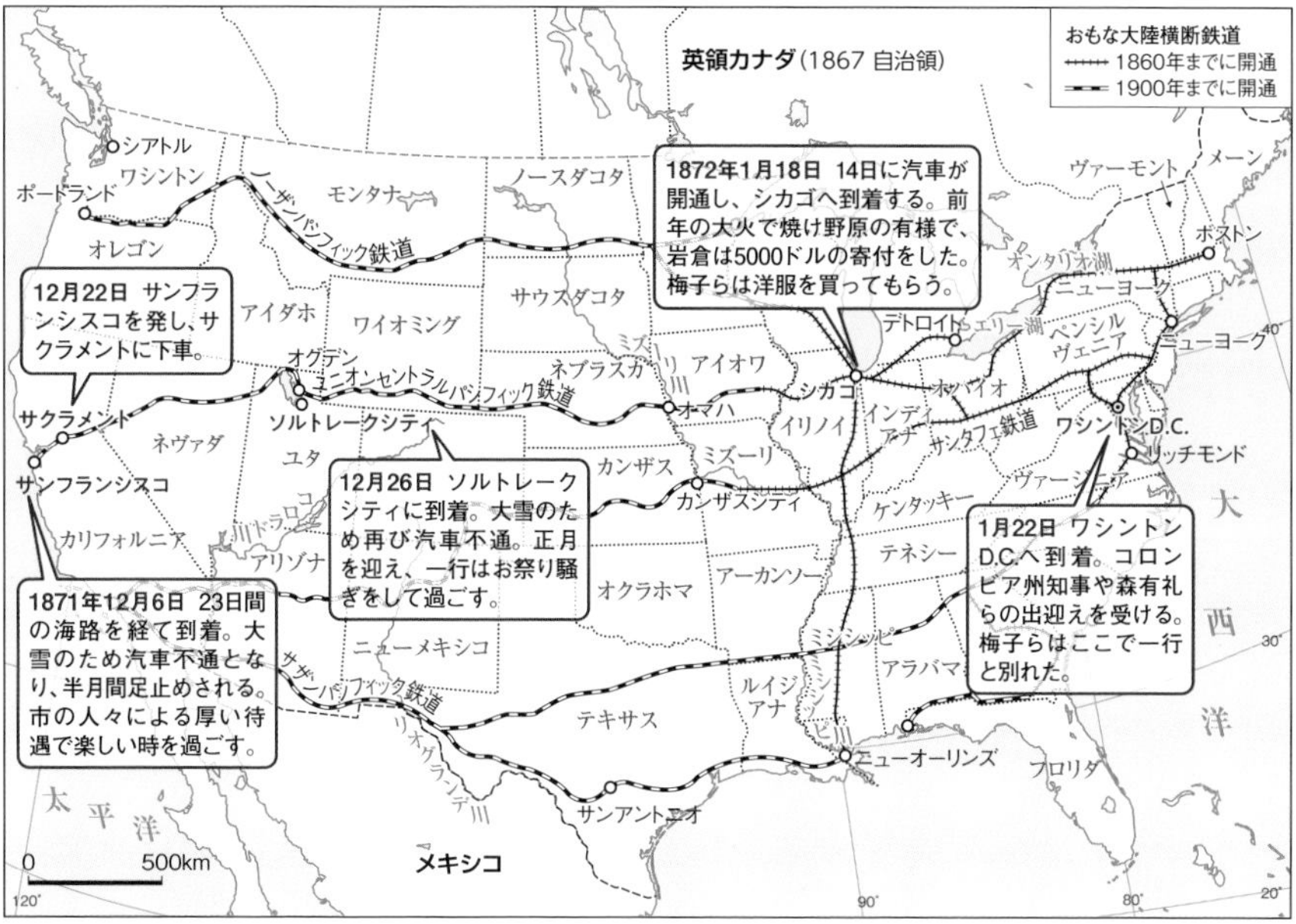

英領カナダ（1867 自治領）
おもな大陸横断鉄道
1860年までに開通
1900年までに開通
1872年1月18日 14日に汽車が開通し、シカゴへ到着する。前年の大火で焼け野原の有様で、岩倉は5000ドルの寄付をした。梅子らは洋服を買ってもらう。
12月22日 サンフランシスコを発し、サクラメントに下車。
12月26日 ソルトレークシティに到着。大雪のため再び汽車不通。正月を迎え、一行はお祭り騒ぎをして過ごす。
1871年12月6日 23日間の海路を経て到着。大雪のため汽車不通となり、半月間足止めされる。市の人々による厚い待遇で楽しい時を過ごす。
1月22日 ワシントンD.C.へ到着。コロンビア州知事や森有礼らの出迎えを受ける。梅子らはここで一行と別れた。
シアトル
ワシントン
ポートランド
オレゴン
モンタナ
ノーザンパシフィック鉄道
ノースダコタ
サウスダコタ
アイダホ
ワイオミング
オグデン
ユニオンセントラルパシフィック鉄道
ネブラスカ
アイオワ
オマハ
シカゴ
ソルトレークシティ
サクラメント
サンフランシスコ
ネヴァダ
ユタ
カリフォルニア
アリゾナ
コロラド川
カンザス
カンザスシティ
ミズーリ
ミズーリ川
イリノイ
インディアナ
オハイオ
デトロイト
エリー湖
オンタリオ湖
ペンシルヴェニア
ニューヨーク
ボストン
ヴァーモント
メーン
ワシントンD.C.
リッチモンド
ヴァージニア
サンタフェ鉄道
ケンタッキー
テネシー
アーカンソー
オクラホマ
ニューメキシコ
サザンパシフィック鉄道
リオグランデ川
テキサス
ルイジアナ
ミシシッピ
ミシシッピ川
アラバマ
フロリダ
ニューオーリンズ
サンアントニオ
メキシコ
太平洋
大西洋
0
500km
120°
90°
80°
40°
30°
20°

△岩倉使節団の足取り

二度目の募集でようやく五名の応募があった。

梅子の父、士族で外国奉行の通弁であった津田仙《せん》は、梅子が生まれた時には第二子も女子であったことに落胆し、名前を考えることもしなかった。名前は母の初子《はつこ》が枕元近くにあった梅の盆栽にちなんで付けたという。しかしその後、仙は半年間、アメリカを経験する機会に恵まれた。仙の女子教育についての考え方は、このアメリカ経験によって大きく変わった。女子留学生の募集を知り、娘を応募したのは仙だった。十年という単位で娘をアメリカに留学させることが無謀ではないと理解できる国際的な知見が仙にはあった。

五人の女子留学生は岩倉使節団に伴われて、一八七一（明治四）年に横浜港を出発した。梅子が知っていた英語は「イエス」「ノー」「サンキュー」のみ。梅子は船の上で七歳を迎えた。

ホストファミリーとの旅の経験

ホストファミリー探しは森有礼が行った。一緒に留学した山川捨松《やまかわすてまつ》や永井繁子《ながいしげこ》は奴隷制廃止や女子教育について指導的な影響力を持っていた牧師の家族に託さ

△アメリカ東部の津田梅子ゆかりの地（1884年発行のアメリカ東部の地図を加工）

れた。梅子はあまりに年少であったため、森の下で書記官として働いていたジョージタウンに住むチャールズ・ランマン、アデライン・ランマン夫妻に託された。

子どもがいなかったランマン夫妻は梅子を我が子のようにして育んだ。一八七三（明治六）年に日本で禁教令が解かれるとすぐに梅子は洗礼を受け、キリスト教徒になった。八歳の梅子は本人の意思で受洗したが、ランマン夫妻が望んでいたことでもあった。

梅子は日本からワシントンD.C.までの旅の経験を英語で書いたり、夏の「バケーション」の思い出を書いたりしている。十四歳の梅子が書いた作文から訪れたところをたどってみよう。一八七九（明治十二）年七月、ジョージタウン❶から一路北へ、ペンシルヴェニア州を縦断してセネカ湖畔のワトキンズ・グレン❷の渓谷美を堪能した。次いでカナダに入りナイアガラ滝❸の迫力に圧倒され、オンタリオ湖❹を経てトロント❺で大聖堂での礼拝に参加し、次にモントリオール❻へと移動した。さらに、歴史的景観が魅力のケベック❼へも足を運び、そこからワシントン山❽の登山へと向かっている。帰路の途中、ウィニペソーキー湖❾に立ち寄り、その後ボストン近郊の友人宅の農場で数週間滞在し、ニューポート❿、ニューヨーク⓫を経て、この夏のバケーションを終えた。

　また異なる時期の夏には、ペンシルヴェニア州フィラデルフィア⓬、ブリッジポート⓭、メーン州の海岸、マサチューセッツ州バークシャー地方⓮、ロードアイランド州にあるブロック・アイランド⓯など、旅行が趣味のランマン夫妻に連れられて旅を経験し、見聞を広めた。

　余暇に絵画や旅を楽しむことを梅子に行って見せたチャールズ。そして使命感を持って養育し、生涯の絆を紡いだアデライン。十七歳までの梅子の成長を愛情深く見守ったランマン夫妻との別れはどんなにつらいものであったか想像に難くない。

帰国

　日本に戻った梅子は逆カルチャーショックに苦しんだ。第一に日本語を忘れてしまっていたからだ。第二に女性の地位の低さに愕然《がくぜん》とした。第三にキリスト教徒としてアメリカの家庭で育まれた梅子にとって、日本の習慣や風習は理解できないものになっていた。実の母親とも話をすることができない梅子は、アデライン・ランマンに宛てて、日記のような手紙を連綿と書き送った。

　梅子が帰国してからすぐに繁子が結婚し、その後、捨松も大山巌《おおやまいわお》と婚約するという知らせを受けた。梅子は孤独感や焦燥感に悩まされたが、教師となる道を諦めることはできなかった。その強い意志をアデラインに宛てた書簡の中で明確に述べている。

生涯を通じて協力しあった留学時代からの仲間たち
左より津田梅子、アリス・ベーコン、瓜生繁子、大山捨松。（津田塾大学津田梅子資料室蔵）

梅子は青山学院の源流である海岸女学校や下田歌子《しもだうたこ》が創設した桃夭女塾《とうようじょじゅく》（実践女子学園の前身）で教え始める。梅子は官費留学生であったのだから、男子留学生と同様に政府に登用されてしかるべきだと考えていたのだが、実際、正規雇用にこぎつけるまでに三年を要した。

一八八五（明治十八）年、伊藤博文《いとうひろぶみ》や大山捨松らが立ち上げに尽力した、官立の華族女学校に梅子は教授補として採用された。翌年には教授に昇格している。

さらに二年後、捨松のホストシスターであったアリス・ベーコンが華族女学校で教える運びとなる。梅子と一軒家をシェアして一年を過ごした。二度目の留学を検討している時だった。

ブリンマー大学に留学

生涯のキャリアを、女子教育を推進する教師になることと決断した梅子は、捨松や繁子のように高等教育を受け、「第一級の教師」になりたいとアデラインに書き送っていた。一度目の留学で知り合っていた、フィラデルフィア近郊に在住する篤志家《とくしか》のメアリ・モリスの支援もあり、ブリンマー大学から授業料と寮舎費の免除を得ることができた。華族女学校も、在籍のまま有給という条件で一八八九（明治二十二）年から二年間の研修期間を梅子に提供した。

梅子はブリンマー大学で文学や歴史学に加えて、本格的な生物学の研究を行った。さらにブリンマー大学以外にも足を延ばしている。一八九〇（明治二十三）年の夏はアリス・ベーコンが教えるヴァージニア州にある、アフリカ系アメリカ人のためのハンプトン・インスティチュート（ハンプトン大学の前身、➡p.164図）で過ごしている。アリスが執筆していた『明治日本の女たち』（*Japanese Girls and Women*）という本の作成をサポートするためだ。著者名はアリス・ベーコンのみとなっているが、印税は折半されていたことから、梅子の貢献が大きかったことがわかる。日本が直面している課題をアリスとともにこの地で討議し、熟考した。

また、一八九一（明治二十四）年一月から半年間はニューヨーク州オスウェーゴ師範学校で教授法を学んだ。同年の夏には、数々のノーベル賞受賞者を輩出しているウッズホール海洋生物学研究所の夏期コースにも参加した（➡p.164図）。

さらに一年間の留学の延長を華族女学校に願い出て、同胞の女性たちのために奨学金制度を作った。前述した篤志家のモリスやM・ケアリ・トマス学部長、出会った盟友となるアナ・ハーツホンらの支援を得て募金活動を行った。八千ドルを集めれば、その利子で四年に一度、留学生を日本からアメリカに送ることができる。自らに与えられた貴重な機会を後進の女性たちにも、と願ったのだ。ブリンマー大学が位置するフィラデルフィア近郊の女性たちが中心となって本奨学金制度を支援した。

三度目の渡米、海外研修

ブリンマー大学での留学から帰国した梅子は華族女学校で勤務を継続した。加えてこの時期に梅子は日本についての記事を海外に英語で発信することに注力した。そのためもあってか、アメリカ、コロラド州デンヴァーでの万国婦人クラブ連合大会で日本を代表して話をするようにという講演依頼が届いた。一八九八（明治三十一）年六月、政府も賛同し、同僚の渡辺《わたなべ》筆《ふで》子《こ》とともに渡米した。

この大会の後、同年八月に梅子はマサチューセッツ州レンタム（➡p.164図）でヘレン・ケラーとサリヴァン先生に会った。この時の経験がのちに『女学講義』という雑誌に梅子の談話として紹介された。サリヴァン先生の「熱心誠意」な態度に感銘を受けた、と記されている。

帰国の準備をしていた梅子のもとに、イギリスのドロシア・ビールなど主に教育界の女性リーダーたちからの招待状が届いた。

△イギリス南部の津田梅子ゆかりの地

渡英

梅子のイギリス視察については当時内閣総理大臣であった大隈重信《おおくましげのぶ》の支援があった。華族女学校を休職し、財政的な支援も速やかに得て梅子は渡英する運びとなった。ロンドンでの見学を経て、ケンブリッジに向かった梅子は女子カレッジであるガートン・カレッジやニューナム・カレッジなどを視察した。

また、十一月にはチェルトナムで招待者の一人であるドロシア・ビールが校長を務めるチェルトナム・レディーズ・カレッジも視察した。十二月、ヨーク大主教の客人として迎えられ祝福を受ける機会があったことは梅子のその後の道程の精神的な支えとなった。年が明け一月からブリンマー時代の友人を訪ねてパリにも向かった。

一八九九（明治三十二）年一月からオックスフォード大学のセントヒルダズ・ホールという女子学寮に入り、聴講生として一学期間学ぶ機会を得た。女子高等教育のさまざまな機関をイギリスで実体験できたことは教育者津田梅子として成長するプロセスにおいて貴

ナイチンゲールから贈られた花束を押し花に（津田塾大学津田梅子資料室蔵）

重な糧となった。

ロンドンに戻った梅子はナイチンゲールにも出会っている。面談の約束を取ることが極めて困難であったにもかかわらず、招待者の一人がナイチンゲールに取り付けてくれた。梅子はこの日のことをアデライン・ランマンに送っていた渡英日記に生き生きと記している。この日の帰り際にナイチンゲールから受け取った花束は押し花にされ、今も津田塾大学津田梅子資料室に保存されている。

女子英学塾の立ち上げ

日本への帰国のルートはアメリカ周りだった。ランマン夫妻に子どもの頃連れられて行ったブロック・アイランド（↓p.164図）に、今度は梅子がアデラインを連れて行った。そしてアリス・ベーコン、アナ・ハーツホン、M・ケアリ・トマスなどの支援者と旧交を温め、梅子は日本に帰国した。

一九〇〇（明治三十三）年九月十四日、麹町区一番町の借家に十人の学生を迎え、女子英学塾を立ち上げた。開校式の式辞では女子に専門教育を提供する初めての学校であることを伝え、男子と同程度の実力を身に付けられるよう導くと決意を語った。さらに、音楽や絵画についても言及し、「オールラウンド・ウィメン」という言葉を使って女性へのリベラルアーツ教育の機会を開こうとしていたことがうかがえる。

麹町区一番町の校舎前にて（津田塾大学津田梅子資料室蔵）

四度目と五度目の海外渡航

梅子は一九〇七（明治四十）年、一年間の休暇を取って、妹・余奈子《よなこ》を伴い病気療養の旅に出た。四度目の海外だ。この旅で行った地点だけでも記載しておこう。ハワイ、サンフランシスコ、サンディエゴ、ニューオーリンズ、フィラデルフィア、ブリンマー、ボストン、ジョージタウン（アデライン・ランマンを訪問）、ディープヘイブン（スクアム湖畔のアリス・ベーコンが創設したニューハンプシャー州にあるキャンプ場、➡p.164図）、ワシントンD.C.（セオドア・ローズヴェルト大統領との会見）、ニューヨーク。イタリアにも一か月半滞在し、ナポリから帰国した。病気療養が目的とは思えないほど広範な足取りだ。

さらに、一九一三（大正二）年五月に梅子はニューヨーク州モホーク（➡p.164図）へ国際キリスト教学生会議に出席するため五度目の渡航をした。塾の募金活動のためフィラデルフィア、ボストンにも足を延ばし、講演を行っている。この時、ジョージタウンにも行き、八十七歳になったアデラインにも会っている。家の整理整頓や手入れを手伝ったのが、アデラインとの交流の最後になった。十一月に帰国しているので半年間のアメリカ滞在だった。

梅子の海外での足跡から

津田梅子の海外渡航が五度までに及んでいることは周知されていない。梅子の人生の大きな分岐点に海外渡航があったことは言うまでもない。女子英学塾が着実に成長する頃、梅子はすでに健康を害していた。それにもかかわらず、梅子の「転地療法」は海外で一年も過ごすことで行われていたのは注目に値する。

夢やビジョンを海外で育み、新たな一歩を踏み出す勇気を海外で醸成した。海外で多くの女性ロールモデルに出会い、生涯の支援者になる盟友にも出会えた。日本を距離あるところから見つめ、自らの進むべき道を定めた。「海を渡る」ことそのものが「津田梅子」をつくっていったともいえるだろう。

世界地図を開かないとその軌跡が追えない明治女性。海を越えた距離と時間の長さは別格だ。地図とともに読むべき歴史人物のフロントランナーだ。

column
女性たちの生き様⓮

津田梅子とともに留学した「大山捨松」

1882(明治15)年の8月、足掛け11年にもなるアメリカ留学を終えて日本へ向かう蒸気船を待つ捨松の姿は、実習生として病人用の食事を作るコネティカット州の看護婦養成学校の調理場にあった。何が捨松を看護婦の資格を取ろうと駆り立てたのか。幼い頃体験した会津戦争で、多くの傷病兵たちを救えなかった自責の念だったのか。それとも自立のために女性も手に職をと考えたのか。動機はどうあれ、ここで学んだ看護の知識が帰国後の捨松に大いに役立つことになる。

1884(明治17)年の春、日本へ帰国した捨松は病院で働く看護婦の状況を知りたくて、東京芝にある有志共立東京病院(現・東京慈恵会医科大学附属病院)を訪れる。そこで目にしたのは、知識をあまりもたない男性たちが、看護にあたる姿であった。驚いた捨松は、「欧米社会では看護婦は女性の天性の仕事だと考えられ、職業として尊敬されている。日本でもぜひ看護婦を育成するための養成所を作るべきだ」と、資金難を理由に渋る院長を説得する。

そして、捨松はその資金集めをするために、日本人がそれまでまったく知らなかった奇想天外な方法、慈善バザーを日本で初めて開催したのである。会場は、時の明治政府が欧化政策のために建てたあの鹿鳴館だった。しかも、ハンカチより重いものを持ったこともないような上流階級の夫人や令嬢たちに品物を売らせたのである。前評判は上々で、たった3日間で1万2000人が押し寄せ、売り上げは約8000円(現在の約1億円)にものぼり、全額、有志共立東京病院に寄付された。

その後も捨松は日本の看護婦の育成に力を注ぎ、1887(明治20)年に発足された「日本赤十字社篤志看護婦人会」の発起人にも名を連ね、看護婦の社会的地位向上に貢献した。

日本赤十字社の病院船「博愛丸」に篤志看護婦人会の一員として乗り込んだ捨松(博物館明治村蔵)

あとがき

今回、本書に一章を分担執筆させていただくことになったのだが、筆者はそのことに幾重にも「縁」というものを感じている。

筆者は、『津田梅子―女子教育を拓く』（岩波ジュニア新書）を二〇二二年九月に上梓した。実は同書執筆の最終段階で、津田梅子の夏のバケーションを紹介したページに地図を含めることを望んでいたのだが、実現には至らなかった。そこで、「読者の皆さんも北米の地図をぜひ広げて、梅子がランマン夫妻とともに旅したところを探してみてください」と記し、読者に地図を見ながら読んでもらえるよう誘導することにした。

それから一年弱が過ぎた頃、帝国書院からご連絡をいただいた。驚いたことに、二〇二三年の夏に来校した編集者の尾崎萌《おざきもえ》氏は、津田塾大学の卒業生ということがわかった。彼女が示した当初案は、女子英学塾が位置していた跡地を地図に記していくというものであったが、私には、実現できなかった「望み」があった。すなわち、津田梅子の旅を地図で辿りながら、その足跡を可視化するということだ。

世界地図を開かないとその軌跡が追えない女性。それが津田梅子だ。他の章の歴史的人物と比較しても、海を越えた距離と時間の長さは別格と言える。本書の登場人物の中で、章題として取り上げられた唯一の女性であったが、地図とともにそのような津田梅子像を伝えることができたなら幸甚だ。そのような希望を知っていたかの如く尾﨑氏は本学にいらしたように思われた。

さらにもう一つ驚くような縁を感じるひとときがあった。二〇二三年十二月、吉祥女子中学・高等学校（東京都武蔵野市）の赤沼一弘《あかぬまかずひろ》校長先生にお目にかかる機会に恵まれた。学校の沿革を伺い驚いた。地理学に研鑽を積み、帝国書院を創設した守屋荒美雄《もりやすさびお》（一八七二―一九三八）が、吉祥女子中学・高等学校の前身である帝国第一高等女学校を一九三八（昭和十三年）に創設したことを知らされたからだ。出版から得た利益を寄付して社会に還元すべく、女子のための中等教育機関を創設したのだ。津田梅子と同様に、女子教育に対して篤い社会的使命感を持っていた人物だったのだろう。

有名無名を問わず、女性の歴史的な足跡や貢献がもっと描かれなければならない。私は米国に留学中、高校の歴史教科書で扱われる人物の男女比、肖像画の男女比の調査を大学院のリサーチプロジェクトとして行ったことがある。女性がいかに不可視な状態に置かれているかを知るためだった。女性を可視化し、顕彰する学術的・教育的営為の重要性に多くの人びとに気付いてもらいたい。自らがどこから来て、どこに行こうとしているのか。自分自身の地図を持って次世代の各々が未来に向かって歩んでいけるよう、本書がその一翼を担うことができれば幸いだ。今後出版される書籍の中で、さらに多くの女性の足跡が紹介されていくことに期待を寄せて本書の結びとする。

髙橋裕子

地図帳・書籍

この他にも多くの出版物をご用意しています。
帝国書院ウェブサイト
https://www.teikokushoin.co.jp/

復刻版地図帳・教科書

百年前の地図帳・教科書から読みとく大正時代の日本
―解説書付―

帝国書院が創業して間もない大正時代発行の地図帳・教科書『帝国地図』『帝国地理』に解説書が付いた豪華版。

3冊セット（ケース入）
定価：6,380円（税込）

帝国書院の復刻版地図帳 地図で見る昭和の動き
―戦前、占領下、高度経済成長期 4巻セット解説書付―

昭和史のエポックとなった3つの時代（昭和9、25、48年）の中学校用地図帳に解説書が付いた豪華版。

4冊セット（ケース入）
定価：10,450円（税込）

復刻版教科書 大正9年　帝国地図

大正9（1920）年発行の地図帳を復刻。帝国書院発刊地図帳のなかではもっとも古い作品。時代を反映して軍隊・軍事に関わるものの詳しさが目立つ。

判型：
タテ227×ヨコ157mm
定価：2,200円（税込）

復刻版教科書 大正7年　帝国地理

大正7（1918）年に帝国書院が初めて発刊した教科書を復刻。各県の地誌などを掲載。

判型：
タテ227×ヨコ157mm
定価：2,200円（税込）

昭和9年版 復刻版地図帳

昭和9（1934）年発行の中学校用地図帳を復刻。「帝国之部」、「世界之部」の2巻セット。戦前の世界情勢を物語る資料や図版を多数掲載。

判型：
A5判2巻セット（ケース入）
定価：4,400円（税込）

昭和25年版 復刻版地図帳

昭和25（1950）年発行の中学校用地図帳を復刻。「社会科」として第1回目の地図帳。戦後間もない頃の世界情勢を物語る資料や図版を多数掲載。

判型：B5
定価：2,200円（税込）

昭和39年版 復刻版地図帳

昭和39（1964）年発行の高等学校用地図帳（新詳高等地図）を復刻。昭和の東京オリンピック当時の世相がリアルに表現される。今尾恵介氏による別冊リーフレット付き。

判型：B5
定価：2,420円（税込）

昭和48年版 復刻版地図帳

昭和48（1973）年発行の中学校用地図帳を復刻。現在の社会科地図帳に近い体様・構成。急激な人口増加や、開発に沸く高度経済成長期の地図帳。

判型：B5
定価：2,200円（税込）

著者（掲載順）

仁藤敦史　国立歴史民俗博物館教授
小和田哲男　静岡大学名誉教授
湯浅隆　元駒澤大学教授
原口泉　志學館大学教授
有安丈昌　元坂本龍馬記念館学芸専門員
小川原正道　慶應義塾大学教授
髙橋裕子　津田塾大学学長

コラム執筆
神谷加奈子　久野明子

編集・制作協力　株式会社ワード／一般財団法人地図情報センター
装丁デザイン　西野真理子（株式会社ワード）

装丁写真提供
中尊寺／長興寺（豊田市提供）／公益財団法人阪急文化財団 逸翁美術館／日光東照宮／千葉県香取市 伊能忠敬記念館／函館市中央図書館／高知県立坂本龍馬記念館／渋沢史料館／津田塾大学津田梅子資料室／公益財団法人特別区協議会

写真・資料提供
アマナイメージズ／アフロ／大木沙友里／岡崎市／©鹿児島市／国立国会図書館「近代日本人の肖像」(https://www.ndl.go.jp/portrait/)／
©徳川美術館イメージアーカイブ/DNPartcom／林原美術館/DNPartcom／便利堂／毎日新聞社
ColBase(https://colbase.nich.go.jp/collection_items/tnm/A-9208?locale=ja／
https://colbase.nich.go.jp/collection_items/kyuhaku/P14995?locale=ja／
https://colbase.nich.go.jp/collection_items/tnm/P-2906?locale=ja／
https://colbase.nich.go.jp/collection_items/tnm/P-584-15?locale=ja)
iStock／© K.P.V.B／photolibrary ／PIXTA

参考文献

『法隆寺金堂釈迦三尊像 光背銘の成り立ち』新川登亀男、国立歴史民俗博物館研究報告 第194集／『週刊真説歴史の道 第25号（源義経奥州への逃走劇）』小学館／『新版 全譯 吾妻鏡 第一巻』永原慶二（新人物往来社）／『武田信玄の妻、三条殿』黒田基樹（東京堂出版）／『時代を変えた女たち』童門冬二（潮出版社）／『お市の方の生涯「天下一の美人」と娘たちの知られざる政治権力の実像』黒田基樹（朝日新聞出版）／『桃山時代の女性』桑田忠親（吉川弘文館）／『淀君』桑田忠親（吉川弘文館）／『関ヶ原から大坂の陣へ』小和田哲男（新人物往来社）／『秀吉の手紙を読む』染谷光廣（吉川弘文館）／『江史跡紀行―戦国三姉妹（茶々・初・江）の生涯を歩く』小和田哲男（新人物往来社）／『秀吉の野望と誤算 文禄・慶長の役と関ケ原合戦』笠谷和比古、黒田慶一（文英堂）／『家康の正妻 築山殿 悲劇の生涯をたどる』黒田基樹（平凡社）／『徳川家康と今川氏真』黒田基樹（朝日新聞社出版）／『詳細図説 家康記』小和田哲男（新人物往来社）／『徳川家康の決断』本多隆成（中央公論新社）／『歴史文学地図 地図で知る戦国―上巻―』武揚堂／『地図でスッと頭に入る戦国時代』小和田哲男（昭文社）／『伊達政宗の素顔　筆まめ戦国大名の生涯』佐藤憲一（吉川弘文館）／『伊達政宗の手紙』佐藤憲一（新潮社）／『47都道府県の戦国 姫たちの野望』八幡和郎（講談社）／『ビジュアル 日本史ヒロイン1000人』世界文化社／『日本をつくった女たち 52人のリレー日本史』仙堂弘（水曜社）／『調べ学習にも役立つ 日本の歴史「夫婦列伝」古代~戦国編』メイツ出版／『大石内蔵助の素顔』飯尾精（新人物往来社）／『花影の花 大石内蔵助の妻』平岩弓枝（文藝春秋）／『江戸の天文学 渋川春海と江戸時代の科学者たち』中村士（角川学芸出版）／『別冊太陽 伊能忠敬 歩いて日本地図をつくった男』平凡社／『図説 伊能忠敬の地図をよむ 改訂増補版』渡邊一郎、鈴木純子（河出書房新社）／『新選組全史 上・下』菊地明（新人物往来社）／『新選組のすべて』新人物往来社／『地図と読む新撰組顚末記』永倉新八（KADOKAWA）／『図解で迫る 西郷隆盛』木村武仁（淡交社）／『西郷隆盛 ―人を相手にせず、天を相手にせよ』家近良樹（ミネルヴァ書房）／『西郷隆盛 命もいらず 名もいらず』北康利（ワック）／『坂本龍馬 歴史大事典』新人物往来社／『龍馬史』磯田道史（文藝春秋）／『わが夫 坂本龍馬 おりょう聞書き』一坂太郎（朝日新聞出版）／『文藝春秋にみる坂本龍馬と幕末維新』文藝春秋／『龍馬と八人の女性』阿井景子（戎光祥出版）／『父渋沢栄一』渋沢秀雄（実業之日本社）／『現代語訳「論語と算盤」』渋沢栄一、守屋淳（筑摩書房）／『渋沢栄一 社会企業家の先駆者』島田昌和（岩波書店）／『津田梅子』吉川利一（中央公論社）／『津田梅子伝』吉川利一（津田塾同窓会）

※本書は、平成28年4月発行の『地図で訪ねる歴史の舞台 日本』（帝国書院）の人物特集を加筆・修正・増補したものです。内容構成を見直すとともに、本文や地図を増補、改訂したほか、地図や資料なども更新しています。
※歴史的な用語・名称については、文脈を考慮して当時のものをそのまま用いている場合があります。

地図と読む日本の歴史人物

2024年2月20日　印刷
2024年2月25日　発行
定価　1,980円（本体1,800円＋税）

著　者　仁藤敦史　小和田哲男　湯浅隆　原口泉
　　　　有安丈昌　小川原正道　髙橋裕子
発行所　株式会社帝国書院
　代表者　佐藤 清
　〒101-0051
　東京都千代田区神田神保町3-29
　電話　03（3262）4795㈹
　振替口座　00180-7-67014

印刷・製本所　株式会社加藤文明社

ISBN　978-4-8071-6715-9